BLV

Die deutsche Bibliothek – CIP-Einheitsaufnahme

Lechner, Egon J.:
Auf fernen Wechseln: Jagdreisen rund um die
Welt/Egon J. Lechner. – München; Wien;
Zürich: BLV, 1993
ISBN 3-405-14497-3

Bildnachweis:
Belling 124; Klindwort 100; Krawehl 145; Leis 66;
Meyers 39, 81; Morerod 27, 31; Niestle 101;
Seilmeier 154, 156; Weber 37, 59; Wothe 109;
Alle übrigen Fotos sind aus dem Archiv des Verfassers
Karten auf Vor- und Nachsatz: Kartografie Huber

BLV Verlagsgesellschaft mbH
München Wien Zürich
80797 München

Das Werk einschließlich aller seiner Teile ist urheberrechtlich geschützt. Jede Verwertung außerhalb der engen Grenzen des Urheberrechtsgesetzes ist ohne Zustimmung des Verlages unzulässig und strafbar. Das gilt insbesondere für Vervielfältigungen, Übersetzungen, Mikroverfilmungen und die Einspeicherung und Verarbeitung in elektronischen Systemen.

© 1993 BLV Verlagsgesellschaft mbH, München

Umschlaggestaltung: Studio Schübel, München
Umschlagfotos: Dr. Bernt Eichhorn, Dieter Zingel

Lektorat: Gerhard Seilmeier
Layout und DTP: Karin Krug / Erwin Billmayr
Herstellung: Hermann Maxant

Reproduktion: Grafikstudio, Verona
Druck und Bindung: Milanostampa SpA, Farigliano (CN)

Printed in Italy · ISBN 3-405-14497-3

Inhalt

Schützen und nützen! — 6

Turbulenzen am
schönsten Ende der Welt — 7
*Jagd auf Keiler, Gams und Hai
in Neuseeland*

»Auf die edl' Thier, die Stainpöck« — 27
Jagd auf Alpensteinbock in der Schweiz

Gefährliches Finale — 39
Jagd auf Leopard in Transvaal

Wo der neue Mond der Vater ist — 59
*Jagd auf Brunftmaral und
Sibirischen Rehbock in der Mongolei*

Antilopentricks mit Pampazauber — 73
*Jagd auf Hirschziegenantilope
in Argentinien*

Silvesterpunsch und Büffelsteaks — 81
Jagd auf Dickhäuter in Rwanda

Jagd nach Sibiriakenart — 101
Jagd auf Auerhahn in Ostsibirien

Um Haaresbreite! — 109
Jagd auf Elefant in Äthiopien

Zwischen Gelbmützen und
Blauschafen — 117
Jagd auf Blauschaf in China

Herbstpirsch im Bernsteinland — 133
*Jagd auf Rehbock und Elch
im Baltikum*

Gottverdammte Warterei — 141
*Jagd auf Sibirisches Schneeschaf
in Jakutien*

Zu Hause verwurzelt,
fasziniert von der Welt — 149
*Jagd auf Rehbock und Fuchs
in Bayern*

Na Kamchatku! — 161
Jagd auf Braunbär am Beringmeer

Mister Bluffs Blackbear Camp — 169
Jagd auf Schwarzbär in Ontario

Heikel ist nur der letzte Meter — 177
*Jagd auf Marco Polo-Widder
im Pamir*

Jagdländer-Steckbriefe — 185

Äthiopien · Alaska	186
Argentinien · Australien	187
Botswana · Britisch Kolumbien	188
Bulgarien · China	189
Deutschland · Estland	190
Finnland · Großbritannien	191
Kanada · Kasachstan	192
Lettland · Litauen	193
Namibia · Nepal	194
Neuseeland · Österreich	195
Polen · Ruanda	196
Rumänien · Russland	197
Sambia · Schottland	198
Simbabwe · Slowakei	199
Slowenien · Spanien	200
Sudan · Südafrika	201
Tadschikistan · Tansania	202
Tschechei · Türkei	203
Ukraine · Ungarn	204
USA · Zentralafrika	205

Register — 206

Schützen und nützen!

»Größere Wonne weiß ich nicht auf Erden«, bekennt Hermann Hesse, »als in Weiten unterwegs zu sein«. Damit trifft er das Grundmotiv legaler Auslandsjagd, von der in diesem Buch ausschließlich die Rede ist.

Jagen und Beutemachen, fremde Kulturen und Jagdtraditionen auf unbekannten, neuen Wechseln erleben, schlaues, am liebsten männliches, altes Wild zur Strecke zu bringen, das ist die Welt moderner, verantwortungsbewußter Jagd. In deren Mittelpunkt stehen Erlebnis und Erfolg, und die Trophäe! Wer das in Abrede stellt, heuchelt. Er verkennt, daß Trophäenjagd keine wesentlich anderen ethischen und ökologischen Kategorien berührt, wie die Jagd ganz allgemein.

Das Geld lenkt

Die weltweite Kontroverse zwischen Jägern und ihren Gegnern ist letztlich unauflösbar. Die historisch, ethisch und ideologisch besetzten Standpunkte sind so vielfältig und kompliziert wie die Launen des Wetters. Daran wird sich nichts ändern, solange Rechthaberei bessere Argumente und Fairneß ersetzt.

Obwohl die Auslandsjäger seit Jahr und Tag nachweisen, daß selektiver, an Lizenzen und strenge Einfuhr- und Ausfuhrkontrollen sowie harte CITES-Bestimmungen gebundener Jagdtourismus, insbesondere ›vor Ort‹ in Drittländern, Wild- und Artenschutz finanziert und konkrete Bewußtseinsbildung über den Wert der Ressource ›Wildtier‹ leistet, werden diese Fakten allzu gerne ignoriert. Dabei ist zu fragen, wodurch bei bitterer Armut und leerem Bauch eigentlich ein Bewußtsein für nachhaltigen Artenschutz entwickelt werden soll?

Wohl kaum durch Gesetze und Appelle an die Vernunft alleine!

Gerade in diesem Bereich gilt Oswald Spenglers Wort, daß der Geist denkt, aber das Geld lenkt. Der Viehzüchter in Argentinien, der Rancher in Namibia und der Kolchosen-Chef in Sibirien wird Leopard, Puma oder Bär, die seinem Vieh zusetzen, nur dann schonen, wenn er seinen Schaden gelegentlich durch einen legalen, vom Gastjäger gut bezahlten Abschuß ersetzt bekommt. Auch davon berichtet dieses Buch.

Wild und Lebensraum

Inzwischen äußern sich auch Jagdgegner positiv: »Wahr ist, daß lizenzierte Trophäenjäger wohl kaum aussterbende Tierarten bedrohen. Dafür sorgen Wildererbanden... und der enorme Druck der explodierenden Spezies Mensch« (›Stern‹). Fast anerkennend stellt die Zeitschrift ›Natur‹ fest: »Ausgerechnet Großwildjäger liefern das Geld für die neuen Schutzprojekte«, und wirbt für das zukunftsorientierte, Wildschutz und Jagd integrierende Projekt ›Camp-Fire‹ in Zimbabwe. Inzwischen spricht sich beispielsweise auch der WWF mit »Schützen durch nützen« für neue Konzepte zum Schutz der Tierwelt Afrikas aus. Er plädiert offen für Jagdtourismus und Trophäenjagd, fordert jedoch gleichzeitig eine streng ›kontrollierte Wildtiernutzung‹.

Für Eingeweihte geht es längst nicht mehr darum, ob wir Arten-, Natur- und Wildschutz wollen! Die entscheidende Frage ist heute nur noch, wie sie in Zukunft wirksam durchgesetzt und finanziert werden können!

Wo Steinbock und Büffel als ›wandelnde Kapitalanlage‹ für Gastjäger gelten, hat Wilderei – das beweisen in diesem Buch viele anschauliche Beispiele – kaum mehr einen Boden!

All das vollzieht sich jedoch nur im Sinne der Erkenntnis: »Es geschieht nichts Gutes, außer man tut es« und unter der Bedingung, daß Jäger auch in Zukunft noch einen Schimmer Jagdabenteuer und Pirscherlebnis erhaschen können – sei es zu Hause oder in fernen Revieren!

Waidmannsheil in aller Welt!
Dr. Egon Lechner

Turbulenzen am schönsten Ende der Welt

»Gefehlt!«, gifte ich mich, »einfach dämlich, freihändig bei dieser Entfernung einen Gams zu befunken!«. Zu meiner Überraschung ist der Neuseeländer völlig gelassen: »Du hast ihn erwischt!«. Er weiß allerdings nicht wie!

»Nein«, hatte der Veranstalter aus Neuseeland gefaxt, »im Januar ist erfolgreiche Jagd kaum möglich. Empfehle Herbst, März bis Mai.«

Aus Termingründen sitze ich im Januar im Flugzeug: Irgendwie geht immer etwas mit der Jagd! Nicht völlig hinterm Mond, sondern ›am schönsten Ende der Welt‹ – da liegt Neuseeland. Selbst im schnellen Jumbojet fast zwei Tagesreisen von Deutschland entfernt. Durchspießt man in Italien den Erdmantel Richtung Erdkern, so trifft man auf der Gegenseite unseres Planeten das ferne Aotearoa, ›das Land der großen weißen Wolke‹. So nannten die eingeborenen Maori einst Neuseeland. Der dem Ferntouristen wie dem Jagdreisenden bisher wenig bekannte Inselstaat im Südpazifik – etwa so groß wie England, von nur 3,2 Mio. Menschen bewohnt – fasziniert durch seine einzigartige Schönheit und Vielfalt. Jeweils 2300 km von Australien oder der Antarktis und fast fünfmal so weit von den USA entfernt, gehen in New Zealand die Uhren auch an der Schwelle zum Jahr 2000 noch ihren eigenen, selbstbewußten Gang.

Nach 35 Stunden Flug über die Nordamerika-Route – kurz vorher kreuzten wir die Datumsgrenze –, stiegen wir in Auckland, vom Durcheinander der Zeitverschiebungen noch geschlaucht, doch voll Erwartung, in Mikes klimatisierten Range Rover. Es herrschte subtropisches, von einer leichten Meeresbrise gefächeltes, angenehmes Wetter. In Hemd und Short gekleidet – während zu Hause Minustemperaturen herrschen –, begannen wir auf der Nordinsel Neuseelands eine Sechs-Stundenfahrt Richtung Bay of Islands. Die Faszination der wechselnden Landschaften verdrängte jeden Anflug von Müdigkeit. Die einzige Hauptstraße ist eng, kurvenreich und – Vorsicht! Linksverkehr! – stark befahren, Mitte Januar sind Sommerferien.

Wir durchqueren anmutiges Hügelland, an Schottland oder das bayerische Voralpenland erinnernde Gegenden, mit riesigen Weideflächen, schmucken Einzelgehöften und gepflegten Ortschaften. Da die drei Hauptinseln, die Nord-, die Süd- und die Steward-Insel, relativ schmal sind, liegen die Siedlungen kaum mehr als 100 Kilometer vom Meer entfernt. Das sind die Grasland- und Viehzuchtgebiete, die Kerngebiete für Schafwolle und Lammfleisch. Sie bilden noch immer die zwei wichtigsten Erwerbszweige Neuseelands. Links und rechts der Straße öffnen sich fortwährend neue, dunkelgrün leuchtende, oft von 15 Meter hohen Farn-›Palmen‹ überragte, subtropische Dschungel. Dazwischen wird gelegentlich der Blick auf einzigartige Sandstrände und Badebuchten frei.

Vom Saulus zum Paulus

Verständlich, daß in diesen undurchdringlichen Urwäldern dicke Keiler und Hirsche meist nur per Zufall bejagt werden. Vor allem der Sikabestand in den Dickungen der Nordinsel widerstand dem allgemeinen Jagddruck und verspricht noch Weltklassegehörne. Der Dschungel ist für die Vogelwelt mit über 250, weltweit oft einmaligen Arten und einer Flora, die ihresgleichen sucht, ein einzigartiges Eldorado. In stetem Wechsel von Landschaft, Flüssen und Seen, Obstgärten und Tropenwald, von Büschelgras-Savanne und Myrthenhainen, begeistern den Betrachter ständig neue Szenarien. Entfernt sich die Landstraße von der Küste, beeindrukken mächtige Einzelbäume oder ganze Alleen der selten gewordenen, oft über 40 m hohen Kauri-Fichte; Giganten, die bis zu 1500 Jahre alt werden können. Bei jeder Rast staunen wir über kaum beachtete, in allen Farben leuchtende Orchideen, wovon es auf der Insel mehr als 60 Arten geben soll. Zwischendurch, inmitten der grünen Hölle exotischer Farnwälder, strahlen in knallig hellem Rot bis zu 30 Meter aufragende, rhododendronähnliche Ratabäume. Ich fühle mich streckenweise an die Dschungelgebiete des Northern Territory, an die Marrakaisümpfe sowie an die einsame Cobourg-Peninsula Australiens erinnert. Nur – und das macht den Unterschied! –, damals war ich auf Wasserbüffel und Banteng unterwegs und nicht auf der Anfahrt zum Hochseefischen! Als eingefleischter Antifischer hatte ich mich, völlig unbedarft und ohne jede Erfahrung, in die berühmten Gewässer von Russel und Paihia zu einem Hochseetörn auf Schwertfisch überreden lassen; selbstverständlich fest entschlossen, zukünftig keinesfalls ›Pulver und Blei‹ gegen ›Haken und Schnur‹ zu vertauschen!

Nach kurzem Umtrunk im ›Swordfish-Club‹ in Paihia fielen wir todmüde in die Kissen. Bald darauf klingelte wieder der Wecker. Da hier, knapp an der Datumsgrenze, der neue Tag der Welt seinen Lauf beginnt, waren wir die ersten Menschen der Erde, die von der Morgensonne begrüßt wurden. Bob Dough wartete bereits auf der ›Alma G.‹. Der Klipper, Baujahr 1922, gilt in Fachkreisen als das älteste, noch heute in Diensten stehende Hochsee-

Fangboot. Es rühmt sich einer ehrwürdigen Tradition. Nicht nur da Lord und Lady Mountbatten, John Wayne oder Schah Reza schon auf ihr durch den Pazifik tuckerten, sondern weil ihre Gäste fast immer Marlin-, Thun- und Haifisch-Weltrekorde aus dem Meer holten.

Das betagte Schiff ist navigatorisch und technisch voll auf der Höhe. Gott sei Dank, sonst hätte ich mich vermutlich noch kurz vor dem Einsteigen eines anderen besonnen: So schnell wird aus einem Saulus kein Paulus!

Mit fünf Mann an Bord wirft sich die gute ›Alma G.‹ gegen neun Uhr früh in die Brandung. Nach einer Stunde zeigt sich die sanft ansteigende, von unzähligen schmucken Häusern und kleinen Buchten gesäumte Küste nur noch als dünner Strich. Jetzt erfolgte die erste »Greenhorn«-Belehrung: Gemäß Ehrenkodex bedeutet Hochseeangeln, daß keinem Angler nach dem Biß eines Fisches geholfen werden darf. Außerdem finden nur Leinen bis 25 kg Reißfestigkeit Verwendung, und Großfische, selbst mit einigen hundert Kilo Gewicht, dürfen nur mittels traditioneller Einholtechnik – der Fischer angegurtet in einem Drehstuhl, die Angelrute in einer Hülse zwischen seinen Beinen – niedergekämpft und erbeutet werden.

Alles schön und gut, dachte ich, aber was soll da aufregend sein? Nachdem einige armlange Köderfische gefangen und lebendig an Bord in einem Bassin verstaut waren, wurden vier Ruten, zwei über weit abstehende Ausleger, ausgeworfen. Sie waren mit Kunstködern bestückt, in deren Umhüllung aus bunten Plastikstreifen sich jeweils zwei stattliche Stahlhaken verbargen. Dann ging die Post ab! Die anfangs glatte See war zwischenzeitlich etwas unruhiger geworden, so daß der Spaß nicht mehr ganz so ungetrübt war. Die nächste Stunde verging, ohne daß Aufregendes geschah. Ich döste in den weiten Pazifik hinaus, voll von Zweifeln, ob da überhaupt etwas beißen würde.

Ein kreisendes Torpedo

Ich beruhigte mich damit, daß dies eines der besten Marlingewässer der Welt sei. Und die Fotos im ›Swordfish-Club‹ aus dem Vorjahr, welche einen 890 Pfund schweren Marlin und einen 920 Pfund schweren Weißen Hai zeigten, waren schließlich keine Hirngespinste! Außerdem gilt die Zeit von Januar bis April als die beste Zeit auf Marlin. Gerade jetzt ziehen sie in diese warmen Gewässer, wobei bis heute keiner genau weiß, woher sie kommen! Inzwischen sind wir gut dreißig Meilen von der Küste entfernt. Dann und wann sehe ich nach den

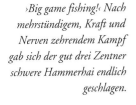

›Big game fishing!‹ Nach mehrstündigem, Kraft und Nerven zehrendem Kampf gab sich der gut drei Zentner schwere Hammerhai endlich geschlagen.

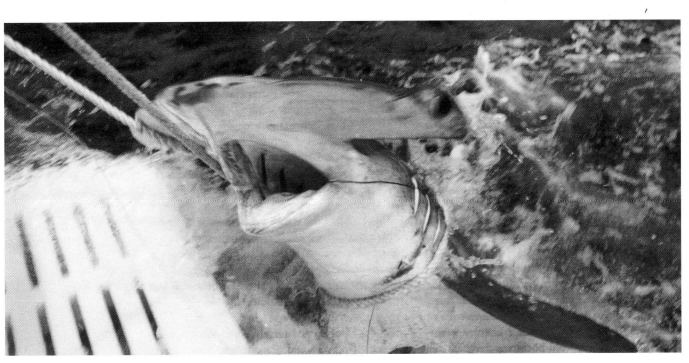

armdicken Köderfischen, welche wir vorher, innerhalb von zwei Minuten, in der Nähe eines Riffs gefangen hatten. Ins Schicksal ergeben, harren wir der kommenden Dinge, bis uns Bobs Assistent mit einem hellen Schrei aufschreckt: »Shark! Hai!«. Und zum ersten Mal in meinem Leben sehe ich die dreieckige Rückenflosse eines Hais das Meer durchschneiden. »Live«, keine zweihundert Meter von unserem Boot entfernt! Ein leibhaftiger Hai! Für eine eingefleischte Landratte wie mich ein ebenso aufwühlendes Ereignis, wie die überraschende Begegnung des guten Hubertus mit dem heiligen Hirsch in den Ardennen.

Voll Staunen und leisem Schauder komme ich überhaupt nicht zum Überlegen. »Willst du ihn?«, grinst Bob, und schon sitze ich, kaum daß ich vor Aufregung ein »Ja« herausbringe, angeschnallt im Drehstuhl; eine nach meiner Meinung viel zu mickrige Angelrute zwischen den Beinen. Gebannt starre ich auf den neugierig unser Boot umkreisenden Hai und fühle mich ein klein wenig wie in Hemingways ›Der alte Mann und das Meer‹.

Keiner der Crew macht sich zunächst Gedanken über Art und Größe des kreisenden Torpedos. Niemand hat Zeit für Fragen und Antworten: Tiger- oder Makro-, Hammer- oder Weißer Hai? Ob zwei oder fünf Meter lang, ist den Profis zunächst egal. Sie arbeiten auf Hochtouren. Jeder Handgriff sitzt. Leinen einfahren! An meine Angelschnur wird ein vier Meter langes, von diesem Monster mit schnellem Biß nicht durchtrennbares, stählernes Vorfach montiert und ein Haken, der jedem Metzgerladen Ehre macht! Bob stülpt über ihn einen aufgeschärften, stark blutenden Köderfisch, und ab geht der Leckerbissen für den gierigen Räuber!

Was soll dieses ›Köderchen‹ mit dem Quentchen Blut in diesem unendlichen, noch dazu von den Bootsturbinen zu schaumiger Gischt verwirbelten Gewässer?, frage ich ketzerisch. Heute weiß ich, daß Sehvermögen und Geruch des Haifischs gleichermaßen gut ausgebildet sind und seine Geschwindigkeit der des Delphins nicht nachsteht; jähe Wendungen fallen ihm allerdings schwer.

Während die Leine leise schnurrend über die Bordkante des zügig abdampfenden Klippers läuft – schnell ist der Köder Hunderte von Metern weit draußen –, behalten wir die nach wie vor drohend aus dem Wasser ragende Finne des Hais im Auge. Wie soll denn der Räuber diesen kümmerlichen Köder im brodelnden Kielwasser überhaupt entdecken?, zweifle ich, wohl höchstens durch Zufall!

Der erste Hammerhai der Saison! Die Vorschriften über Fang, Schonzeit, Köder und Angelgerät sind beim Hochseefischen ebenso streng wie die Bestimmungen der Großwildjagd.

Von ›Riechen‹ kann ja bei dieser Handvoll Fischblut nie und nimmer die Rede sein!

Doch plötzlich, ich traue meinen Augen nicht und bekomme ein Jagdfieber, als wäre mir ein angeschweißter Grizzly auf den Fersen, taucht jenseits des gischtigen Kielwassers, höchstens zweihundert Meter hinter uns, erneut die messerscharfe Rückenflosse des Hais auf! Im nächsten Moment schießt der Räuber – schemenhaft werden die Umrisse seines mächtigen Körpers sichtbar – wie eine Unterwasserharpune voll auf das Boot zu. Den Köderfisch genau im Visier! Das geht an die Nieren! Ich vergesse fast zu atmen. Ob er den Braten riecht und nochmals mißtrauisch wird? Doch da bestätigt sich Brehm, wonach bei Haien »... die geistigen Fähigkeiten ausgebildeter als bei allen übrigen Fischen sind, auch ihre ungestüme

Raubsucht...«. Der Hai stürmt machtvoll voran. Die Dramatik ist nicht mehr zu überbieten!

Genauso »Big game«

Welch ein Unterschied zur Großwildjagd! Ein Angler erwartet den Angriff des Riesenfischs nahezu ohne eine Chance zur Initiative und hofft, daß das Ungeheuer zuschlägt und der Haken hält, wogegen beim Jagen sämtliche Reflexe und Instinkte aktiviert und voll konzentriert auf die kurze, alles entscheidende eigene Initiative – sprich den tödlichen Schuß – ausgerichtet sind.
Während in der Regel, und sofern alles glatt verläuft, unverzüglich nach dem Zusammenprall des Jägers mit seiner Beute – so oder so – ›Jagd vorbei‹ ist, beginnt mit dem Biß eines Großfisches erst der meist mehrstündige Kampf zwischen Mensch und Tier – allzuoft mit ungewissem Ausgang! Reißt die Schnur oder fällt der Köderhaken aus dem Maul des Fisches, besteht, anders als bei der Jagd, nicht die kleinste Chance zur Verfolgung oder Nachsuche! Kein Zweifel, Hochseeangeln birgt eine Menge Tücken und führt zu ebenso großen Freuden und Enttäuschungen wie die Jagd. Die unmittelbare Bedrohung des Jägers durch angreifendes Großwild ist sicherlich ernsthafter, die Gefahren auf stürmischer See allerdings nicht viel geringer! Während des Frühstücks brachte der neuseeländische Rundfunk die lapidare Mitteilung, daß zwei seit gestern vor der Küste Russels mit ihrem Boot verschollene Fischer noch immer nicht gefunden

11

wurden und vermutlich ertranken. Die Tatsache, daß heutzutage die Wildnisjäger von ›Big game hunting‹ und die Hochseefischer von ›Big game fishing‹ sprechen, belegt eine gewisse ›Gleichwertigkeit‹.
Im nächsten Moment hebt es mich schier aus dem Sitz! Die Rute biegt sich wie der Glasfiberstab eines Stabhochspringers. Mit einem heftigen Ruck saust die Rolle ab: Der Hai sucht mit dem tödlichen Haken im Maul das Weite! Jetzt braucht es Kaltschnäuzigkeit! Mit der Spule ist nicht mehr zu bremsen, die automatische Kupplung gibt die 25-Kilo-Schnur widerstandslos frei. Nach einigen Sekunden – oder Minuten? – ist der Bursche vierhundert, dann fünfhundert und gleich darauf sechshundert Meter weit vom Boot entfernt. Menschenskind! Ich habe nur etwa achthundert Meter Schnur auf der Spule! Schon verlangsamt Bob das Tempo des Boots und versucht durch geschickte Manöver – einmal dampft er sogar rückwärts! – ein Zerreißen der Leine zu verhindern.
Kurz darauf schnellt die Gerte zurück, die Angelschnur schwimmt schlaff im Wasser. Hat sich der Riese losgerissen? Ich werfe mich wie ein Berserker in die Spule und versuche die Schnur einzuholen. Plötzlich spüre ich wieder Gegenzug, die Leine spannt sich erneut wie eine Gitarrensaite. Gottlob, der Raubfisch wurde den tödlichen Haken nicht los! Jetzt beginnt eine hundsgemeine Schinderei. Ganze zwei Stunden lang. Das kostet Kraft!
Ich werfe mich unentwegt, die Angelrute in der Linken, vehement in Rückenlage und bringe – wobei ich mich blitzschnell wieder nach vorne beuge und den knappen, für den Bruchteil einer Sekunde lockeren Meter Schnur rasend schnell aufspule – den Riesenfisch, jeweils um diesen einzigen Meter näher ans Boot heran. Das Manöver wird nun roboterhaft, einige tausend Mal, ohne jede Pause wiederholt, wobei ich bei der Hektik dieser Gewalttour, keinen einzigen Blick auf den Fisch werfen kann. Ich hörte nur: »Hammerhai!«

Kraftprobe mit dem Hai

Da die Sonne gnadenlos herabbrennt, gerät mein Kreislauf schnell ins Kochen. Der Hai legt sich ordentlich ins Zeug! Er kämpft, und wie! Gelegentlich, über kurze Strecken, läßt er sich mit kaum spürbarem Widerstand heranziehen. Gerade so, als sammle er Kraft für den nächsten Ausfall. Nach der ersten halben Stunde habe ich ihn fast auf Steinwurfweite herangetrimmt. Während ich im Drillmanöver völlig aufgehe und die gleichmäßige Aufspulung der Angelschnur mit dem linken Daumen bald automatisch meistere, wird die See zunehmend rauher. Bob hat alle Hände voll zu tun, die brave ›Alma G.‹ parallel zur rollenden Brandung zu halten und gleichzeitig den unberechenbar nach allen Seiten – einmal sogar unter dem Boot hindurch – davonstürmenden Riesenfisch auszumanövrieren. Die Tatsache, daß mein Drehstuhl dabei kaum nach links oder rechts pendelt, beweist, wie sehr der Kapitän sein Handwerk versteht. Er bietet dem Hai souverän Paroli.
Kurz darauf bestätigt die prallvolle Spule, daß der Bursche ganz nahe sein muß! Geschafft? Ein Zeichen von Ermattung? Gibt er endlich auf? Weit gefehlt! Der Hai wirft sich im nächsten Augenblick jäh herum und schießt erneut in seine vermeintliche Freiheit davon; mit einer Wucht, daß die ablaufende Schnur nur so pfeift. Damit erspart er mir zunächst viele Fragen, wie etwa die, was im Falle einer Bergung eigentlich weiter zu geschehen hat. Bald darauf ist die Schnur schon wieder fast alle. Von wegen ermattet und besiegt!
Im Gegenteil! Die nervenaufreibende, an Dramatik und Anstrengung jeder Jagd ebenbürtige Auseinandersetzung beginnt von neuem: sich zurückwerfen, dann vorschnellen, in Windeseile einen Meter Leine aufspulen, erneute Rückenlage, und wieder dasselbe. Eine Ewigkeit lang. Ist der Hai endlich bis in Schiffnähe gedrillt, übernimmt er jedes Mal selbst die Regie, und ab geht seine Reise, zurück ins tosende Nichts – die Rackerei beginnt von vorne. Keiner hilft, niemand darf helfen! Das verlangen die Statuten der Hochsee-Sportfischer. Sie werden streng befolgt und gegenseitig argwöhnisch überwacht. »Großartig dein Kampf«, gratuliert am Abend im ›Swordfish-Club‹ ein semmelblonder Seebär, »wir haben von unserem Boot aus beobachtet, wie der Bursche mit euch Karussell spielte«. Interessanterweise hatten wir diesen Zuschauer ebensowenig mitbekommen wie die von ihm beobachtete Kreisfahrt der ›Alma G.‹. Sie entstand vermutlich, als Bob in der Schlußphase seinen Kommandostand verließ, um bei der Landung des Hais Hand anzulegen, wobei das Boot eine Zeitlang führungslos zum Spielball des Seegangs wurde.
Und dann, nach zweieinhalb Stunden – die Schufterei hätte höchstens noch zehn Minuten dauern dürfen! –, und insgesamt vier großen Ausbruchsver-

suchen des Hais, sowie jeweils mühseligem Zurückdrillen – immer darauf bedacht, die Leine straff und damit den Haken im Rachen des Räubers zu halten –, erscholl, gerade als der Widerstand des Kreismauligen spürbar erlahmte, der Ruf: »We win!« Jetzt riskierte ich zum ersten Mal einen kurzen Blick über die Bordkante: Dort trieb an meiner straff gespannten Leine, leblos, niedergerungen und besiegt, ein riesiger Fischleib auf das Boot zu, die elfenbeinweiße Bauchseite nach oben gekehrt. Weiß, die Farbe der Kapitulation! Kurz darauf schlug die stählerne Vorfachkupplung an der Endöse meiner Rute an. Für mich war die ›Hatz‹ zu Ende!

Bob und sein Helfer hievten den Riesenfisch mit einem beachtlichen, an einem dicken Seil befestigten Enterhaken sofort auf die knapp über dem Wasser angebaute Rampe des Bootes. Während ich das urweltliche Geschöpf und seinen, wie ein Querriegel vom Körper abstehenden Quaderschädel mit den außenliegenden, kreisrund flachen, im Tageslicht goldgelb leuchtenden Augenlinsen bestaunte – ein Koloß mit fast vier Metern Länge, knapp drei Zentner schwer –, brachte Bob das Schiff wieder auf Kurs. Man muß Alfred Brehm erneut zustimmen: »Eine ähnliche Absonderlichkeit, wie sie die Hammerhaie zeigen, kommt zum zweiten Male in dem gesamten Unterreich der Wirbeltiere nicht vor.«

Anschließend wanden wir dem Hünen – dabei handelt es sich nicht um den ›Großen‹ Hammerhai, welcher die Fluten des Atlantik, des Stillen und Indischen Ozeans durchmißt, sondern um den ›Glatten‹ Hammerhai der tropischen Gewässer, der seinem Vetter allerdings in nichts nachsteht – eine schwere Seilschlinge um die Schwanzflosse und stießen ihn zurück ins Meer. Bob traute dem Frieden nicht und schleppte den Burschen lieber noch eine Stunde mit dem Schwanz voraus durchs Wasser, damit sich dessen Kiemen fluteten und jedes Risiko aus tödlichen Reflexen des Ungeheuers ausgeschlossen war. Eine Vorsichtsmaßnahme.

Dann hißte Bob den roten, dreieckigen ›Haifisch-Wimpel‹. Er verständigte per Funk den Hafenmeister, welcher die Kranwaage startklar machte und über einen Lautsprecher Zuschauer zusammentrommelte. Schließlich wird nicht jeden Tag ein Hammerhai gefangen – unserer war der erste der Saison! –, und außerdem will ein Fremdenverkehrsort seinen Besuchern etwas Nervenkitzel bieten! Der Zulauf, die Fotografiererei und die Begeisterung der Zuschauer über das bittere Ende des Räubers, erinnerte mich fatal an die Geschichte der applaudierenden Gaffer beim Ritt des Eppelein von Geilingen zum Galgen. Einziger Unterschied: Mir war der Räuber nicht entwischt!

Das globale Dilemma

»A large land, upliftet high. Ein großes Land, hoch aufragend.« Das schrieb bereits 1642, gut 130 Jahre vor Captain Cook, der Neuseeland noch für eine zusammenhängende Insel hielt, der Niederländer Abel Tasman. Dies entsprach auch meinem ersten Eindruck. Nach kurzem Aufenthalt in der Millionenstadt Auckland, der ›heimlichen Hauptstadt‹ des Landes, mit über 50000 Segelbooten auf ihren Gewässern eine echte Aquapolis, gingen wir am Ende eines einstündigen Fluges in Christchurch, auf der Südinsel, von Bord. Fern im Südwesten leuchteten die über 3000 Meter hohen und 1600 Kilometer langen, teilweise schnee- und eisgepanzerten Gebirgsmassive der Südalpen. Unsere Gedanken wanderten zu den gut 300 Gletschern und Bergzügen – die in bezug auf wilde Schönheit jederzeit mit den Alpen, den Fjorden Norwegens und der Einsamkeit Schottlands konkurrieren können – bis hinüber zur großartigen Bergwelt des Westland-Nationalparks und des 7000 Jahre alten Franz-Josef-Gletschers. Wir wußten, daß sich auf den schroffen, dunstverschleierten Gebirgen gute Vorkommen an Gams- und Tahrwild befanden. Diese Bergartisten waren im 19. Jahrhundert, meist von Engländern, aus Europa oder wie der Tahr, aus Nepal in die Gebirge der Südinsel verbracht worden. Ein idealer Lebensraum für dieses anpassungsfähige Steinwild, wie sein explosionsartiges Überhandnehmen, bis hin zum ökologischen Ärgernis bei den für die Gesamtvegetation der Südinsel Verantwortlichen, beweist. Die ab Ende der 70er Jahre betriebene, in die Hunderttausende gehende Bejagung der beiden Bergwildarten, meist aus Hubschraubern, zeigt das globale Dilemma unserer Zeit: Lebensraumkonkurrenz zwischen Natur, Mensch und freilebender Kreatur!

Die Ausgangslage unterscheidet sich im Vergleich zu anderen Ländern in einem wesentlichen Punkt: Ehe nicht frühe polynesische Seefahrer, später dann die Maoris sowie niederländische und englische Entdecker – und in deren Gefolge Einwanderer aus allen Ländern Europas – die Insel betraten, gab es in Neuseeland überhaupt keine landlebenden Säugetiere! Sie wurden erst vom Menschen in seiner

Der ursprünglich im Himalaya, vom Westen Nepals bis Bhutan, beheimatete Thar hat sich in Neuseeland gut eingelebt. Legale Jagd in freier Wildbahn ist heute nur in Neuseeland möglich.

langen Geschichte von Entdeckungen und Kolonisation ›künstlich‹ zum Lebensraumkonkurrenten gemacht. Nach den Haustieren, wie dem Schwein, den Ziegen, Schafen, Hühnern und Hunden, wurden um 1850 von den Engländern Rot- und Damhirsch, Wapiti und Elch, gegen 1900 – außer den känguruhverwandten Wallabies, den Kanada-Gänsen, der Stockente, dem Grouse, den Fasanen und Feldhasen – vor allem das Gams- und Tahrwild ins Land gebracht. Insgesamt sollen 133 Tierarten, einschließlich der Insekten, eingeführt worden sein. Bald darauf entstanden ernste Probleme durch umweltbelastende Überpopulationen. Kurz nach dem Zweiten Weltkrieg wurden im Rahmen staatlicher Massenreduktion die stolzen Bergbewohner aus Europa und Nepal zu ›Schädlingen‹ erklärt und rigoros niedergemacht. 1978 waren hierfür fast 80 Helikopter im Einsatz, die das Wildbret der ›Schädlinge‹ für den inzwischen stark gestiegenen Export beschafften. Bei oftmals 100 Abschüssen je Tag und Helicopter, kam schnell einiges zusammen! Gleichzeitig wurden viele Hirsche meist lebend mit Netzen gefangen und als Zuchttiere oder zur Fleisch- und Bastgewinnung an Hirschfarmen verkauft.

In Franz Josef, dem Bergort nahe des gleichnamigen Gletschermassivs, waren bis Mitte der 80er Jahre laufend um die 15 Hubschrauber im Einsatz, heute sind es noch zwei. Die Gams- und Tahrbestände sind in vielen Teilen des Landes inzwischen beängstigend ausgedünnt, teilweise sogar vernichtet. Die Jagd ist dadurch viel schwieriger geworden; auch deshalb, weil das Wild für die Hubschrauberbejagung – Gott sei Dank! – zu schlau und der Betrieb der Helikopter zu teuer wurde. Seit 1983 sind Hubschrauber zur Tahrjagd verboten. Augenblicklich kämpft die Jägerschaft mit der Regierung um die eigene Verantwortung zur Bewirtschaftung des Gams- und Tahrbestandes. »Wenn man in dieser Region nicht mindestens einen Bestand von 6000 Tahr zur Jagdwirtschaft erlaubt«, klagt Guide Stan, »ist es mit der Tradition und unserer Existenz vorbei!« Später, als wir in den entrückten Lebensraum der Gams und die darüberliegende, noch kargere Welt der Tahre, in die Felsregion zwischen den letzten Grasnarben und den Schneefeldern eindringen, treten diese Befürchtungen offen zutage. Wir sahen hier kaum mehr Wild!

»Ka riro an i te tongo«

Unabhängig von diesen Jagdproblemen, halten nicht nur die ›Kiwis‹ – wie sich die Neuseeländer selbst nennen – das Land, seine einzigartige Flora und Fauna sowie das Klima, welches weder extreme

Temperaturen noch eine Regenzeit kennt, für das schönste der Erde. Die Nordinsel ist subtropisch, die Südinsel zeigt sich gemäßigt, die Jahreszeiten sind denen der nördlichen Halbkugel entgegengesetzt: Dezember bis Februar ist Sommer, der Herbst dauert von März bis Mai, von Juni bis August ist Winter und Frühling von September bis November.

Eine Entschädigung für die weite Reise sind auch Neuseelands 250 Vogelarten. Darunter sind – wegen fehlender Feinde – viele flugunfähige exotische Arten, welche, wie der noch im 19. Jahrhundert lebende, 4.5 Meter große, straußverwandte Moa-Vogel – der größte Vogel auf unserem Planeten – leider längst ausgerottet oder höchst bedroht sind. Den Jäger erwartet ein erfreuliches Angebot auf Schwarzwild, erlebnisreiche Pirschen auf nahezu alle heute noch jagdbaren Hirscharten sowie gute Strecken auf Wasserwild und Karnickel. Sie, die ständig zu Millionen ›vernichtet‹ werden, sind, ebenso wie der wegen des weltweiten Pelzboykotts nicht mehr bejagte Opossum, inzwischen landesweit eine wahre Pest. Augenblicklich bevölkern etwa 70 Millionen Opossum, die täglich 20000 Tonnen Grünzeug, Blätter, Früchte und Blüten fressen, das Land. Es leiden darunter inzwischen die Vögel, die Frösche und der Regenwurm. Seit dem Verfall der Opossumpreise von 1987-90, von acht auf zwei Dollar, streiken die meisten der 100000 Fallensteller. Damit verstärkt sich die Katastrophe. Und natürliche Feinde fehlen! Schon 1890 sah sich Mark Twain veranlaßt, in seinen Reisebeobachtungen festzustellen: »Den Mann, der das Karnickel einführte, würden die Neuseeländer heute hängen!« Verständlich! Bereits um 1850 – dreißig Jahre nachdem die Plagegeister ausgesetzt wurden – war der Staat gezwungen, ein ›Rabbit Destruction Council‹ einzusetzen, das die Karnickelexplosion stoppen sollte. Der Erfolg blieb bis heute aus!

Des einen Leid, des anderen Freud'! Erst kurz vor meinem Besuch hatten zwei Österreicher an einem einzigen Tag – hierfür wurden in einem Handkarren je zwei Gewehre und ein Riesenvorrat an Munition mitgeschleppt – über 3000 (!) der kleinen Flitzer erlegt. Was mit dem Wildbret geschah, in einem Land ›wo Milch und Honig fließen‹ und es kein Raubwild gibt – ausgenommen den Marder, verwilderte Katzen und Hunde sowie zwei kleinere Falken und drei Eulenarten – ist nicht überliefert.

Zweifellos sind auch in Zukunft – neben einer starken, vielleicht zu einseitig agrarischen Ausrichtung! – die unzerstörte Natur und Landschaft des Landes größter Reichtum. Diese Vorzüge rühmte schon das 1901 (!) von der Regierung gegründete Ministerium für Tourismus und Gesundheit, das bereits 1906 die Welt zur ›1. Internationalen Ausstellung für Tourismus‹ nach Christchurch lud:

Das vulkanische Hochland mit seinen Feuerbergen, Thermalquellen und großflächigen Geysiren, zählt zu den Attraktionen der Nordinsel.

»Wir bieten eine herrliche Landschaft, mildes ausgeglichenes Klima, keine Extreme von Hitze und Kälte, keine Trockenheit, keine Blizzards, heiße Seen, wundervolle Geysire.« Dem ist auch heute nichts hinzuzufügen! Die bissige Meinung C. Darwins im Jahr 1835, er habe in Neuseeland »außer Spargel, Gemüse, fleißigen Schmieden, Schweinen und Geflügel nichts entdeckt«, ist arg polemisch.

›Ka riro an i te tongo‹ (Ich bin ferne bei dem kalten, südlichen Wind geboren), heißt es in einer alten Legende der vor über 2000 Jahren auf den sagenumwobenen ›Sieben Booten der großen Flotte‹, vermutlich aus Tahiti, Samoa, Hawaii oder den Osterinseln eingewanderten Maori. Diese Ureinwohner entwickelten ein blühendes, nach Stämmen und Königreichen gegliedertes Gemeinwesen. Sie brachten den Ackerbau, Haustiere wie Hunde, Schweine und Hühner sowie die Kumara, die Süßkartoffel ins Land, leider auch die Ratte. Die Maori schufen, im Gegensatz zu den Aboriginals Australiens, eine eigene Kultur und sind heute mit ihren acht Prozent Bevölkerungsanteil voll im Staat integriert. Bereits im Jahre 1840 vereinbarten der Vertreter der englischen Krone und die Ureinwohner im Vertrag von Waitang ein friedliches Zusammenleben, das bis heute trägt. Welch ein Erfolg im Vergleich zu den Aboriginals Australiens, die noch immer um ihre vollen Rechte kämpfen und oftmals als ›outcasts‹ gelten.

Bezeichnend für diesen Teil der Erde sind zwei kleine Berichte im »Auckland Star«, die ich im Flugzeug zwischen Hawaii und dem zum Commonwealth gehörigen Land studierte. Die Zeitung berichtete auf ihrer Titelseite von den, in ihrer Unverfrorenheit schon fast bewundernswerten, beiden Neuseeländern, die, ›because they were hungry‹, kürzlich im Londoner Hyde-Park zwei friedliche Gänse massakrierten und verspeisten. Ihre Verurteilung zu vier Monaten Gefängnis rief in ihrer Heimat vorwiegend Mitgefühl und tiefes Unverständnis hervor. Diese Nachricht rangierte auf der ersten Seite. Eine wesentlich aufregendere Mitteilung fand – vermutlich weil sie für die mit der Wildheit ihrer Natur, mit Erdbeben und Vulkanausbrüchen vertrauten Neuseeländer eine Selbstverständlichkeit ist – erst im Innenteil der Zeitung ihren Niederschlag. Die Rede war von einer an der Küste einer unbewohnten Südpazifikinsel unter Bergen von Strandgut zufällig entdeckten Aluminium-Box. Aller Wahrscheinlichkeit nach hatte man die Navigationskiste der seit 1937 in dieser Region vermißten Lockhead 10E Electra entdeckt, deren Verschwinden damals weltweit Aufsehen erregte. Die Unglücksmaschine war von der berühmten Pilotin Amelia Earhart gesteuert worden, die bereits 1928 mit Begleitung und 1932 – als erste Frau der Welt alleine – den Atlantik überquert hatte. Bei ihrem Versuch 1937, mit einem Funker an Bord, den Pazifik und anschließend die Welt zu überfliegen, mußte sie mit Motorschaden auf einem schmalen, der unbewohnten Insel Nikumaroro vorgelagerten Korallenriff notlanden. Trotz verschiedener Funkkontakte mit dem Havaristen kamen die Retter zu spät. Nach drei Tagen riß die Radioverbindung ab. Von tosenden Fluten vom Riff gespült, verschwanden Flugzeug und Besatzung vermutlich in der bis zu 600 m tief abstürzenden Untiefe. Die wahren Umstände dieses Unglücks gelten noch heute als eine der mysteriösesten der Fluggeschichte. In diesem Teil der Erde ist so etwas nur eine Notiz wert. Die Allmacht der Natur prägt nicht nur die Gelassenheit der eingeborenen Maori, sondern auch das Lebensgefühl der ›Pakehas‹, der weißen Bewohner des Landes. »Das Land bleibt bestehen, wenn die Menschen längst die Erde verlassen haben«, sagen die Ureinwohner.

Gute Miene zum bösen Spiel

Beim ersten Rundgang durchs gottverlassene Franz Josef war klar, daß auch wir ›bei dem kalten, südlichen Wind‹ gelandet waren. Von den Gletschern blies ein eisiges Lüftchen. Es regnete in Strömen und die dieses Bergsteiger-Mekka umstehenden Felsmassive blieben den ganzen Tag in dunkle Wolken gehüllt. Ausgesprochen ungemütlich! Immerhin gelten die Südalpen Neuseelands, zumindest vom Hörensagen, als Natur- und Jagdparadies! Die erdgeschichtlich viel ältere Südinsel – nach dem Mythos fischte Gott Maoui die Nordinsel von ihren Küsten herab aus den Fluten – ist trotz ihres weltberühmten Milford-Sounds oder des ›schönsten Wanderwegs der Erde‹ nicht so angenehm mild und klimatisch verwöhnt wie das sonnenüberflutete nördliche Eiland.

Am nächsten Morgen grüßt uns ein strahlender, fast bayrischer Sonntagshimmel. Die tropischen, von undurchdringlichem Dschungel bis in die höchsten Regionen hinauf bewaldeten, sattgrün ausgeleuchteten Schluchten sind nur per Hubschrauber zu überwinden. Durch sie führt weder Straße noch

Die urwüchsige, subtropische Vegetation des Mungunui-Parks verlangt bei der Pirsch auf Rothirsch und Keiler Können und Ausdauer.

Steig. Der wenig wertvolle Farn- und Weichholzwald, mit gelegentlich eingesprengten Nadelbäumen, lohnt keine Mühe. Außerdem benötigt man jeden Dollar – der neuseeländische Dollar ist augenblicklich knapp eine Mark wert –, um die für den Tourismus attraktiveren Gletscherregionen zu erschließen oder Wander- und Trekkingrouten auszubauen. An Jagd und Jägerei ist man offiziell kaum mehr interessiert. Jagdtourismus spielt sich hier, ausgenommen bei den staatlich vergebenen Konzessionen auf Gams und Tahr, inzwischen vorwiegend auf den meist riesigen Privatfarmen ab. In Neuseeland ist echte Wildhege inzwischen identisch mit Wildbewirtschaftung auf privaten Gütern!

Eine halbe Stunde später klettern wir aus dem kleinen Hubschrauber, um einen schönen langen Tag durch diese einsamen Berge auf Gams und Tahr zu pirschen. Am Abend, zwei Stunden vor Einbruch der Nacht, soll uns das Lufttaxi wieder abholen, sofern das Wetter mitmacht. Kaum ist der Hubschrauber verschwunden – ich frage mich, wie er in dieser plötzlichen Nebelsuppe überhaupt nach Hause findet –, da wird auch unser von düsteren Bergmassiven umstandenes Hochtal in dichte Nebelschwaden gehüllt. Es beginnt zu nieseln. Keine rosigen Aussichten! »Bleib' ruhig liegen«, mahnt Stan, als das Motorengedröhn verebbt ist, »die nächste halbe Stunde sind alle Augen auf uns gerichtet!«

Über dem ausladenden Kessel liegt eine bleierne Stille, es rührt sich kein Vogel. Schneidender Westwind treibt uns den Regen ins Gesicht. Gott sei Dank habe ich die leichte Regenhaut im Rucksack! Hätte ich jetzt auch noch die bei verregneten Treibjagden bewährte Gummiüberhose dabei, dann wäre alles geritzt. »Ewige Laxheit!«, ärgere ich mich, als wir patschnaß durch den kniehohen, vom Regen triefenden Zwergbusch- und Grasfilz pirschen. Ein baumloses, unfreundliches Tundrengebiet, wie in Sibirien!

Trotzdem spiegeln wir gewissenhaft jede Rinne und Bergfalte ab, verbeißen uns oft minutenlang an irreführenden Trugbildern im Gestein und steigen langsam die Schotterhänge hoch. Die triste Stimmung dieser Berglandschaft ähnelt meiner Gemütslage! Es ist wie so oft: Die Veranstalter nehmen den Mund zu voll. Vor Ort kommen dann die Ausreden! Wo ist eigentlich die versprochene Hütte, von der aus wir einige Tage jagen wollten? Wo die geschilderte ›einmalige‹ Gams- und Tahrpopulation? Während der vergangenen zwei Stunden habe ich weder einen Wildwechsel noch Losung entdeckt! Abgebrüht durch hundertfache Erfahrung, zwinge ich mich ›zu guter Miene beim bösen Spiel‹. Ich werde mir trotzdem ein ordentliches Stück vom Kuchen holen!

Eine ulkige Begegnung am Rande dieser Pirsch bringt mich auf andere Gedanken. Neben einem

Felsen, knapp unter dem inzwischen noch dichter werdenden Nebel – ich beschwere mich lieber nicht, schließlich habe ich mir den Reisetermin selbst eingebrockt! – hocken, keine fünf Meter von uns entfernt, zwei aufgeregt hin- und hertribbelnde, rabengroße Bergpapageien. Sie pöbeln sich gegenseitig mit Eichelhähergekrächze an und nehmen von uns kaum Notiz. Stan erzählt, daß die samtig dunkelgrünen, mit rostfarbenen Federornamenten geschmückten ›Kea‹ selbst bei Schnee und Frost in der Gegend bleiben. Die zutraulichen Kerle ernähren sich ausschließlich von Samen und Kräutern und hüpfen den Menschen gelegentlich sogar auf die Hand.

Gegen Mittag, während einer kurzen Rast – die angebotenen Kekse und einen Apfel hat mir der geschäftstüchtige Guide Tage später übrigens extra berechnet! – leere ich meine wie Schwämme vollgesogenen Bergschuhe aus, winde die Socken halbtrocken und fluche enttäuscht und sauer in mich hinein: So ein Mistwetter, und noch überhaupt nichts gesehen! Es ändert wenig, als wir am Spätnachmittag, zwischen auseinandergezogenen Wolkenfetzen, kurz eine Tahrgeiß mit einem Kitz ausmachen. Das Duo bewegt sich kaum von der Stelle, rupft gelangweilt im Gestein herum und paßt damit genau ins Bild dieses trostlosen Tages!

Outdoor-life kostenlos

Etwas früher als geplant und erleichtert, daß wir bei dem wie ein Wattebausch im Kessel liegenden Nebel überhaupt zurückgefunden haben, erreichen wir den Abholplatz. In gut einer Stunde wird es dunkel sein. Ohne Brennholz, mit nassen Füßen und nur spärlich geschützt durch eine überhängende Felswand, sehe ich uns hier schon bei einem ›Sit in‹ für die nächste Nacht. Letztlich ist mir das aber egal, denn ich habe im Rucksack etwas Dörrobst, einige Eukalyptus und ein herrlich trockenes Paar Socken. Da läßt sich ›Outdoor-life‹ eine Nacht lang gut durchstehen!

Doch Stan kämpft gegen das Geschick! Er holt sein kleines Funkgerät heraus, spannt eine 30-Meter-Antenne auf und hat bald darauf Kontakt mit einem irgendwo sitzenden Amateur-Funker. Der nimmt unsere Nachricht entgegen und antwortet bereits fünf Minuten später, daß die Frau des Piloten mitteilen läßt, ihr Mann sei gerade auf dem Weg zu uns.

»Bei diesem Nebel ist das Selbstmord!«, meine ich, als Stan in die tiefe Schlucht hinüberhorcht. Von dort quellen so dichte Nebelschwaden herauf, daß man glaubt, der Teufel heize persönlich die Kessel. »Beeilt euch!«, schreit Stan und rennt, obwohl ich überhaupt noch nichts vernehme, auf ein kleines Grasplateau zu. »Hörst du ihn jetzt?«, grinst er zufrieden und erzählt, daß er in über 30 Jahren nur einmal wegen schlechten Wetters unfreiwillig im Berg übernachten mußte. »If anyone is able to feed himself up here through weather like this, it's Jake. Wenn sich jemand hier herauftasten kann, dann Jakob«, sagt er voll Bewunderung, als sich der Hubschrauber im Schneckentempo, zwanzig Meter über dem Boden, heranschleicht.

Obwohl mir bei dem Gedanken jetzt einzusteigen und dieses gefährliche Manöver mitzumachen etwas

Sommer im Januar, Winter im August. Der Urwald der Nordinsel bietet unzähligen der insgesamt 250 Vogelarten, auch dem eingebürgerten, inzwischen teilweise verwilderten Sika-, Rot- und Schwarzwild, Zuflucht.

Die dunkelgrünen Bergpapageien zeigen vor Menschen keine Scheu. Die zutraulichen »Kea« sind streng geschützt und von Höchstpreisen aus Übersee bedroht.

mulmig ist, beseitigen die Verlockungen eines gepflegten Abendessens und eines bequemen Betts schnell die letzten Bedenken. Eine gute halbe Stunde später, nachdem knapp 2000 Höhenmeter und etwa 15 Kilometer Flugstrecke gemeistert waren – Stan und Jake hingen während des Fluges förmlich an der Windschutzscheibe, gottlob waren sie die Strecke vermutlich schon hunderte Male geflogen – landeten wir wohlbehalten vor dem Hotel. Jagdlich war der Tag ein Flop! Aber, tröstete ich mich bei einem doppelten ›Southern Comfort‹, zu einer Jagdreise zu Wasser, zu Land und in der Luft gehören eben solche Überraschungen. Deshalb abwarten!

Der nächste Tag fiel erneut dem Regen zum Opfer. Wir tranken den ganzen Tag Kaffee und staunten über die von Stunde zu Stunde steigenden, wild am Hotel vorbeischießenden Fluten des Flusses, der sich aus den Bergen des Fox- und Franz-Josef-Gletschers ergoß. Das schlimmste war die kümmerliche Nachrichtenversorgung zum inzwischen fünf Tage alten Golfkrieg. »Ach«, wiegelte der Geschäftsführer des Hotels ab, »das Ganze ist doch nichts als ein regionaler Konflikt zwischen Amerika und dem Irak«. Glückliches Neuseeland!

Obwohl Stan für den nächsten Tag, sofern das Wetter aufklaren würde, ein ›viel besseres‹ Gamsrevier in Aussicht stellte, saß ich auf Kohlen: Wir mußten morgen unbedingt, notfalls mit einer Nachtfahrt, das 500 Kilometer entfernte Queenstown erreichen, um übermorgen nach Auckland zurückzufliegen. Mir blieb noch höchstens ein Tag. Da die Tahre rar und im Sommerkleid sowieso unansehnlich waren,

19

konzentrierten wir uns auf Gams. Für den Zeitdruck war ich selbst verantwortlich, da ich den Jagdplan umgeworfen und ein – allerdings wichtiges – Zusatzprogramm eingebaut hatte: Wer in Neuseeland ist, muß auch dessen einzigartige Hirschbewirtschaftung kennenlernen!

Steil und gefährlich

Am nächsten Morgen setzten wir alles auf eine Karte. Das Wetter war wie vor zwei Tagen. Der Pilot beurteilte es besser als der Guide. Auf dem Weg ins Gamsrevier überflogen wir, in teilweise schwindelerregend engen Schleifen und Spiralen, wüste Mondlandschaften. Vorbei an oftmals Hunderte von Metern steil abfallenden Felswänden und Gletschern, ging es über so bizarre Felsgrate hinweg, daß selbst ein Gams auf ihnen scheitern mußte! Und all diese Eskapaden in einer zerbrechlichen Propellerhummel, voll Vertrauen in den Piloten! Es war beruhigend zu wissen, daß die Hubschrauber, gemäß strenger Auflagen, alle 100 und 300 Flugstunden behördlich gewartet und Verschleißteile sogar alle 500 Stunden geröntgt werden müssen. Gut, daß man während des Fluges immer abgelenkt wurde! Beispielsweise durch die tollkühnen Sprünge der von uns auf die Läufe gebrachten Tahre, die den waghalsigen Flugmanövern Jakes in nichts nachstanden. Ich habe schon allerhand flüchtiges Bergwild gesehen. Ich weiß, wozu die Schneeziege, der Tur oder davonhetzende Steinböcke fähig sind. Doch das Tahrwild stellt alles in den Schatten! Es ist atemberaubend! Aufgescheucht vom nervtötenden Geknatter des Propellers, hetzen sie panikartig, ohne je zu verhoffen, in alle Richtungen davon. Dabei springen sie teilweise so wagemutig in die steilsten Felswände, daß man ständig ihren Absturz befürchtet. Gleichzeitig durchmessen sie – gut dreimal so schwer wie eine Gams! – die glatten, noch dazu vom Frühtau glitschig feuchten Felsplatten mit einer derartigen Sicherheit, daß es scheint, sie spazieren über flaches Land. Phantastisch!

Ihre gepolsterten, mit Saugschalen versehenen Hufe besitzen eine solche Haftung, daß man meint, sie verwenden Sekundenkleber. Für mich stand fest: Irgendwann, zur Brunft im April oder Mai, komme ich zurück und hole einen dieser nur noch in Nepal jagdbaren Recken aus der Wand! Eigentlich unverständlich, daß der verwegenste aller Bergakrobaten mit seinem knuffigen Wetzsteingehörn und der blond leuchtenden, imposanten Halsmähne nicht dieselbe Wertschätzung der Jäger besitzt wie der Steinbock oder das Wildschaf. Ein Grund liegt sicher darin, daß die einzigartige Herausforderung und der Kopfschmuck nicht mit der Wucht und Schönheit der Schnecken- und Säbeltrophäen der Schafe und Steinböcke mithalten können.

Unterhalb des Eis- und Geröllgürtels, dort wo die letzten Graspolster enden, setzt der Helikopter auf. Zwei Minuten später sind wir allein. »Hier irgendwo in diesen Felsen steht einer der kapitalsten Gamsböcke die ich kenne«, heizt mich Stan an und deutet in ein Gebiet mit Dutzenden von Bergkuppen, Schluchten und Steilhängen. Nur der Jäger Unverdrossen hat schon manchen Gams geschossen, wandle ich den alten Hirschspruch ab, als wir die Pirsch beginnen. Klar, daß im Moment die Bühne leergefegt ist!, denke ich und bin gespannt, was der nächste Ausblick bietet. Verdammt, ist dieses Gebiet steil und gefährlich! Noch bei keiner Bergpirsch mußte ich mich so konzentriert durchs Gelände tasten! Wir kommen nur mäßig voran. Auch deshalb, weil mir anfangs jeder Schritt schwerfällt. Eine ganze Woche rumhocken, der gewaltige Jetlag und die Hektik der letzten Tage sitzen noch in den Knochen. Nach der ersten Stunde bin ich besser drauf; insbesondere als wir das erste Rudel Gams erspähen! Auf dem Bauch liegend, glasen wir die Arena ab. Das spärliche Gras ist so rutschig, der Hang so steil, daß ich wehmütig an meine anschnallbaren Grödeleisen denke. Noch immer steht uns ein schneidender Westwind ins Gesicht. Die im Frühwetterbericht genannten maximal plus 11 Grad für die Südinsel – für den Osten der Nordinsel sind 26 Grad (!) angesagt – erfüllen sich heute wohl ebensowenig, wie die Illusion, inmitten des vor uns äsenden Scharl könnte sich ein reifer Bock rumtreiben! Da die Zeit drängt und Stan bereits bekümmert nach Westen deutet, wo sich vor den Randalpen eine drohend schwarze Wolkenwand auftürmt, pirschen wir in großem Bogen zügig durch die nordseitigen Schotterhänge weiter. Tief unter uns liegt eine ausgedehnte Ebene, wohin sich durch alle Täler Gebirgsbäche ergießen. Dazwischen erkennt man weite, taigaähnliche Moore und sumpfige Flußniederungen; Landschaften, wie sie einem in Alaska oder Sibirien begegnen. Schade, daß früher, zur Zeit der noch ›grenzenlosen Freiheit‹, niemand hier Bären, Elchwild oder Bighorn aussetzte. Der Lebensraum wäre ideal!

Eine typische Guide-Schätzung

Inzwischen hat uns das Gamsrudel mitbekommen und sich mit Karacho, quer durch den Kessel, ins jenseitige Bergmassiv abgesetzt. Nach meinem Eindruck sind die Sommergams hier weit mehr ins Fahlgelbe gefärbt und im Wildbret um einiges geringer als ihre Verwandtschaft in Europa. Von der Nervosität nicht zu reden. Wenn ich da an die Gamsrudel im Altvatergebirge, dem ehemaligen Sudetenland denke. Der tschechische Jagdführer brachte uns Mitte September, innerhalb von zwei Tagen auf etwa 50 Gams heran, keine weiter als 100 Meter entfernt. Da hatte sich hier viel verändert.

Kurz darauf erspähen wir zwei weitere Rudel, einmal sogar drei brave, allerdings arg junge Springinsfeld. Sie konnten es nach Kruckenhöhe und Hakelung allerdings schon jetzt mit ihren Artgenossen zu Hause aufnehmen! Ansonsten scheinen die Berge ohne Leben zu sein. Nichts rührt sich – irgendwie unheimlich! Es dauert eine ganze Weile, bis der Blick in weitere Bergformationen frei wird. Wir glasen jede Runse ab. Nichts! Dann aber, kurz vor dem erneuten Aufbruch, flüstert Stan höchst erregt: »Halbschräg unter uns! Der starke Bock!! Ganz alleine! Siehst du ihn? Am Rande der grünen Mulde! Er sichert schon herauf!« Ohne den Einzelgänger zu sehen – von Ansprechen überhaupt nicht zu reden –, mache ich mich sofort fertig. Dann habe ich ihn im Glas! Als Stan merkt, daß ich rumkrebse und mit der Auflage nicht zurechtkomme, fordert er: »Schieß freihändig! Das sind höchstens 100 Meter!« Eine typische Guide-Schätzung! Der Gams ist gut doppelt so weit weg!

Obwohl ich mir das Finale anders vorgestellt hatte, andererseits aber weiß, daß dies vermutlich meine allerletzte Chance ist – noch dazu auf einen Supergams! –, setze ich alles auf eine Karte. In Millimeterarbeit richte ich mich auf und habe im gleichen Augenblick den Schwarzmaskierten voll vor mir. Er ist sofort im Bild! Mit einem Sprung aus dem Stand, stürmt er mit riesigen Fluchten in eine abwärtsführende Rinne, verschwindet kurz, wird wieder frei und hetzt dann schnurstracks auf den vor ihm ansteigenden Kamm zu. Da er ständig riesigen Felsbrocken ausweichen muß, gerät sein Absetzmanöver zu einem aufregenden Zickzack-Kurs und einem unberechenbaren Auf und Nieder. Ich habe große Mühe ihn im Zielfernrohr zu halten und muß entnervt zusehen, wie die Entfernung rapide wächst.

»Das geht in die Hose«, gifte ich, »so eine Klasse-Trophäe!« Doch dann, kurz ehe der Bock den rettenden Berggrat erreicht, nehme ich mir in einem Anfall von Wut und Wurstigkeit – nicht geschossen ist auch gefehlt! – ein Herz, halte ›einen ganzen Bauernschuh‹ vor und über den Burschen hinweg, und lasse fliegen. »Gefehlt!«, fluche ich, »einfach dämlich, bei so einer Entfernung freihändig zu schießen!«. Zu meiner Überraschung ist Stan völlig gelassen: »Du hast ihn erwischt!«. Er weiß allerdings nicht wie!

Da ich keinerlei Schußzeichen registriert hatte, blieb ich skeptisch und stiefelte – mit recht gemischten Gefühlen – zum Anschuß. Dabei rutschte ich zu allem Verdruß noch im Geröll aus und schlug mir das Schienbein derart auf, daß die Drillichhose zerriß. Dafür kam dann aber das große Staunen: Am Anschuß fand sich Panseninhalt, Schweiß und Leber. Also doch! Jetzt war Grips gefragt! So ein Schuß ist für jede Überraschung gut!

Doch das Schicksal war gnädig. Als wir behutsam in die nächste Schlucht spähten, entdeckte ich sofort den beschossenen Gams: Er lag im Windschatten eines zentnerschweren Felsblocks; das Haupt völlig frei, roten Schaum vor dem Äser. Den Blick auf uns gerichtet, erwartete er seine Verfolger. Ein sorgsam angetragener Schuß auf den Träger – und eine Klasse-Trophäe war mein. Wieder mal hatte es fünf vor zwölf geklappt, und wie! Der linke Hornschlauch brachte 28,5 cm, der andere nur knapp weniger. Vermutlich neuer SCI-Neuseelandrekord! Eine Lebensgams! So ein Zufall!

Das war so sensationell wie der Umstand, daß dem etwa 10jährigen Bock schon vor Jahren ein Jäger ans Zeug wollte und ihn dabei haarscharf, mit einem an den Krucken noch heute deutlich erkennbaren Streifschuß, fehlte. Stan beteuerte, davon nichts zu wissen. Durch mein Weidmannsheil versöhnlich gestimmt, glaubte ich ihm sogar.

Hirsche nach Gutsherrnart

Am letzten Tag steigt das ›Zusatzprogramm‹. Ein Leckerbissen! Wir sind auf eine der schönsten Hirschfarmen des Landes, in den etwa 100 Kilometer von Auckland entfernten Mungunui-Park eingeladen.

Da Neuseeland ein beachtlicher Ruf als Hirschland vorausgeht, getragen von weltweit bestaunten Trophäenfotos mit 24-Endern und klobigen Kronenhirschen mit bis zu 15 Kilo Geweihgewicht – neben denen die osteuropäischen Rothirsche oft verblassen –, war ich auf einiges gefaßt. Wie jeder Europäer blieb ich allerdings hin- und hergerissen zwischen der Faszination vor solch gewaltigen Hirschgeweihen und der inneren Abneigung gegen alles was nach Zucht und Gatter riecht. Schließlich ist Neuseeland diesbezüglich bekannt, wobei es seine in freier Wildbahn verbliebenen, stark ausgedünnten Rotwildbestände heute kaum mehr auf Durchschnittstrophäen bringen.

Als sich hinter uns das Haupttor zum Park der ausgedehnten, privaten Wildfarm schloß und wir entlang endloser Gehegezäune, auf gepflegten, mit viel Gespür in die Hügellandschaft gelegten Wegen das moderne, flach unter riesigen Bäumen hingestreckte Farmhaus erreichten, verstärkte sich mein Mißbehagen: Zäune um Zäune, dahinter überall Rotwild. Eine Hirschfabrik!

Doch Hub, der Herr dieses beneidenswerten Eldorados, belehrte uns schnell eines Besseren!

Während eines mehrstündigen Pirschgangs durch seinen nicht gezäunten, schier undurchdringlichen, subtropischen ›Zauberwald‹, erhielten wir einen aufschlußreichen Einblick in sein beispielhaftes Wildmanagement.

Was für den europäischen Großgrundbesitzer ein eigener Pferdestall oder für den heimischen Revierinhaber eine nach allen Regeln der Kunst ausgereizte Rehwildhege bedeutet, ist dem erfolgreichen Farmer Neuseelands die eigene Hirschzucht. Sie gilt vielen als das einzig wahre, höchst exklusive Vergnügen! Hub, dessen Farm etwa zur Hälfte in

Das im 19. Jahrhundert eingebürgerte Gamswild wurde durch rigorose staatliche Abschußplanung, ›zum Schutz der Bergwelt‹ und zum Leidwesen der Jäger, stark vermindert.

In letzter Minute! Vermutlich neuer Landesrekord. Ein glatter Zufall.

Am Franz-Josef-Massiv. Die Gletscher reichen »auf Neuseeland sogar bis in Gebiete üppigster Vegetation« (Brockhaus).

riesige Gatter aufgeteilt und natürlich auch insgesamt eingezäunt ist – ein Muß! –, beließ den anderen Teil des Geländes in völlig unberührtem, von tiefen Schluchten und bewaldeten Bergen bestimmten Urzustand. Die zahlreichen, jetzt am Spätnachmittag im Schatten der Feldgehölze und Dickungen ruhenden Hirschrudel – wir begegnen Damwild, Rusa-, Sambar- und Axishirschen, klobigen Wapiti und immer wieder starken Rothirschen – dienen dreierlei: zunächst der Fleischproduktion (es findet guten Absatz in Europa), dann der Bastgewinnung (ein Kilo Bastgeweih für medizinische und kosmetische Zwecke ist den Japanern augenblicklich DM 300.- wert), und vor allem der Zucht. Der Samen eines der vielleicht zwanzig Spitzen-Zuchthirsche des Landes, mit Blutlinien und Ahnentafel bis in die bedeutendsten Hirschzuchten der Hocharistokratie und des Geldadels Europas hinein, bringt fünfstellige Dollarerlöse. In Neuseeland finden sogar regelmäßig Hirschauktionen mit aufwendigen Katalogen und genauer Beschreibung der in den Arenen zur Versteigerung vorgeführten Hirsche statt. Volksfeste für die hirschbegeisterten Neuseeländer!

Neben dieser ›Freud' und Lustbarkeit‹ werden, soweit dies wegen der leider großen Entfernung zu Europa vermarktbar ist, Trophäenjagden auf ehrwürdig alte, junge mittelmäßige oder hochkarätig edle und abnorme Hirsche angeboten. Sie sind in den nicht abgegatterten Wildnisrevieren der Farmen – beispielsweise in Hubs ›Zauberwald‹, den wir gerade mehr durchklettern als durchpirschen – ausgewildert und stehen für Jagdgäste zur Verfügung. Dabei passiert es leider nur allzuoft, daß die Geweihträger ihre gewonnene Freiheit schamlos ausnützen und oft monatelang ihre neuen, äsungs- und deckungsreichen Einstände nicht mehr verlassen. Während der Brunft, im April bis Mitte Mai, wird dann meist schnell wieder Erntezeit!

Als wir an einer kirchturmtiefen Schlucht stehen, über die eine in vier Seile gehakte, wie ein Kuhschwanz wackelnde Hängebrücke führt – völlig umgeben von undurchdringlichem, exotischem Regenwald, durch den kaum Sonne dringt –, wächst mein Respekt vor diesem Revier: Das hat mit einer schlichten ›Wildfarm‹ überhaupt nichts zu tun. Das ist Urwald, wie er einem vielleicht in entlegenen Wildnisgebieten Afrikas begegnet! In Hubs Zauberwald und bei diesen Geweihträgern acht Tage Brunftspektakel zu erleben, bedeutet mit Sicherheit ein Pirschabenteuer, das schwer zu überbieten ist.

Am Rande einer sanft gewellten, von unterschiedlichem Baumbestand bestockten Lichtung, genießen wir bald darauf einen großartigen Rundblick. Ein Bilderbuch-Schußfeld, ein Traum von einem Brunftplatz! Wäre ich ein Vierteljahr später gereist, hätten die Aufhabenden schon verfegt gehabt...!

Hirsche nach Gutsherrnart. Die Rotwildzucht gilt dem Wildfarmer Neuseelands als vornehmes und einträgliches Freizeitvergnügen.

Wen die Götter lieben

Doch die Reue kommt zu spät, dachte ich gerade, als mich Hub leicht anschubst. Keine zweihundert Meter von unserer Kanzel entfernt, zieht ein Klotz von einem Keiler pomadig durch die von meterhohem Gras bestandene Wiese. Er strebt einem sonnendurchfluteten Schlag zu. Hub nickt und

schiebt mir seine 30.06 zu. Aber es ist kein Drandenken, von hier einen Schuß loszuwerden. Vor allem, weil der bergaufzockelnde, bald darauf in einer düsteren Wildnis verschwindende Schwarzkittel kaum mehr frei wird.
Da drückt mir Hub erneut seine Steyr-Mannlicher in die Hand: »Geh' ihm nach!«
Eine halbe Stunde später bin ich auf der Fährte des Bassen, entdecke einen Haufen frische Losung und immer wieder lehmig verschmierte Grashalme: Der Bursche kam von der Suhle! Da der Wind küselt, pirsche ich den langen Weg zurück, schlage einen riesigen Bogen und erreiche von der anderen Seite den vermeintlichen Einstand des Schwartenträgers. Das raschelnde Herbstlaub und die überall herumliegenden Zweige vereiteln jedes schnelle Vorankommen. Nach einigen hundert Metern irritiert mich ein schwarzer Fleck auf dem modrigen Waldboden. Im Feldstecher wird klar: Dort pennt am hellichten Nachmittag ein Keiler! Der Größe nach allerdings höchstens ein Enkel des von mir Verfolgten. Es dauert einige Zeit, bis ich an dem Hosenflicker vorbei bin. Den Blick auf ihn gerichtet, riskiere ich immer wieder ein paar Schritte und erstarre pausenlos zur Salzsäule, da der Siebenschläfer beim kleinsten Geräusch jedesmal mißtrauisch den Grind hebt, ehe er weiterpennt. Doch dann ist die Gefahr gemeistert und ich erreiche bei erstem Abendlicht die angepeilte Anhöhe.
Nach der Suhle wechselt hier kein Keiler durch, überlege ich und entscheide mich für die Pirsch in einen tiefer liegenden Talgrund. Dabei habe ich das untrügliche Gefühl, daß sich der Brocken irgendwo in der Nähe rumtreibt, und bin doppelt vorsichtig.

Über 30 m langes, historisches Ruderboot der Maori. Sie zählen zu den etwa 300 Millionen Ureinwohnern der Erde und sind heute, anders als die Aborigines Australiens, weitgehend in die Gesellschaft Neuseelands integriert.

Es geht jetzt auch nur noch schrittweise voran. Da! Keine fünfzig Meter direkt vor mir, verdeckt durch ein Gewirr dürrer Bäume und vermoderter Äste, schnauft und grunzt der Gesuchte vor sich hin. Er pflügt mit einer solchen Hingabe durch einen fauligen Altwasserarm, daß er auf nichts achtet! Nachdem der Wind arg ›halbseidig‹ und der Keiler verflucht nahe ist, fackle ich keine Sekunde. Das 30.06 Teilmantelgeschoß findet eine schmale Gasse durch die Zweige und landet hochblatt auf dem lehmbewehrten Panzer des Keilers. Der Basse wirft sich im Schuß herum und trachtet bergab zu entkommen. Er erhält eine zweite Kugel – wiederum durch Strauch und Dickicht –, verhofft eine kurze Sekunde und rutscht mit einem dritten Schuß auf den Teller in die Knie.

»Fünf Zentner«, meinte Hub voll Stolz und schätzt die Waffen, welche er mir am Abend, nach köstlichem Lammbraten und dem berühmten Nachtisch ›Pavlova‹ – einem Nationalgericht aus Baiser, Sahne und Früchten – feierlich überreichte, auf 22 Zentimeter. Es grenzt an Zauberei. Wiederum ein SCI-Rekord! Wen die Götter lieben!

Als wir am nächsten Tag, während unseres kurzen Abstechers nach Fidji, hoch über den Wolken und voll guter Erinnerungen an Stan und Mike, an Hub und Susie sowie deren paradiesische Farm und große Gastfreundschaft denken, und allmählich die letzten Küstenstreifen Neuseelands aus den Augen verlieren, schließe ich mein Tagebuch. »Wiederkommen! Zeit mitbringen!«, lautet der letzte Eintrag. Allerdings – und das wußte ich nur zu gut: Der brave Vorsatz ist ein Gaul, der oft gesattelt aber nur selten geritten wird!

»Auf die edl' Thier, die Stainpöck«

Wir waren so nahe aufgerückt, daß ich im Spektiv teilweise die Wülste der Hornsäbel des Steinbocks zählen konnte.
Schnell deutete ich dem Walliser: »Der paßt!«

Der faszinierende Bildbericht des Tierfotografen Stefan Meyers über Brunftkämpfe des Alpensteinbocks in den winterlichen Bergen des Schweizer Kantons Graubünden erweckte in mir alte Begehrlichkeiten: Ob ein Normalsterblicher jagdlich jemals wieder in den Alpen auf einen dieser imposanten Säbelhornträger zum Zug kommt? Nicht nur in Gattern oder in Jugoslawien, Bulgarien und Argentinien!

Nun, ganz so vermessen, wie zunächst angenommen, war dieser Höhenflug gar nicht! Immerhin gibt es – wie Mitte 1990 die SZ bestätigte – »... wieder über 30000 Böcke und Gaisen im Alpenraum, und Jahr für Jahr wächst der Bestand um 12 bis 14 Prozent«. Persönlich glaube ich, daß die Wahrheit bei gut 15000 liegt, während Grzimek vor etwa 10 Jahren noch von knapp 10000 Alpensteinböcken sprach.

Das Juwel der Alpen

Keine Frage, daß dieser Zuwachs, noch dazu bei steigendem Freizeitdruck und der damit unvermeidbaren Lebensraumbeschränkung, der Wildbahn entnommen werden muß. Warum sollte sich der weltweit beklagte Konflikt zwischen Mensch und freilebender Kreatur, insbesondere zwischen Jagd und Wild, gerade in den Alpen, dem vom Erholungsbetrieb am stärksten belasteten Gebirge der Erde – noch dazu ohne Raubwild oder sonstige Bedrohung des Steinwildes – anders darstellen als sonstwo? Schließlich wird selbst in Alaska und Kanada, den Ländern mit den härtesten Artenschutzbestimmungen, dem aufwendigsten Wildschutz und den ausgeklügeltsten Bejagungsgesetzen, zum Erhalt vor allem ihrer hochbegehrten Wildarten, wie der Wildschafe und des Braunbären, eine wissenschaftlich begründete, amtlich genehmigte Selektion mittels streng lizenzierter Bejagung zugelassen. Und das seit Jahrzehnten! Im übrigen steht außer Zweifel, daß durch diese amtliche ›Wertschätzung‹ (bei gleichzeitiger Jagdbeschränkung) den Jägern, ebenso wie der Öffentlichkeit, die kostbare Unersetzlichkeit der Ressource ›Wildtier‹ erst richtig bewußt wird. Ein großer Fortschritt, da uns bekanntlich, wie schon Schopenhauer beklagte, meist »erst der Verlust der Dinge deren Wert bewußt macht«.

Dulden und Hoffen ist des Christen Pflicht, dachte ich, als ich im bereits erwähnten Zeitungsbericht las, daß »so erfreulich die Rettung der Steinböcke auch ist, (es) mittlerweile fast zu viele (sind)«. Da die Bodenerosion jenseits der Baumgrenze, wie es weiter heißt, ausgelöst durch Tritt- und Verbißschäden des Alpensteinbocks, in den zum Lawinenschutz erstellten Aufforstungen rapide zunimmt und das Bergwild mühelos jeden Schutzzaun meistert, darf der Steinbock beispielsweise in Graubünden seit 1977, für drei Wochen im Oktober, wieder bejagt werden: »... begehrt sind die schönsten Gehörne der Böcke, wobei die Anzahl der sogenannten Schmuckwülste ein Indiz für das Alter des Tieres ist – zwei Wülste wachsen ihm pro Jahr«.

Diese Berichterstattung ist ein fairer Beitrag zur Meinungsbildung in Sachen ›Jagd‹, ein erfreuliches Beispiel für ›praktizierten Naturschutz mit der Feder‹! Eine echte Rarität!

Die Erkenntnis von Martin Kessel, »Wünsche sind das Rauschen in den Kronen der Träume«, beschreibt, wie heftig unerfüllte Wünsche und Phantasien auch im Kopf eines Jägers, der inzwischen eine Reihe braver Steinbockrecken aus fast allen Gebirgen der Welt holte, rumoren können. Vor allem, wenn ihm nur das wertvollste ›Juwel‹, der Alpensteinbock fehlt. Unerfüllte Sehnsüchte, noch dazu vor der Haustüre, sind eine Marter!

Vermutlich hängen diese Früchte für immer zu hoch, schwankte ich zwischen Resignation und heimlicher Hoffnung, wobei ich stets an die bekanntgeworden, steigenden Steinbockbestände dachte. Als Jäger tut man sich allerdings im Zeitalter vorwiegend rational begründeter Jagdausübung – »als der zweckgebundenen Verfolgung von Tieren«, wie Lindner definiert – vor allem auch persönlich mit diesem noblen Wild schwer. Schließlich weiß man nur zu gut, daß die gegenwärtigen Vorkommen in freier Wildbahn – in der Schweiz etwa 11100, in Frankreich 850, in Italien 3100, in Österreich 1600, in Jugoslawien 300 und selbst in der Bundesrepublik noch 150, von den eingebürgerten Beständen in Westargentinien, in den USA, Neumexiko und Bulgarien nicht zu sprechen –, ihr Überleben nicht nur den Jägern verdanken! Unsere ›Altvorderen‹ haben sich, eingestandenermaßen, hierbei nicht gerade mit Ruhm bekleckert.

Die Rettung und Wiedereinbürgerung des Alpensteinwildes gilt mit Sicherheit als die erfolg-

Auf dieser Höhe ist Bergjagd noch vergnüglich. Später, wenn Steinbock und Gams den Weg querfeldein vorgeben, beginnt die Schinderei!

reichste und zugleich älteste Artenschutzmaßnahme Europas, wenn nicht sogar der ganzen Welt. Schon Kaiser Maximilian I., ein weitsichtiger Jäger und Heger, dekredierte den Vollschutz des Steinbocks. Bereits 1505 pachtete er im Zillertal – wie Ergert zutage förderte – die besten Steinbockreviere in der Floite und der Gungl: »Es wäre schadt gewest das dieselben thier ausgeödt worden sein sollen, darum sollte ein jeder Kunig auf die edl' thier, die Stainpöck, das dem adl zugeben ist, sein aufmerken haben«.

Verheerender Wunderglaube

Der ›venator maximus‹, der bedeutende Jäger Maximilian, hatte damit aber ebensowenig Erfolg wie die Erzbischöfe von Salzburg, die schon 1499 vergeblich versuchten, das von Wilderern und – wegen seiner vermeintlichen Heilkräfte – von Geschäftemachern rücksichtslos verfolgte Wild, teilweise aus dem Zillertal in den weniger bedrohten Pinzgau umzusiedeln. Noch 1615 hielt Erzbischof Markus Sittikus im Jagdschloß Hellbrunn bei Salzburg gegattertes, reinblütiges Steinwild, welches in den Ostalpen um 1740 bereits endgültig ausgerottet war. Hauptursache war der Aberglaube, daß angefangen von der Losung, über jedes innere Organ, bis hin zum Gehörn des Steinbocks, allem eine für den Menschen heilsame Wirkung innewohnt: Der Steinbock galt lange als wandelnde Apotheke. Vor allem die bischöflichen ›Steinbockapotheken‹ in Salzburg und Berchtesgaden vertrieben solche Heilmittel mit großem Erfolg. Sie priesen Losung gegen Schwindsucht, die aus Haaren, Harz und Steinchen im Steinbockpansen gelegentlich gefundenen Bezoarsteine (›Bocksteine‹) als hilfreich bei Krebs oder empfahlen das Blut gegen Blasensteine. Hochgefragt und damit im wahrsten Sinne des Wortes tödlich für das Steinwild war insbesondere die Magie der herzförmig verknöcherten Sehnen des Herzmuskels, das ›Herz-Kreuzl‹, dem

Abwarten! Vertraut, gut dreihundert Meter entfernt im Gegenhang, äst ein Steinbockrudel.

die größte Heilkraft lange Zeit nachgesagt wurde. Mit dieser Quacksalberei wurde, wie Brehm schreibt, gutes Geld verdient, da man »... für jeden ›Herzknochen‹ einen Dukaten, für ein gefundenes Horn zwei Reichstaler, für eine Gemskugel zwei Gulden zahlte«. Die ›wundertätige‹ Volksmedizin um den Alpensteinbock besiegelte immer schneller dessen Existenz: Die sechs zur Kontrolle der Steinwildbestände angestellten Jäger der Salzburger Fürstbischöfe mußten bereits zwischen 1712 und 1720 entlassen werden, weil es nichts mehr zu schützen gab! Das tragische Schicksal des Steinbocks der Westalpen hatte die gleichen Ursachen. Der letzte Steinbock des St. Gotthard fiel schon 1583. In Graubünden war der letzte ›Alpenkönig‹ gegen 1650, im Berner Oberland um 1800, und 1850 der letzte aus dem Wallis verschwunden.

Bereits 1812 schrieb Georg Ludwig Hartig: »... und man traf ihn sonst auf den Schnee- und Eisbergen in der Schweiz, dem Walliserlande, in Savoyen, Tyrol, Salzburg, auf den Pyrenäen und dem Carpathischen Gebirge an. Jetzt ist dieses Wild fast allenthalben in Europa ausgerottet und nur in den unzugänglichen Gletschern von Savoyen sollen noch wenige leben«. All das passierte ohne die vielgeschmähte Trophäengier der Jäger, obwohl die gerade seinerzeit üppige Blüten trieb.

»Selbst das Schicksal von Menschen wurde dem Trophäenkult geopfert«, schreibt Harald Lange, »für eine Kompanie ›großer‹ Grenadiere ›kaufte‹ August der Starke vom preußischen König den Moritzburger 66-Ender.« Ihn hatte Kurfürst Friedrich III. v. Brandenburg am 18.09.1692 in Biegen bei Frankfurt/Oder gestreckt.

Der Überlebensmarsch des »Alpenkönigs«

Ohne Zweifel ist die endgültige Rettung des Alpensteinbocks der ersten großen Allianz zwischen Jägern, Tierfreunden und Privatinitiative zu verdanken! Es war im Jahr 1816, als der Naturforscher Albert Girtanner und der Förster Josef Zumstein das sardische Königshaus dazu gewannen, die letzten, höchst gefährdeten sechzig Steinböcke der Grajischen Alpen, im südlich vom Aosta-Tal gelegenen Gran Paradiso, unter ihre Obhut zu nehmen. Trotz der 1827 von der piemontischen Hofverwaltung erlassenen strengen Gesetze, wurde der Schutz des Alpensteinbocks erst 1854 unter König Viktor Emanuel II. wirksam, welcher 1856 den Gran Paradiso zum königlichen Pachtrevier erklärte, worin nur auf ›alte, unnütz gewordene Böcke jagt werden durfte‹;

Das akrobatische Klettervermögen des Alpensteinbocks grenzt an Zauberei. In der Wand ist ihm kein Wild überlegen.

30

Geißen jeden Alters sowie Kitze genossen durch ihn strengste Protektion. Seine Nachfolger Umberto I. und Viktor Emanuel III., die oft bis zu 150 Wildhüter beschäftigten, brachten, nachdem 1921 das Gran Paradiso zum Nationalpark erklärt wurde, den Bestand bis zum Jahr 1935 bereits auf 4000 Stück hoch; in der benachbarten Schweiz wurden zu diesem Zeitpunkt auch wieder um die 400 Steinbockhäupter gezählt.

Nahezu abenteuerlich ist die Wiedereinbürgerung in Österreich, in Deutschland und in der Schweiz verlaufen, auch deshalb, weil die Italiener jede Ausbürgerung mit allen nur denkbaren Mitteln vereitelten. Sie konnten trotzdem nicht verhindern, daß überall in den Alpen mit geschmuggelten Tieren kleinere Inselvorkommen aufgebaut wurden. So etwa die 1890 von Baron Born in der Nähe des Loibl-Passes, bei St. Anna in Gang gesetzte Wiedereinbürgerung, welche sich bestens entwickelte. Sie überlebte beide Weltkriege und stellt heute das beneidenswerte, jährlich sogar mit einigen Häuptern bejagbare Steinbockvorkommen Sloweniens dar. Die Tatsache, daß 1904 und 1911 der k.k.-Wildpark des Schlosses Schönbrunn den Preis für neun offiziell aus Italien eingeführte Steinböcke, wie Otto Wettstein-Westerham schreibt, mit ein Paar Lippizanern aus dem kaiserlichen Gestüt bezahlen mußte, beweist den Wert des Steinwildes vor knapp 100 Jahren.

»Der Alpensteinbock ...« schreibt der Münchner Merkur im Jahr 1991, »... (ist) mit 24000 bis 28000 Exemplaren der Gefahr des Aussterbens entronnen«.

Und der Direktor des Alpenzoos in Innsbruck, Helmut Pechlauer, spricht von explosionsartiger Vermehrung in den letzten Jahrzehnten, so daß der Steinbock »... in der Schweiz und in Österreich gebietsweise auch wieder bejagt werden (darf)«.

In Deutschland gibt es leider nur eine kleine Kolonie im Berchtesgadener Land. Hoffnungslos isoliert, leben höchstens 25 Tiere in der Benediktenwand bei Lenggries, eine andere Population steht in den Allgäuer Alpen bei Oberstorf, wie der Fachmann Bertram Georgii feststellt. Sigrid Schwenk ist überzeugt, »... daß der Steinbock in den bayerischen Alpen – vom Berchtesgadener Land abgesehen – früher bei uns nie einheimisch war«.

Eine Steinbockkeule war allerdings vermutlich die letzte Stärkung des im vergangenen Jahr aus dem Ötztal-Gletscher freigewordenen Jungsteinzeit-Jägers ›Ötzi‹. Wie die Professorin für Paläo-Anatomie der Uni München, Frau Angela von den Driesch, mitteilte, »kann es sich bei den neben dem sensationellen Skelettfund entdeckten Knochensplittern nur um den vierten und fünften Halswirbel eines männlichen Steinbocks handeln« (Münchner Merkur). Ein Zufall oder ein Hinweis auf eine bereits vor 4 - 5000 Jahren vorhandene Freud' an Trophäen, auch um den Preis schwieriger Bergjagd und zähen Wildbrets?

Daß man heutzutage für eine rare Steinbocklizenz, trotz gesicherter Bestände tief in die Tasche greifen muß, bestimmen das harte Gesetz von Angebot und Nachfrage sowie die Tatsache, daß ›kein Pferd teurer ist als ein Steckenpferd!‹. Vergleichbares gilt inzwischen selbst für die Jagd auf Fasan oder Rehbock, unabhängig davon, ob man auf sie als zahlender Pächter im eigenen oder als zahlender Gast im fremden Revier waidwerkt.

Der lange Marsch des Bergkönigs ›Ibex‹ ist jedenfalls ein dramatischer, letztendlich aber auch großer Triumph menschlicher Vernunft. Die aufregende Überlebensgeschichte des Alpensteinbocks, den bereits die Römer zu Hunderten für ihre Kampfspiele nach Rom holten und den, wegen seiner vermeintlichen Heilkraft, mittelalterlicher Aberglaube schon 1720 beinahe ausgerottet hatte, ähnelt der großartigen Rettung des Bison in den USA (ab 1895), oder dem Erhalt der Saiga in Kasachstan (ab 1917), sowie des Großen Panda in China (ab 1970) und des Berggorilla in Ruanda und Zaire (ab 1965). Sie, um nur einige ›Berühmte‹ der ›Roten Liste‹ zu nennen, rettete kurz vor dem Punkt Null in der Regel nur entschlossene Privatinitiative. Diese Aufgabe nimmt heute – mitgetragen von der Jägerschaft – der in vielen angesehenen Organisationen tätige, internationale Artenschutz wahr. Ihm verdankt man das Überleben der Nashörner Afrikas und Asiens, des Jaguars und des Tigers sowie einer stattlichen Reihe anderer, ›schöner und exotischer‹ Wildtiere. Leider scheint unsere tierschützerische Fürsorge gegenüber wesentlich unscheinbareren oder unbekannteren Geschöpfen, wie beispielsweise dem heimischen Rebhuhn und dem Feldsperling, dem Schneeleoparden im fernen Asien oder dem Kamtschatka-Rotfuchs, nicht in gleicher Weise stark entwickelt!

Diese kritischen Gedanken drängen sich zwangsläufig dann auf, wenn man über den ›*Capra ibex*

ibex‹ spricht und gerade dabei ist, sich als Jäger mit dem letzten und größten Jagdprivileg Mitteleuropas zu beschäftigen. Selbstverständlich behutsam und in vollem Einklang mit den Gesetzen, damit nicht eine ›cause célèbre‹ – ein aufsehenerregender Fall‹ entsteht, wie der Walliser Oberförster Jaques am Vorabend meiner Jagd meinte.

Nirgends pomadige Spaziergänge

»Am Samstag und Sonntag ist Hahn in Ruh«, erläuterte der kantonale Forstmann schmunzelnd, »damit vermeiden wir unnötige Konflikte mit der an Wochenenden erholungssuchenden, in Jagdfragen leicht emotionalisierbaren Bevölkerung«. Schlau! Deshalb also der etwas ungewöhnliche Sonntagabend-Treff: Notwendige Reduktionsjagd ohne großes Aufsehen!
Immerhin, endlich war es soweit! Eine monatelange, quälende Zitterpartie auf der amtlichen – langen! – Steinbock-Warteliste des Kantons hatte ein Ende. Die abendliche Verschnaufpause im gemütlichen Wirtshaus nahe Sion tat mir ebenso gut wie Alex, der ohne Umschweife seine kurzen Herbstferien geopfert hatte, um beim bevorstehenden Bergabenteuer dabeizusein. Zusammen mit einigen einheimischen Jägern und beflügelt vom walliser Rotwein – er ist deshalb nirgends zu haben, weil ihn die Schweizer selbst trinken! –, kreisten unsere Gespräche natürlich um den Alpensteinbock. Was kümmert die Bergjäger, daß Haltenorth oder Grzimek den Steinbock mit drei weiteren Arten – dem Iberischen Steinbock, der Bezoarziege und der Schraubenziege – den Wildziegen zurechnen, und die Steinbocksippe (*Capra ibex*) in sechs Unterarten eingeteilt wird: dem Westkaukasischen und Ostkaukasischen Steinbock (*C.i. severtzovi* und *C.i. cylindricornis*), dem Nubischen, Abessinischen und dem Sibirischen Steinbock (*C.i. nubiana*, *C.i. walie* und *C.i. sibirica*) und dem in Europa hochangesehenen Alpensteinbock (*C.i. ibex*), der sechsten und wohl edelsten Unterart.
Wie immer bei derlei Geplauder, lernten wir voneinander. Jeder gab seine Erfahrungen zum Besten. Aufschlußreich war wiederum die alte Erkenntnis, daß letztlich keine Steinbockart der anderen gleicht. Obwohl sich die Steinböcke in ihrem äußeren Erscheinungsbild, insbesondere nach Aussehen, Gehörnform, Intelligenz und Genügsamkeit stark ähnlich sind, grenzen sie sich nicht nur nach Verbreitungsgebieten – ausgenommen eine Mischform der beiden Kaukasusvertreter – voneinander ab, sie unterscheiden sich auch, je nach Lebensraum und Bejagungsdruck, in ihrem Verhalten und Aussehen.
»Trotz gelegentlicher Bejagung sind unsere Steinbockrudel so vertraut, daß man oft ein schlechtes Gewissen bekommt, einem Bock die Kugel anzutragen«, erläutert Jaques in feinstem Französisch und zwingt mich, unter Aufbietung meiner letzten frankophilen Reserven, einige persönliche Erlebnisse mit ›Ziegenartigen‹ zum Besten zu geben. Es überrascht die Walliser, als ich feststelle, daß mir bisher nirgends in der Welt ein Steinbockrudel begegnete, welches nicht erst nach Aufbietung aller nur denkbaren ›Regeln der Kunst‹ überlistet werden konnte.
Ich berichtete von der Expedition auf den – bis zu seiner Wiederentdeckung durch mich im Jahre 1985 – als ausgerottet geltenden Nubischen Steinbock der ägyptischen Wüstengebirge zwischen Nil und Rotem Meer. Ich erzählte, daß dieser, im Vergleich zum 125 Kilo schweren Alpensteinbock, kaum halb so gewichtige Wüstenbewohner höchstens frühmorgens bei seiner heimlichen Wanderung zu verborgenen Wasserstellen abzufangen war. Sein eigentlich artfremdes Nachtwild-Verhalten bestimmen, neben einem unerbittlichen Wüstenklima und dem Leoparden, vor allem umherstreifende Beduinen, die mit Steinbockbraten allzu gerne ihren Speisezettel auffrischen. »Obwohl der Alpensteinbock natürlich wuchtiger und klobiger ist, übertrifft der spannenlange Kinnbart des ›Nubiers‹ die Stutzerbärtchen vieler seiner Vettern«, schloß ich und berichtete anschließend vom Kaukasischen Tur, dessen Bejagung zu Recht als die anstrengendste und gefährlichste aller Steinbockpirschen gilt. Seinen kreisförmigen, knuffig nach außen geschwungenen Hauptschmuck zähle auch ich zu meinen schwierigst erworbenen und deshalb wertvollsten Trophäen, obwohl meine Bergpirschen auf die vier iberischen Steinbockarten auch keine pomadigen Spaziergänge waren. Ebenso wenig wie die erste offizielle Bezoarjagd anfangs der 80er Jahre im Termessos in der Südtürkei, die mich bis zum erlösenden Schuß in letzter Minute, eine ganze Woche ›Schweiß und Tränen‹ gekostet hatte.

Trotzdem war ich zum Start selten so aufgekratzt wie an diesem Vorabend der Pirsch auf den ›Bouquetin‹, wie die französischsprechenden Walliser den Alpensteinbock nennen. Nicht einmal die tagelang ergebnislose Verfolgung eines weltrekordverdächtigen ›Sibiriers‹ im mongolischen Westaltai, auch nicht meine Jagdexpedition unter Polizeischutz auf Sind-Ibex im Kirthar-Gebirge Südpakistans, hatten mich so gepackt. Bisher war es mir – im Gegensatz zu dieser Pirsch, wo eigenartigerweise das Hornmaß viel mehr als sonst im Vordergrund stand – vorrangig nie um Rekord-Trophäen, sondern um Rekord-Erlebnisse gegangen. Auch darum, heil und gesund über die Runden zu kommen. »Schließlich«, das sagen nicht nur die Pakistani, »ist das Beste, was man von Reisen nach Hause bringt, die heile Haut!«

Summa summarum: Der Alpensteinbock war die fehlende Zacke in meiner heimlichen ›Steinbock-Krone‹! Es konnte mir nur recht sein, wenn die Hornträger dieser Gegend nicht, wie überall sonst auf der Welt, schon panikartig Reißaus nehmen, sobald sie nur die Witterung eines Menschen ahnen! Bekanntlich sind, wie auch Hartig 1812 in seinem Lehrbuch etwas unbeholfen schreibt, »... ihre Gesichts-, Geruchs- und Gehörorgane unverbesserlich«.

Natürlich war ich mir des beneidenswerten Vorrechts dieser Jagd voll bewußt und hatte – nicht nur wegen der legalen Lizenz – selbstverständlich nicht die geringsten Gewissensbisse. Ehe andere die nötige Selektion vornahmen, wollte ich lieber selbst den Finger am Abzug haben!

Als wir uns tief in der Nacht verabschiedeten, bemühte ich im Vorgriff auf den nächsten Morgen – Treffpunkt vier Uhr früh – noch den guten Goethe: »Der Worte sind genug gewechselt, laßt mich auch endlich Taten sehn!«.

Bitterer Aufstieg

Nach einer guten halben Stunde, während wir uns bei völliger Dunkelheit auf einem schmalen, steil zum Fluß abstürzenden Steig hochrackern, wird mir ein ernüchternder Irrglaube bewußt: Diese scheinbar harmlosen, über sanfte Hochalmen ansteigenden Vorberge, haben es in sich. Außerdem ist der Anmarsch wesentlich länger und das Revier weitaus großräumiger, als gestern abend den abwiegelnden Schilderungen der Einheimischen zu entnehmen war. Die umgekehrte Einstimmung schätze ich übrigens weit mehr. Schließlich kann da alles nur leichter und bequemer kommen!

Hegeabschuß! Aufregend war vor allem die unfreiwillige »Nachsuche«.

Nichts gleicht einer Hochgebirgsjagd. Hier bestimmen Kondition, Wetter, Gelände und das Wild den Erfolg. Da werden schnell die eigenen Grenzen sichtbar.

Als der Morgen bleigrau und leblos über das drohend steile Felsgebirge heraufdämmert, begegnet uns das erste Gamsrudel. Es ist beileibe nicht so vertraut wie gestern vorhergesagt. Die schwarzen Zottel sind clever und ungemein aufmerksam. »Die wilde Ziege ist ein sehr kluges Tier. Ihr behagt es auf den hohen Bergen. Aus weiter Ferne sieht sie es den sich bewegenden Menschen an, ob es Jäger sind oder andere Leute«, erstaunte sich Konrad von Mengenberg schon um 1360, »einige sagen, die Gemsen holten weder durch die Ohren noch durch die Nase Atem. Sie sehen bei Nacht so gut wie am Tage. Deshalb ist ihre Leber für diejenigen gut, die bei Nacht sehen konnten und diese Fähigkeit verloren haben«. Solch wundersame Geschichten interessierten mich im Augenblick allerdings wenig!

Die illustre, vor uns äsende Gamssippe – viel Faselzeug, etwas abseits ein recht braver, mittelalter Bock – geht schnell auf Distanz. Sie traut dem unauffällig näherkommenden Besuch in keinster Weise. Plötzlich, mit zunehmendem Tag im Gelände besser erkennbar, stehen überall Gams. Fünfzig? Vielleicht sogar mehr! Der Gamsstand des Reviers ist echt gut – vielleicht sogar zu gut! Allzuviel ist ungesund, dachte ich insgeheim, als der Begleitjäger auf den abseits vom Rudel stehenden Bock deutet.

Ehe ich mich versah, lag ich flach auf der Erde im Anschlag. Der freigegebene Bock stand jetzt mindestens zweihundert Meter halbspitz über mir im Grashang, sicherte herab, trollte alsbald eine kleine Strecke weiter und machte ein Haberl. Typisch!

Den bin ich los, sagte ich mir erleichtert, der ist sowieso nicht umwerfend. Gerade als ich das ›Kripperl abbrechen‹ will, verhofft der Gamsbock erneut. Durch das energische »Tire!« des Jagdführers fast überrumpelt, lasse ich fliegen. Während der peitschende Knall meiner 7 mm Remington Magnum allmählich in den fernsten Tälern verebbt, hetzt der beschossene Gams, geradeso als wäre nichts geschehen, auf eine offene Rinne zu und taucht weg. Obwohl ich eigentlich gut abgekommen bin, lasse ich mich, wie so oft, wenn sich flaues Gewissen mit Wurstigkeit und scheinbarer Erleichterung paart, nur zu gern vom »Gefehlt!« des Begleitjägers überzeugen und verzichte auf eine Anschußkontrolle.

Für so einen schwarzen ‚Teifi' bleibt später genügend Zeit!, tröstete ich mein Gewissen, giftete mich aber heimlich ganz sakrisch wegen der peinlichen Schlappe.

Um Zeit zu gewinnen und den Weg abzukürzen, verlassen wir ständig den weitläufigen Serpentinensteig und staken querbeet durchs taunasse Berggras. »Hinter der Felswand dort drüben beginnt das Reich der Bouquetin«, bläst der Berufsjäger ins Feuer meiner Erwartungen und erhöht das Tempo. Jetzt wird es spannend! Und dann – bekanntlich stellt der Teufel selbst einem Engel ein Bein – kreuzen wir rein zufällig eine im feuchten Gras gut erkennbare, frische Fluchtspur. Im nächsten Augenblick finde ich ein paar Spritzer Schweiß. Einen Steinwurf weiter stehen wir vor dem in einem ausgetrockneten Geröllbett verendeten Gams. Wie nach dem Schuß schon leise befürchtet – ein Unglück kommt selten allein – lag ein braver Zukunftsbock auf der Decke! Wir hatten zu schnell und falsch angesprochen. Da hilft kein Herumreden!

Gemeinsam lüfteten wir den Gams, steinten ihn ein und beschlossen, einiges Wildbret – natürlich auch das nicht gerade rühmliche, aber ehrenwerte Krickel, später auf dem Rückweg mitzunehmen.

Schwarze Gedanken

Richtig spannend wurde es, als eine hohe, wie ein Riegel vor dem ›Steinbock-Paradies‹ stehende Felswand durchstiegen war. Im Gegenhang, am Übergang der Hochweide in die zerklüftete Gesteinsregion, ästen, mit freiem Auge gut auszumachen, einige Dutzend Steinböcke: Meist Geißen, deutlich erkennbar an ihren kleinen, nach rückwärts gebogenen, 20 bis 30 Zentimeter langen Hörnern. Dazwischen scherzende Kitze; alle weiträumig umstellt von reifen ›Machos‹, die mit ihren imposanten, halbmondförmig aufragenden und nach hinten schwingenden Hornsäbeln gewaltig protzten.

Urige Bilder, die unterstrichen, daß der Steinbock weit mehr das Wild rauher Hochgebirge und wilder Felsen ist als die zierlichere Gams!

Erstaunlich war, wie vertraut – im Gegensatz zu den Gams, die vermutlich öfter befunkt werden – sich das vor uns äsende Steinwild benahm. Die sonst sprichwörtliche Wachsamkeit der nach allen Seiten sichernden Aufpasser schien zu fehlen. Vielleicht, weil hier, außer dem Steinadler – sonstige natürliche Feinde wie Wolf, Luchs, Bär und Lämmergeier sind längst verschwunden – der Steinbock keinen echten Widersacher mehr hat. Auch nicht den Jäger! Fast nicht!

Mein Gott, sage ich zum Begleitjäger, lebt das Steinwild hier heroben, im Vergleich zu seiner Bedrohung in anderen Wildnisregionen der Erde, in trautem Frieden! Welch ein Unterschied beispielsweise zu den erschütternden, im Winter 1988 von einem Piloten dokumentierten Bildern aus den Wrangell Mountains Alaskas, der aus der Luft 20, über ein tief verschneites Hochtal verstreute, von Wölfen gerissene Dallwidderkadaver fotografierte. Wildlife-Beamte stellten später fest, daß die Wildschafe, welche sich bester körperlicher Verfassung erfreuten, von nur fünf Wölfen im tiefen Schnee gnadenlos gehetzt und vernichtet wurden: Jeder der Mordgesellen hatte sich an einem Schaf sattgefressen, der Rest war im Blutrausch mit einem Biß durch die Kehle gemeuchelt worden. Der traurige Vorfall zeigt, daß die Medaille vom ›Polizisten Wolf, der sich vorwiegend an Altem und Krankem vergreift‹ – auch bei uns gilt der Wolf ›als bester Hirschdoktor!‹ –, zwei sehr verschiedene Seiten hat!

Da lobt man sich die Alpen. Hier, Ende November, zu Beginn der Vorbrunft – der Höhepunkt ist Mitte Dezember bis Mitte Januar – besinnen sich die reiferen Herren gerade auf ihre Vaterpflichten und vergesellschaften sich mit den bisher lieber gemiedenen Weibsen und dem Scharwild. Ich bin vom Anblick so begeistert – die ersten Alpensteinböcke in freier Wildbahn! –, daß ich zunächst das Wichtigste vergesse: Ansprechen, Vergleichen, Vorentscheiden! Eines ist offensichtlich: Die würdigsten Gebieter, wahrlich die ›Könige der Alpen‹, stehen alle über dem ›gemeinen‹ Volk im Gelände, halten Distanz, abseits im Fels. Die Kraft und Behendigkeit dieser Bergbewohner ist so beeindruckend, jede Bewegung derart spielerisch und schnell, daß man aus dem Staunen nicht herauskommt.

Während ich insgeheim hoffe, daß sich zumindest einige der bärtigen Raufer, quasi als Dreingabe, einen ihrer imposanten Ritualkämpfe liefern und auf den Hinterläufen erhoben, mit den Hornsäbeln gegeneinanderprasseln, daß die Luft wie unter Peitschenhieben knallt, fällt allmählich der helle Tag in den vor uns ausgebreiteten Bergkessel. Nach einer Viertelstunde bin ich noch immer, besonders von den alten Paschas, so fasziniert, daß ich den Jagdführer um Aufschub bitte.

»Der Alpensteinbock ist das schönste Jagdtier, welches ich je gesehen,«, mußte ich Graf Wilczek beipflichten, »er hat die würdevolle Hauptbewegung des Hirsches. Das unverhältnismäßig große Gehörn beschreibt bei der kleinsten Kopfbewegung einen weiten Bogen. Seine Sprungkraft ist fabelhaft. Ich sah eine Gemse und einen Steinbock denselben Wechsel annehmen. Die Gemse mußte im Zickzack springen, wie ein Vogel, welcher hin- und herflattert; der Steinbock kam in gerader Linie herab wie ein Stein, welcher fällt, alle Hindernisse spielend überwindet«. Das sollte sich bald bestätigen!

Da die alten Schlaumeier schon immer dünngesät waren und sich in den unwirtlichsten Regionen herumtrieben, umgaben sie seit jeher die wundersamsten Legenden. So auch die aus einer Beobachtung von Gessner, welche Brehm wiedergibt: »Wenn der Steinbock merkt, daß er sterben muß, steigt er auf des Gebirges höchsten Kamm, stützt sich mit seinen Hörnern auf einen Felsen, geht im Kreis um den Felsen herum und treibt dieses Spiel fort, bis daß die Hörner ganz abgeschliffen sind, dann fällt er um und stirbt«.

Vor diesem anstrengenden Abschiedszeremoniell würde ich den abseits auf einem Felsvorsprung ruhenden, kapitalen Hornträger gerne bewahren, denke ich mir, als der Begleitjäger alle Gedankenspiele beendet. Dabei fällt mir auf, daß ich mich mit ihm nicht über den stärksten Trophäenträger einigen kann. Das waren keine Sprachschwierigkeiten, sondern Scheingefechte und bewußte Irreführung!

Mit jedem Schritt, der uns im deckungslosen Gelände der felsigen Bergregion dem Einstand des riesigen Rudels näherbringt, wächst deshalb mein Argwohn. Der Bursche hält mich wohl für einen ausgemachten Trottel!, denke ich, und auch Alex reagiert verärgert: »Der lenkt bewußt vom Stärksten ab!«. »Abwarten«, beschwichtige ich, »zunächst müssen wir mal näher ran!«. Ich bin überrascht, daß wir im offenen Geröll – die letzte Strecke auf allen Vieren, der Filius schleppt mein Gewehr – bis auf Büchsenschußweite ans Rudel kommen, ohne es zu vergrämen. Hinter einem Felsquader beziehen wir Stellung. Jetzt geht es um die Wurst!

Wir waren so nahe aufgerückt, daß ich im Spektiv teilweise die Wülste der Hornsäbel zählen konnte. Diese Schmuckhöcker auf der Dachseite des sich nach oben verjüngenden, bei alten Bökken an der Wurzel kaum mit zwei Händen zu umfangenden Bogenhorns haben bekanntlich nichts mit dem Lebensalter zu tun. Die Jahresringe lassen sich am besten an der Horninnenseite ablesen. Als Regel gelten zwei Hornbuckel pro Jahr! Hinter dem Steinkoloß gut eingerichtet, brauche ich nicht lange, um den nach wie vor auf einem Felsvorsprung dösenden Haudegen eindeutig als Rudelchef auszumachen.

Gut zweihundert Meter! Wenn er sich erhebt ... ein Klacks!, denke ich und bedeute dem Jagdführer: »Der paßt!«. Wie fast befürchtet, schüttelt der Walliser völlig gelassen sein jugendliches Haupt und zeigt auf einen hinter der Versammlung stehenden, etwas geringeren, mittelreifen Bock. Aus meinem »Nein, der dort drüben ist der Stärkste!«, entwickelt sich ein kurzer Disput, der zu nichts führt. Was tun? Weiterprotestieren, abbrechen? Alex ahnt meinen Zwiespalt. »Schieß doch einfach den Kapitalen!«, meint er abgebrüht und errät meine eigenen, schwarzen Gedanken. Notgedrungen erwäge ich die Konsequenzen einer solchen Eigenmächtigkeit und passe. Als das wiederholte, fast wehleidige »Bitte, den dort drüben!« des Begleiters jeden weiteren Anflug dreister Heimtücke bremst und in seinen Augen überdeutlich das ›Versteh', ich darf nur den freigeben!‹ zu lesen ist, weiß ich Bescheid: Seine Bosse haben vorsorglich einen Riegel vorgeschoben! So eine verzinkte Bande!

Ich schlucke den Grant hinunter

Obwohl ich mich gerupft und ausgetrickst fühle, füge ich mich ins Schicksal – wenn auch zähneknirschend! Ich hätte bei der Vorbesprechung Tacheles reden sollen!

Mit der gestreckten Steingeiß auf dem Buckel geht es nur mühsam talwärts.

Ein Jägertraum! Mit etwa 20000 Steinböcken gilt der Bestand im Alpenraum als gesichert. Die paar staatlichen Lizenzen sind kostbar.

Im Verlauf der nächsten Minuten, noch immer in Harnisch und sehnsüchtig zum ›König des Wallis‹ hinüberspähend – um ihn handelte es sich tatsächlich, wie man mir später versicherte! –, schwand allerdings mein vielleicht etwas überzogener Trophäenhunger und die Vernunft kehrte wieder ein.

Schließlich wollte ich nicht länger um ein Ei streiten und die Henne fliegen lassen! Ich schluckte allen Grant hinunter und holte dreimal tief Luft, während das Fadenkreuz knapp unterhalb des braunsilbrig über die Rückenlinie verlaufenden Aalstrichs zur Ruhe kam. Mit leisem Klick rastete der Stecher ein und der Zeigefinger krümmte sich. Während das Rudel im Schuß in alle Winde zerstob, blieb der schwarzgraue Bergschrat eine ganze Sekunde lang wie versteinert auf dem Fleck stehen, knickte dann in Zeitlupe ein und wurde von einer zweiten, eigentlich überflüssigen Kugel auf seine letzte lange Wanderung geschickt.

Später, am gestreckten Wild, hielten Alex und ich eine von vielen Gedanken getragene Totenwache. ›Und wenn sonst nichts am Jagen wär, als durch den Wald zu streifen, zu horchen, wie der Kukkuck ruft und wie die Finken pfeifen, den Schwätzern aus dem Weg zu gehen – und keinen Narren mehr zu sehen –, es wär genug des Lobs dabei, der edlen, schönen Jägerei‹. Das war Jagd nach meinem Sinn gewesen. Steinbock-›Medizin‹ der ganz besonderen Art! Dabei wußte ich sofort, daß ich nie wieder, selbst nicht geschenkt, einen dieser Alpenkönige strecken würde: Ich hatte meine fehlende ›Zacke‹!

Irgendwie gehörte es zum guten Abschluß, als mich Alex ans Spektiv holte und in eine fast senkrecht abfallende Wand deutete. Dort stand, den Blick kerzengerade auf uns gerichtet, erhaben, fast majestätisch, der eben unfreiwillig pardonierte Bergkönig: Kraftvoll, unbezwingbar und vermutlich auch in Zukunft von keinem mehr zu entthronen! Hoffentlich!

Heute, einige Jahre später, fühle ich mich wegen des damaligen inneren Rücktritts sogar erleichtert, und das eigene Waidmannsheil ist mir noch mehr wert.

Auch Verzicht baut auf! Schließlich bleibt das Erlebnis: »... bricht der Schuß am rechten Fleck und der Bock stürzt durch Gestein und Alpenrosen ... was soll ich schreiben, wie einem da ist!«.

Nun, lieber Franz von Kobell, das ist wahrhaft ›unbeschreiblich‹!

Gefährliches Finale

Nachsuche! Angespannt, voll fiebriger Gedanken und schwankender Gefühle, nähern wir uns dem Anschuß. Mit diesem Gegner spaßt keiner, schon gar nicht der Profi Piet. Im Busch hat der Leopard alle Vorteile auf seiner Seite.

In knapp vier Stunden geht unser Flugzeug. Gegen Mittag wollten wir in Johannesburg sein. Die Abendmaschine zurück nach Frankfurt ist fest gebucht. Bis zum Start bleibt genügend Zeit, nach zwei Wochen Wildnis, im »Sun City« angemessen Abschied von Afrika zu feiern. Soweit der Plan!
Aber wie Johan, der knochenharte südafrikanische Jagdführer trocken feststellen würde: »That's how the cookie crumbles! Nur so brösel der Keks!«. Seit gestern, 18.14 Uhr, sind alle Planspiele hinfällig. Selbst der Rückflugtermin hängt in der Luft: Heute früh geht es nicht mehr um unsere Heimreise, sondern um eine verdammte Leopardennachsuche!

Zuviel Selbstvertrauen

Dabei hatte gestern Abend, bei frischem Bier, Impala-Steaks und Kuduwurst alles nach Happy-End ausgesehen. Heinz, zum ersten Mal in Afrika und bisher erstaunlich erfolgreich auf ›plains-game‹ – seine zwei Warzenkeiler, ein Kudubulle und zwei Impalas lagen mit Bilderbuchschüssen im Feuer –, hatte nach acht aufregenden Stunden Verfolgung, endlich wieder seinen vermaledeiten Büffel vor der Büchse. Die allgemeine Erleichterung über den sauberen Abschluß der Büffelpirsch spiegelte sich vor allem in jedermanns Durst und Wißbegier wider. Mit jeder Dose Bier stieg unser Begeisterungspegel über den erfreulichen Ausgang dieser wahrlich nicht harmlosen Nachsuche.
Der Abend gehörte angesichts des gewaltigen, vor uns aufgebauten Büffelhauptes dem Erleger. Heinz hatte gute Gründe, sich über seinen Dusel zu freuen. Wer schießt schon gleich bei der ersten Afrika-Safari einen 42 Inch-Methusalem und zwingt ihn nach zunächst rätselhaftem Schuß und aufregender Nachsuche noch am gleichen Abend im undurchdringlichen Dornbusch in die Knie? Diese Trophäe war verdient. Natürlich hätte man gewünscht, dem ›Debütanten‹ wäre diese bittere Lektion erspart geblieben. Andererseits ist ein stundenlanger Marsch durch das Fegefeuer quälender Zweifel und heimlicher Schuldgefühle, noch dazu bei über 35 Grad Hitze und einer schwergewichtigen .458er Mauser im Halbanschlag, für die Jägermoral ebenso heilsam wie für den allgemeinen Respekt vor freilebendem, insbesondere wehrhaftem Wild.
»Ich habe heute mehr gelernt, als in fünfzehn Jahren«, gestand mein Freund sichtlich erleichtert. Die immer wiederkehrende Frage nach den Ursachen des unglücklichen Schusses »auf einen höchstens 70 Meter halbspitz freistehenden Riesen«, beantwortete Johan: »Overconfidence! Zuviel Selbstvertrauen!«. Es gibt keine andere Erklärung. In blindem Vertrauen auf die bisherige gute Safaristrecke, gepaart mit der Aufregung, plötzlich dem vielleicht gefährlichsten Wild Afrikas Aug' in Aug' gegenüberzustehen, und verführt durch die Verlockung, »einen solchen Koffer gar nicht vorbeischießen zu können«, wurde der Finger zu locker krummgemacht. Hinzu kam das zu überhastete »Shoot!« des Guides. Wiederum verständlich, da der nach tagelanger, vergeblicher Suche plötzlich aufgespürte, starke Büffel in der Sekunde des Ansprechens schon nervös wurde und sich gerade verdrücken wollte. Da mußte sofort die Notbremse gezogen werden!
Heinz spürte die schwere Büchse im Arm und wurde, fasziniert vom verführerisch im Morgenlicht aufscheinenden, weitausladenden Horn, sofort vom Jagdfieber gepackt. Da ihm eingebleut wurde, ja nicht auf Schädel oder Träger zu schießen, ging er automatisch ins Blatt und ließ fliegen. Freihändig, ohne überhaupt an eine Zielhilfe zu denken oder von seinem Jagdführer dazu angehalten zu werden, kam er während der in einen Atemzug gebündelten Aufregung drei Spannen zu weit nach rechts – anstatt nach links, Richtung »Maschinenraum« –, verfehlte haarscharf den Vorderlauf und plazierte das 33 Gramm Geschoß unglücklicherweise hinter der Kammer. Damit nahm das Schicksal seinen Lauf! Der Büffel knickte kurz ein, drehte ab und verschwand ohne erkennbare Wirkung im dichten Gestrüpp. Johans optimistischer Kommentar: »Den klauben wir hinter der nächsten Biegung auf«, erwies sich als Windei. Jetzt standen aufregende Stunden ins Haus: Reu' und Rat sind unnütz nach geschehener Tat!
Am Abend war gottlob alle Dramatik ausgestanden, der kranke Büffel, dank hervorragender Trackerarbeit, mit viel Schweiß und Schinderei zur Strecke gekommen. Heinz berichtete von der Aufregung, wenn Piet, ein erfahrener Großwildjäger und Chef des Jagdgebiets, ebenso wie der Guide, fortwährend in Zweifel geriet, weil sich die Fährte des Verfolgten ständig mit Hufabdrücken gesunder Büffel vermischte oder den Hauptwechsel irgend eines anderen Büffelverbandes kreuzte. Den Profis war klar, daß der todkranke Recke in keiner Herde mehr Aufnahme finden würde – schließlich zieht seine Blutspur die Löwen an! Ständig hieß es, »Wohin jetzt?«.

Die Löwen liegen vollgeludert und faul im Schatten. Sie lassen uns auf fünfzig Schritt heran. Instinktive Furcht ist ihnen fremd.

Die Antwort lieferte immer wieder der schwarze Fährtenleser. Er klebte an der Spur und behielt gleichzeitig das umliegende Gelände im Auge: Immer gewärtig, daß der lehmgraue Brocken irgendwo im Widergang lauern und Rache nehmen konnte. Dabei vertraute der tüchtige Tracker blindlings dem Schutz der ihn begleitenden Gewehre: Vertrauen gegen Vertrauen!

Das gefährlichste Großwild

Es war äußerste Vorsicht angesagt. Nicht nur, weil der kranke Koloß unvermittelt aus seitlichem Hinterhalt attackieren konnte, sondern weil im ›Eifer des Gefechts‹ plötzlich ein versehentlich auf die Bühne tretender, gesunder Büffel zur Zielscheibe werden konnte. Zwei Buffs an einem Tag, – ein irrtümlich erlegter und ein angeflickter – nicht auszudenken! Aber Piet und seine Mannschaft beherrschten ihr Geschäft.
Uns umfing schon tiefe Nacht, als Heinz auf der Terrasse zum wiederholten Male schilderte, wie er mit dem Tracker, Schulter an Schulter, durch eine felsige, mit feinem Sand gefüllte Donga pirschte.
Wie erwartet, führte uns dieses Nachsuchen-Abenteuer schnell zur uralten, letztlich von niemandem zu beantwortenden Frage nach dem gefährlichsten Großwild Afrikas.
Es zeigte sich bald, daß eine Reihung von ›sehr gefährlich‹ bis ›weniger gefährlich‹ schon deshalb fragwürdig und sinnlos war, weil jeder Jäger seine Begegnungen mit den ›Big Five‹ – und um die geht es hier – ganz persönlich erlebt und verarbeitet. Außerdem bedürfen die vielfältigsten Umstände einer Würdigung. Nach eigenen Erfahrungen ist nicht nur jeder der ›Großen Fünf‹ brandgefährlich! Ebenso bedrohlich kann die sich überraschend zum Zweikampf rüstende Antilope, ein Flußpferd, ein Krokodil oder eine unentdeckte Sandviper werden. Der vorschnelle Schluß ›Je größer das Wild, desto gefährlicher‹ ist nur bedingt richtig. Beim Zusammentreffen eines Jägers mit wehrhaftem Wild sind viele äußere Umstände entscheidend: Ist der Bär beschossen? Hatte das Rhino beim Streit mit einem Nebenbuhler vorher gerade Prügel bezogen? Ist beim überraschenden Gegenüber mit einem Büffel die Fluchtdistanz bereits unterschritten? Oder: Findet die Begegnung mit einem hungrigen oder verletzten, vielleicht sogar angeschweißten Löwen in der Nacht oder bei Tageslicht, in der offenen Savanne oder im Dornbusch statt? Fühlt sich die ihr Geheck schützende Leopardin vom Eindringen des Jägers in ihr Territorium echt in die Enge getrieben und deshalb zur verderbenbringenden Attacke

genötigt? Oder, um einige nichtafrikanische Beispiele nachzuschieben: Stürzt sich der Braunbär beschossen, oder nur durch angerüdete Hunde gereizt, aus der Winterhöhle auf den Jäger? Wird die Fährte des angeschweißten Keilers mit oder ohne Hundemeute ausgearbeitet, oder greift der zu allem entschlossene Eisbär aus Hunger oder angebleit, auf freier Fläche oder im tückischen Packeis an?

Die ›Big Five‹ und ihr Feindbild

Es ist offensichtlich, daß jede Gefährlichkeitsskala ebenso richtig wie falsch ist. Trotz aller Vorsorge bleibt Jagd, insbesondere auf wehrhaftes Wild, bei menschlichem Versagen oder grober Fehleinschätzung immer ein gefährliches Unterfangen und bei schicksalhafter Verkettung widriger Zufälle gelegentlich eine Gefahr für Leib und Leben.

Das gilt auch für viele aktuelle Vorfälle, wie etwa den aus der AP-Meldung vom 12.02.1992: »In einem Lager im südafrikanischen Krüger-Nationalpark ist ein Leopard durch ein offenes Fenster in eine Hütte eingedrungen und hat einen Menschen zerfleischt. Wie die Behörden gestern in Johannesburg mitteilten, zerbiß das Raubtier beide Arme seines schlafenden Opfers, eines Torwächters und tötete ihn«. Ein Beispiel für Gefährlichkeit oder eher für Leichtsinn? Vermutlich beides!

Trotz allen Widerstreits reizt es immer wieder, eine Wertung vorzunehmen, wohlwissend, daß sie nie und nimmer allgemeine Zustimmung finden oder Anspruch auf Verbindlichkeit erheben kann. Wild ist immer ›genau so‹ oder ›ganz anders‹!

Obwohl, um mit dem nach meiner Meinung ›ungefährlichsten‹ Großwild der ›Big Five‹ zu beginnen, das Nashorn meist ohne erkennbaren Grund oder äußere Veranlassung mit aller Wucht angreifen kann – eine gefährliche Sonderstellung in der Welt der ›Großen Fünf‹! –, und es ausgezeichnet windet, außerdem auf das leiseste Geräusch reagiert, sind seine Größe, sein schlecht entwickelter Gesichtssinn, das langsame Spurt- und Antrittempo sowie – die Ausnahme ist auch hier die Regel! – sein Abdrehen nach einem Warnschuß, in der Summe ein für den Jäger noch recht gut kalkulierbares Risiko.

Ähnlich und dennoch anders erscheint die Bedrohungslage bei dem intelligenzmäßig den anderen ›Großen‹ überlegenen Elefanten. Seine Ausmaße verhindern, blitzartig überrascht zu werden und

Die schwarzen Kolosse haben uns entdeckt. Der Rudelboß sichert argwöhnisch herüber. In der nächsten Sekunde bricht die Herde in donnernder Flucht durch den Busch.

bieten, anatomische Kenntnisse und ein entsprechendes Großkaliber vorausgesetzt – vergleichbar dem Rhino und dem Büffel – gute Chancen zur Gegenwehr. Sinnesmäßig ähnlich ausgestattet wie das Nashorn, vermeiden die grauen Kolosse – wenn irgendwie möglich –, im Gegensatz zum Rhino, die Begegnung mit dem Menschen. Verfolgt oder belästigt, sind Elefanten im Angriff meist noch durch einen Warnschuß zu stoppen, wobei heutzutage – wie ich selbst in Äthiopien, in Südafrika und kürzlich in Zimbabwe erlebte – die Dickhäuter wegen ständiger Verfolgung, gnadenloser Wilddieberei und unaufhaltsamer Lebensraumvernichtung, weitaus sensibler und aggressiver sind als noch vor Jahrzehnten. Heutzutage ist man gut beraten, sich nicht zu sehr auf die ›Vernunft‹ und die Rückzugsbereitschaft des Elefanten zu verlassen, insbesondere auf das Abdrehen führender Kühe. Das hieße fahrlässig die Wirkung jahrhundertealter Feindseligkeit des Elefanten mit dem Unruhestifter Mensch zu unterschätzen. Hier hat sich zwangsläufig auf Seiten des Elefanten ein Feindbild entwickelt!

In der Mitte der ›Gefährlichkeits-Leiter‹ steht der gewaltige, im Angriff ebenso wie das Rhino und der Elefant auf einige Sekunden Antrittzeit angewiesene, aber selbst im Dickicht vom Jäger meist noch rechtzeitig identifizierbare, hinsichtlich Gerissenheit und Entschlossenheit jedoch wesentlich gefährlicher

sie bereits ständig als Kalb bedroht werden – ungemein aufmerksam und bereit, ohne lange zu zaudern, ihr Leben zu verteidigen. Ihr Vernichtungswille ist, wie viele schlimme Geschichten beweisen, kompromißlos, wobei auch sie sich – unbeschossen! – in der Regel zunächst lieber jeder Konfrontation entziehen.

Entweder er oder du!

Mit am gefährlichsten erscheint im Hinblick auf die Fähigkeit, sich nahezu in jedem Gelände vor einem Verfolger verbergen und diesen sofort mit Höchstgeschwindigkeit angreifen zu können, der Löwe. Wegen seiner – trotz des bis Fünf-Zentner-Gewichts – unglaublichen Tarnfähigkeit, verbunden mit dem Mut des Büffels – ohne aber wie dieser, etwa nach einem Warnschuß, nochmals vom Angriff abzulassen – endet eine Auseinandersetzung mit dem »King of the beasts« in der Regel tödlich: Entweder du kriegst ihn, oder er kriegt dich! Erschwerend wirkt, daß der Löwe, insbesondere durch seine im Zickzack vorgetragene Attacke, auch ein weitaus kleineres und schwieriger zu treffendes Ziel bietet; sein rasanter Angriff, verbunden mit einem donnernden Gebrüll,

einzustufende Kaffernbüffel. Er unterscheidet sich von den übrigen Dickhäutern vor allem durch seine insgesamt hoch entwickelten Sinne: er hört, sieht und windet vorzüglich! Büffel sind – vermutlich da

Jagdfotografie erfordert Respekt vor der Kreatur und Sinn für das Wesentliche. Landschaft, Wild und Erlebnis gehören im Bild zusammen.

vergleichbar dem Wuttrompeten des Elefanten, steigert seine Bedrohlichkeit. Im Gegensatz zu den Grasfressern – ausgenommen gelegentlich der Büffel – erwartet er seine Verfolger im Hinterhalt und läßt von ihnen bis zum bitteren Ende nicht mehr ab. Übertroffen wird meiner Meinung nach der Löwe hinsichtlich Mut, Kraft und Gefährlichkeit nur vom Leoparden. Im Gegensatz zum ›König der Tiere‹ ist der Pardel ein Einzelkämpfer. Ein Dämmerungs- und Nachtjäger, der in bezug auf Energie und Tötungswillen jedem Vergleich standhält, in bezug auf seine Schnelligkeit, Heimlichkeit und Sprungkraft aber den Löwen übertrifft. Er attackiert lautlos und pfeilgeschwind, ist gleichermaßen tollkühn wie vorsichtig und mit feinstem Gehör und Gesichtssinn ausgestattet. Seine Attacken auf Wild enden, bei einer Springweite von drei bis vier Metern, in der Regel tödlich. Das Geschick, sich gegenüber jedem Lebewesen schier unsichtbar zu machen, ist sprichwörtlich. Ein Leopardenangriff erfolgt im Gegensatz zum warnenden Grollen des Löwen und dessen Peitschen mit dem Schwanz, lautlos und ohne Vorwarnung, auf kürzeste Distanz. Angeschweißt erwartet der Leopard, ebenso wie der Löwe, seinen Gegner mit angezogenen Hinterläufen flach auf die Erde geduckt oder getarnt auf einem Baum lauernd – was bei Nachsuchen manchem, nur auf die Bodenspur fixierten Jäger, schon das Leben kostete. Der Leopard läßt von seinen Rachegelüsten ebensowenig ab wie von seinem schon oft beschriebenen Vernichtungswillen. Es ist nur ein schwacher Trost, daß Leopardenattacken, in deren Verlauf sich die Zahndolche sofort auf Gesicht, Nacken und Schulter des Opfers konzentrieren, während die messerscharfen Krallen wie rasend den ganzen Körper zerschinden, für den Menschen nicht so häufig tödlich ausgehen wie jene des Löwen, der seine Beute verschleppt und anschließend frißt.

Mit dem erneuten Hinweis, daß diese Reihung auch anders vorgenommen und vermutlich gut begründet werden kann – Gefährlichkeit ist relativ und hängt letztendlich von Zufall, Erfahrung und Kaltblütigkeit des Mannes und des Wildtieres ab –, zur Untermalung eine alte afrikanische Fabel. Sie wurde mir mit großem Ernst vor vielen Jahren vom schwarzen Wildhüter Philamon erzählt: »Was würdest du einem Jäger zurufen, bevor du ihn tötest?«, fragten sich die ›Big Five‹ bei einem nächtlichen Rendezvous. »Jäger, würde ich rufen«, eiferte sich der Elefant, »dich werde ich jetzt mit meinen Beinsäulen zerstampfen!« Das Rhino drohte in solchem Fall zu rufen: »Jäger, ich überrenne dich jetzt und durchbohre dich mit meinem Horn!«. Worauf der Büffel meinte, er würde den Feind einfach mit seiner Stirnwehr überrollen und ihn bis zu dessen langsamen Tod durchs Dornendickicht schieben. »Ich«, gähnte der Löwe, »würde den Jäger anspringen, ihn niederreißen und dem Sterbenden noch zurufen: ›Jetzt werde ich dich fressen!‹«. Darauf der Leopard, der Zwerg unter den Riesen, gelassen: »Ich würde dem Jäger auflauern, ihn blitzschnell zu Boden werfen und ihn noch im Angriff anfauchen: ›Jäger, jetzt habe ich dich gefressen!‹«.

Immer brandgefährlich

Als endlich der letzte Becher auf Heinz' glücklich überstandenes Büffelabenteuer geleert war, zogen wir uns durch eine rabenschwarze Nacht in die gut zweihundert Meter vom Farmhaus entfernt liegende Lodge zurück. Wegen der immer wieder in nächster Umgebung gespürten und nächtelang in unmittelbarer Nähe brüllenden Löwen, leuchteten wir mit unseren Handscheinwerfern sorgfältig in die Seitenbüsche und waren froh, als die Tür hinter uns ins Schloß fiel.

Im übrigen hatte ich keine allzu großen Illusionen. Wer auf Leopard geht und ›Fair chase‹ auf seinen Schild schreibt, darf von Haus aus keine zu hohen Erwartungen hegen – auch nicht beim achten Anlauf innerhalb von zehn Jahren! Eher wurstig als verärgert, war mir an diesem vorletzten Abend der Reise erneut klar geworden, daß ohne eine gewisse Schicksalsergebenheit eine ›saubere‹ Leopardenjagd nicht zu haben ist! Und für Scheinwerfer, ›Vor-Baiten‹, Nachtansitzen, vielleicht gar mit Mikrophon und Kopfhörer, war ich mir bei der Jagd auf die edelste Trophäe der Gegenwart zu gut! Man kann, insbesondere auch als Jäger, durchaus auf die Achtung anderer verzichten, nicht jedoch auf die eigene! Außerdem bedeutet eine Portion Eigenwilligkeit bei der Jagd nie ein Handicap, sondern meist den ersten Schritt zur nächsten Chance.

Heinz, dessen Wünsche erfüllt waren, wollte mich am letzten Jagdtag begleiten. Ich hatte nichts dagegen. Damit war zumindest der inzwischen zur Routine abgeflachte, tägliche Check nach frischen Leopardenspuren unterhaltsamer, wenngleich die Schnüffelei in den verwilderten Dongas nie ohne Nervenkitzel blieb. Leoparden sind unberechenbar und längst nicht so dünn gesät, wie einer glaubt, der sie eine Zeitlang erfolglos verfolgt. Beispielsweise hatte der südafrikanische Wildbiologe G.L. Smuts, der im Rahmen seiner Forschung in zwei Jahren über 50 Leoparden fing und markierte, überall, sogar in der Nähe von Skukuza, dem Sitz der Hauptverwaltung des Krüger-Nationalparks, wesentlich mehr Pardel festgestellt, als Fachleute in den kühnsten Träumen angenommen hatten.

Dongas sind die beliebteste Kinderstube für führende Leopardinnen. Ein plötzlicher Zusammenstoß ist deshalb nie auszuschließen. »Ein entzückendes Bild«, erinnert sich Murray-Smith, »hätte sie mich eräugt, so hätte sich die Leopardin (mit drei Jungen) innerhalb von Sekunden von einer schnurrenden Mutter in eine mörderische Teufelin verwandelt«. Man braucht ja nicht so unkritisch zu sein und gleich so zu übertreiben, wie Ronin, der um die Jahrhundertwende die Leoparden-Phantasie seiner Gewährsleute Maltzahn und Pallmann verewigte: »Ein ausgewachsener (algerischer) Panther wiegt oft zwei- bis dreitausend Pfund ... Trotz dieses Gewichts macht er Sprünge von zehn bis zwölf Metern ... Er ist blutdürstiger und grausamer wie der Löwe«. Es genügen schon die Zeugnisse seriöser Zeitgenossen wie etwa Grzimek, der davon berichtet, daß im Magen einer 5,7 Meter langen Python zwar ein Leopard gefunden, andererseits aber in der Serengeti die gefleckte Raubkatze mit einer drei Meter langen Python-Schlange im Fang auf einem Baum beobachtet wurde.

Daß Paviane mit ihrem dolchartigen Gebiß dem Leoparden absolut gefährlich werden können und trotzdem seine Leibspeise sind, ist bekannt. Wohl deshalb bezeichnet ihn Wißmann als »Würger der Paviane« und bestätigt damit die Saga, wonach sich der gefleckte Pavian-Killer bei der Affenjagd sogar totstellt und damit neugierige Paviane heranlockt. Grzimek macht glaubhaft, daß sich der Nachtjäger selbst an Gorillas vergreift und auch vor wesentlich größeren Säugetieren nicht zurückschreckt, wie die Attacke auf einen Giraffen-Bullen beweist, der im Wipfel eines Baumes weidete, dort einen ruhenden Leoparden störte, von diesem angesprungen und so übel zugerichtet wurde, daß er an den Verletzungen verendete.

In diesem Zusammenhang soll auch Theodore Roosevelts Erinnerung an seinen Freund Douglas Pennat nicht unerwähnt bleiben, der im Dickicht von einem angeschweißten Leoparden angefallen wurde und – nachdem ihm der Gewehrträger mit einem tödlichen Schuß auf die Katze in letzter Sekunde das Leben gerettet hatte – viele Wochen in Nairobi im Krankenhaus zubringen mußte. Nur ein einziger Biß hatte ihm beinahe die Schädeldecke zertrümmert, die Kiefer zerschmettert, ihm ein Ohr abgerissen und viele böse Verwüstungen an Armen und Schulter hinterlassen. »Sein Platz im Krankenhaus wurde sofort nach seiner Entlassung von einem anderen Manne eingenommen, der ebenfalls von einem Leoparden verletzt wurde«, schließt Roosevelt.

Maneater und Hundedieb

Viele aufregende Berichte bestätigen, daß Leoparden – in Afrika ebenso wie in Asien – unzählige Menschen auf dem Gewissen haben. Tony Sanchez-Arino erinnerte erst kürzlich an die Mordserie eines Leoparden, der im nordindischen Panar 400 Menschen umgebracht und zum Teil gefressen hatte, bis ihn 1910 Jim Corbett im Auftrag der indischen Regierung ins Jenseits beförderte. Der ›Maneater‹, welcher sogar in Häuser eindrang, sich vorwiegend an Frauen und Kindern vergriff, wollte sogar den Baum hoch, auf dem ihm der Profi auflauerte. Diese Tollkühnheit war sein Verhängnis. Der Leopard erfreute sich, ebenso wie jener von Rupenda, der um 1950 in Tanzania 18 Kinder im Alter von sechs Monaten bis neun Jahren umbrachte, ausgezeichneter körperlicher Verfassung. Ganz im Gegensatz zu dem Killer aus dem nördlichen Mozambique, der 22 Opfer tötete und bereits so schwach war, daß er sich Fleischteile aus den Ermordeten riß und damit im Busch verschwand, weil er seine Beute nicht mehr schleppen konnte.

Wie schwierig die Bejagung von Maneatern ist, die aus Altersgründen, weil sie verletzt oder nur faul und bequem sind und einfach Menschen angreifen – Hühner, Hunde und Ziegen Einheimischer schlagen sie nebenbei! –, zeigt der ›Leopard von Rudraprayag‹, der zwischen 1919 bis 1926 in Nordindien 120 Opfer auf sein Konto brachte, ehe er nach mehrjähriger Bejagung ebenfalls von Jim Corbett erlegt wurde.

Dabei muß Hunger nicht immer ausschlaggebend sein. Wie beim ›Leoparden von Masaguru‹, der in Süd-Tanzania 26 Frauen und Kinder tötete, ohne sie je angeschnitten zu haben. Er tötete aus reiner Mordlust! Katzenmentalität! Zu dieser schaurigen, Terror, Angst und Schrecken verbreitenden Bilanz

gehört auch die ›Tigerin von Champawat‹, die in Indien 436 Opfer meuchelte; oder die zwischen 1986 und 1989 von einem Löwenrudel umgebrachten 55 Süd-Tanzaner und die von 1988 bis 1991 in Uganda, in der Gegend von Moroto ebenfalls von Löwen getöteten 12 Eingeborenen.
Verständlicherweise war beim Gedanken an diese Vorkommnisse unsere Suche nach Leopardenspuren in den Dongas, noch dazu in Piets gut besetztem Löwengebiet, nie ein hirnloser Spaziergang.
Obwohl wir fast zwei Wochen lang fieberhaft nach Tatzenabdrücken eines ausgewachsenen Leoparden gesucht hatten und zweimal auch fündig wurden, reichte es jagdlich nicht hin. Die schlauen Nachtjäger blieben wie vom Erdboden verschluckt und verschmähten jedes unserer Angebote.
Das wildreiche Revier, die unglaubliche Anpassungsfähigkeit und das besondere Freßverhalten der Großkatze, die sich vom Kleinsäuger bis zum Strauß vergreift und sich gelegentlich – wie dies von allen Katzen und Hunden bekannt ist – auch von Gras ernährt, erschwerte auch diese Jagd.
Die interessante Meinung von Murray-Smith, daß in Afrika auf einen Löwen zwanzig Leoparden kommen, ist für mich im Augenblick wenig Trost, wenngleich kein Zweifel besteht, daß die Leopardenpopulation – trotz Gift, Falle und illegalem Blei – weder in der Vergangenheit noch jetzt gefährdet ist. Dafür sorgt, neben der Tatsache, daß die Leopardin – eine große Ausnahme im Reich der Säugetiere – bereits dreieinhalb Monate nach der Hochzeit zwei bis vier Junge zur Welt bringt und diese sich schon mit drei Monaten, selbst auf Bäume kletternd, in Sicherheit bringen können ebenso, wie die inzwischen weltweit greifende Abschußquotenregelung von CITES. Die strikte Einhaltung der international anerkannten, landesspezifischen Abschußquoten – Südafrika erhält augenblicklich beispielsweise 75 Lizenzen, wovon höchstens die Hälfte in Anspruch genommen wird – bewirkt, daß die Leopardenjagd weltweit kontrolliert und illegaler Trophäenex- und -import unmöglich wurde. Damit ist nicht nur jeder Mißbrauch sondern auch die oft strapazierte Bedrohung des Leoparden – die es praktisch, wie alle seriösen Bestandszahlen zeigen, nie gab! – ausgeschlossen.
Wesentlich dramatischer ist übrigens die Gefährdungssituation des zentralasiatischen Schneeleoparden, der sich aufgrund der Lebensraumkonkurrenz zum Menschen und anderer anthropogener, d.h. vom Menschen verursachter Umstände, inzwischen in die unwirtlichsten Hochgebirgsregionen zurückzog und von Wilddieben und Hirten nach wie vor gnadenlos verfolgt wird. Für seinen Schutz wird international viel zu wenig getan.

Sensationeller Schnappschuß! Die mit Wucht und Aggressivität aus dem Dunkel vorgetragene Attacke des Leoparden verdeutlicht die Gefährlichkeit dieser Großkatze.

Eine triste Bilanz

Während um meine Hütte ein unfreundlicher Wind bläst, der selbst die nie versiegenden Stimmen der afrikanischen Nacht zum Verstummen bringt, verliere ich mich im Halbschlaf in Erinnerungen an verflossene – erfolglose! – Jagden auf den »Prince of predators«. Im Laufe der Jahre war mir der Leopard fast zu einem Trauma geworden.

Bezeichnenderweise hatte jeder der mir bisher begegneten Leopardenjäger eine andere ›bombensichere‹ Rezeptur im Ärmel. Etwa jener Rechthaber und lauttönende Nichtskönner in Zimbabwe, der mir vier Stunden ›Ansitz‹, bewegungslos, flach auf dem Bauch liegend verschrieb, während er – was ich erst am Ende der Sitzung mitbekam – hinter mir im Zelt mit Kopfhörern hockte, um über das am Köder aufgehängte Mikrophon einen anpirschenden Leoparden besser hören zu können: Er hatte mit Sicherheit noch nie das knurrende Beißen, Zerren und Reißen eines Leoparden an einem Kill erlebt! Da braucht es keine unfaire Hörhilfe! Oder, da gab es den überehrgeizigen Guide in Zambia, der mit mir am helllichten Tag hinter einer hochflüchtigen Leopardin herhechten und die Katze in der Nähe ihres Gehecks überraschen wollte. Als ob irgendjemand, ungeachtet der tödlichen Gefahr, vorsätzlich für solchen Frevel zu haben wäre!

Geradezu einfältig war, wie am Limpopo ein Südafrikaner in seiner Hilflosigkeit versuchte, die einzige kleine Pardelspur, der wir in zehn Tagen begegneten, durch Rederei aufzumotzen, und der unbelehrbar den frischen Rindenverbiß eines Stachelschweins als Territorial-Markierung eines Leoparden pries. All das, als gäbe es einen Gastjäger auf Leopard, der nicht zumindest theoretisch voll drauf wäre!

Ich erinnerte mich auch wieder – damit sei diese triste Bilanz zunächst abgeschlossen – jenes ›gewaltigen‹ Jägers in Äthiopien, der einen Leoparden gleich in einem Aufwasch mit einem Löwen – »alles kein Problem!« – an einer dreißig Meter von einem

Erdstand angebundenen Ziege bejagen wollte. Er hielt sich für einen ähnlich großen ›Spezialisten‹, wie jener Draufgänger, welcher den, neben einer frischen Löwenspur im Sand verlaufenden Leopardensiegeln, trotz vorsichtig angebrachter Zweifel, solange nachhing, bis eine wütend grollende Löwin darauf hinwies, daß sie gerade mit ihrem Jungen – und keinem Leoparden – einen Spaziergang zu unternehmen gedachte.

Diese makabren Katzenstories erinnern fatal an eine von Hunter beschriebene Löwenjagd am Ngorongoro Krater, als er seinen Jagdgast nicht um die Burg an einen Löwen heranbringen konnte. In seiner Not schoß er einen Strauß, in dessen unverdächtigem Federkleid sich der Nimrod einem Mähnenträger nähern sollte. Gottlob wurde die Idee kurz vorher durch den entsetzten Einspruch eines Schwarzen verworfen, der mit entgeisterten Augen darauf hinwies, daß der Riesenvogel doch eigentlich zur Lieblingsspeise des Löwen zähle.

»Wer wilde Katzen fangen will, muß eiserne Handschuhe haben!«. Dieses alte deutsche Sprichwort kann sich so mancher Leoparden-›Experte‹ getrost hinter den Spiegel stecken! Die oftmalige Hilflosigkeit belegt, wie schwierig ›fair chase‹ auf einen wirklich reifen Leopardenmann in Wahrheit ist – selbst bei größtem Einsatz und höchstem Können.

Die allerletzte Chance

Wir waren wie vom Blitz getroffen! Völlig unerwartet kreuzten wir am späten Vormittag dieses vorletzten Tages, eine deutlich im feuchten Sand des noch wasserführenden Dammes eingegossene Spur: Die Handschrift eines beachtlichen Leoparden! »This morning«, bemerkte der Fährtenleser und ging ans Werk. Trotz sorgfältigster Erkundung stießen wir jedoch auf kein weiteres Lebenszeichen des Frühaufstehers. »Das alte Schlitzohr, von dem ich dir schon erzählte«, meinte Piet voll Zuversicht, während meiner Frau ein nicht gerade begeistertes »Das gibt es doch nicht! Jetzt am allerletzten Tag!« entfuhr. Die fast handtellergroßen Abdrücke der zweifelsfrei vor einigen Stunden hier schöpfenden Großkatze – ich sah sie förmlich, wie sie sich, vom ersten Morgenlicht in ihrer ganzen Pracht bestrahlt, genußvoll die Schnurrhaare leckt – elektrisierten uns!

Hin- und hergerissen zwischen Skepsis und leiser Hoffnung hatte Piet eine geniale Eingebung: »Let's

backtrack him! Verfolgen wir seine Spur zurück!«. Und das klappte! Wir pirschten zunächst eine Weile durch widerlich verfilztes Dongagestrüpp, welches der Leopard bei seiner Morgenpirsch immer wieder zu kleinen Nebenausflügen verlassen hatte. Kurz darauf erreichten wir eine mit hohem Gras bestandene, versumpfte Wiese, gelangten erneut in ein trockenes, felsiges Flußbett und hörten plötzlich den überraschten Ruf meiner Frau: »Dort!«. Wir trauten unseren Augen nicht: Auf einem völlig dürren, kerzengerade nach oben führenden, rindenlosen Baum hing die Hälfte eines frischen, allerdings schon übel zugerichteten Warzenschweins. Die Mitternachtsvesper des eben rückgefährteten Leoparden! Deshalb also dessen Durst!

Jetzt machte Piet Dampf. Generalstabsmäßig. Eine einmalige, noch dazu meine allerletzte Chance! Nun, bekanntlich fliegen dem, der's Glück hat, meist auch noch die gebratenen Tauben in den Mund: Eine Jagd auf einen Leoparden an seinem eigenen Kill, noch dazu auf einen alten Spitzbuben, dessen Visitenkarte ich vorher am Wasser bereits fotografiert hatte, das war der Lotto-Sechser in Serie! Eine Stunde später, nach kurzem Frühstück auf der Farm, sind wir mit kompletter Mannschaft erneut am Tatort. Aus Bergen von Ästen und Buschwerk wird ein ebenerdiger Schirm gebaut, gerade so groß, daß zwei Mann darin Platz finden. Der ›Blind‹ ist so

Die frische Spur des Nachträubers. Verräterisch! Nun wußten wir, daß sich der alte Stromer hier herumtrieb. Die Stecknadel im Heuhaufen war entdeckt.

postiert, daß, wie immer sich auch der Wind dreht, nichts vermasselt wird. Piet und seine schwarzen Helfer haben keinen Zweifel, daß der Räuber – dies ist die einzig vorherberechenbare Schwäche eines Leoparden – sich wiederum, wie heute früh, auf dem gleichen Weg seinem luftigen Menü nähern wird. Dann steigt die Generalprobe: Sorgfältig richte ich mich auf einem schmalen Campingstuhl für zwei bis drei Stunden Ansitz ein, insbesondere, um im Ernstfall jedwedes Nachkorrigieren der Waffe oder andere hastige Bewegungen zu vermeiden. Die Gewehrauflage für die 7 mm ›vom Hofe‹ meines Freundes, welche ich mir vorsorglich wegen des besseren, zehnfachen Zielfernrohrs ausleihe und noch kurz probeschieße, paßt wie angegossen. Durch eine verblendete Schießscharte im Schirm habe ich das Leopardenmahl voll im Blick. Jetzt hilft nur noch Beten, damit der heimliche Genießer vor Einbruch der Dunkelheit kommt, ohne Argwohn aufbaut und sich während der Völlerei in luftiger Höhe so präsentiert, daß ein absolut tödlicher Schuß anzubringen ist. Über allem steht ein riesiges Fragezeichen, da der Schattenjäger, wie G.L. Smuts bestätigt, mehr der Nacht als dem Tag vertraut: »Er ist unglaublich vorsichtig. Nähert er sich einer Karkasse, untersucht er die Umgebung lange und genau«. Smuts hatte in seinen insgesamt 400 Nachtansitzen zur Erforschung der Großkatzen im Krüger Nationalpark, unzählige Löwen, Hyänen und Schakale, insgesamt aber nur fünfmal einen Leoparden an seinen Antilopenködern: »Offensichtlich ist ihm seine Sicherheit mehr wert als jedes noch so verführerische Mahl«. Dann ist alles vorbereitet. Wir fahren zurück. Lunchtime! Der Countdown läuft!

Wie Donner, Feuer und Blitz

Beim Nachmittagstee, kurz vor dem sehnlich erwarteten Abendansitz, dreht sich natürlich alles um den ›Pardel‹, wie die alten Römer den Leoparden nannten, den sie für einen Bastard aus Löwe und Parder (leo-pardus) hielten und den sie zu Hunderten für ihre Schaukämpfe nach Rom schleppten. Der Name Leopard wurde übrigens erstmals im 3. Jahrhundert vom römischen Geschichtsschreiber Julius Capitulinus genannt. Eintausend Jahre früher verglich bereits Homer in der *Ilias* den tollkühnen Agenor, der Achilles angreifen wollte, mit einem Leoparden: »Wie wenn kühn ein Pardel aus tiefverwachsenem Dickicht anrennt gegen den jagenden Mann ...« Theoretisch war mir die, nach Brehm »vollendetste aller Großkatzen der Erde«, die noble Schönheit ihrer Fellzeichnung, ihre Anpassungsfähigkeit – inzwischen trifft man sie in den Außenbezirken von Johannesburg, selbst innerhalb von Siedlungen an – ebenso bekannt wie ihre ›persönlichen Daten‹.

Die imposanten Fänge des »King of the beasts«. Eine Löwenjagd gilt zu Recht als Höhepunkt eines Jägerlebens - ›Fair chase‹ vorausgesetzt!

Safaristimmung, Mittagsruhe. Bei großer Hitze ist es höchst angenehm, im offenen Rover durch den Busch zu tuckern.

Leoparden werden bis höchstens 150 Pfund schwer, das ist knapp ein Drittel des Gewichts eines Löwen. Ausgewachsen, messen sie von Nase bis Schwanzende bis zu drei Metern, wobei die Rute ein Drittel des Maßes ausmacht. Leoparden sind relativ territorial. Sie leben mit ein bis zwei Weibchen im Revier, deren Junge der Vater in der Regel nach zwölf Monaten als lästige Konkurrenz verjagt. Die Paarungszeit findet in den Wintermonaten, in Äthiopien beispielsweise im März/April und in Südafrika – auf der südlichen Halbkugel – im Juni/Juli, statt.

Als ausgekochter Einzelgänger und Opportunist, der heute von Afrika bis Asien verbreitet ist, meidet der Leopard in sicherer Selbsteinschätzung jede Konfrontation mit den übrigen Großräubern, insbesondere mit Löwen und Hyänen. Deshalb entwickelte er wohl auch die erstaunliche Technik, geschlagenes Wild vor ungebetenen Mitessern hoch oben in der Astgabel eines Baumes zu verbergen.

›Poetry in motion‹

Um fünf Uhr brechen wir auf. Eine halbe Stunde später wollen wir im Schirm sitzen. Piet und ich gehen alleine. Bei diesem gerissenen Gegner ist einer schon zuviel!

Während der Fahrt hänge ich Gedanken an die vergangenen Safaritage nach – das lenkt ab! Während der Bure wortlos, vermutlich mit allen Varianten der kommenden Stunden beschäftigt, den Wagen steuert, muß ich fast schmunzeln. Wir passierten eben die Engstelle zwischen zwei Dickichten, wo vor zwei Tagen weder meine Frau noch ich einen Tropfen Blut gegeben hätten: Bei völliger Dunkelheit versperrte uns plötzlich eine stattliche Löwin den Weg. Sie stand wie angewurzelt im Scheinwerferlicht und kniff unangenehm berührt die Seher zu. Dann wendete sie in Zeitlupe ihr Haupt und verharrte auf dem Fleck, keine fünf Meter vom Wagen entfernt. Ich stand mit entsichertem Gewehr auf der Pritsche des Wagens, während meine Frau auf dem in diesem Fall gar nicht mehr so begehrenswerten offenen Beifahrersitz innerlich bereits fröstelte. Der Tracker, neben mir auf der Ladefläche, richtete krampfhaft seinen starken Handscheinwerfer auf die geschmeidige Lady. Als der Jeep auf sie langsam zurollte, bequemte sie sich höchst widerwillig zur Seite. Das markante Haupt und die bernsteinfarbenen Augen aufmerksam auf uns gerichtet, tat sie sich direkt am Wegrand nieder, knapp zwei Meter von meiner frei im abgetakelten Allrad sitzenden Frau entfernt. Das war mehr als ein Nervenkitzel! Das Benehmen der Löwin erschien höchst sonderbar! »Die hat eine Macke!«, sagte ich beim langsamen Vorbeirollen zu

Piet, insbesondere, nachdem die fahlgelbe Dame, obwohl sie Richard mit dem Lichtkegel kurzhielt, sogar noch gute zehn Fluchten dem Landrover nachsprang. Beim Frühstück erzählte dann einer der Boys, daß er in unserer Jeepspur den Tatzenabdruck eines ausgewachsenen Löwen, durchsetzt vom Getribble »of two fine cubs – von zwei ordentlichen Löwenbabies«, entdeckte. Wenn da gestern abend ein Mißverständnis aufgekommen wäre ...!

Unser Ansitz kann nicht aufregender werden, dachte ich, als Piet 300 Meter vom Schauplatz entfernt, anhielt. Zum letzten Mal verzog sich jeder hinter einen Baum, dann wurden die Waffen geladen – Piet steckte diesmal zwei Doppelnuller in seine Flinte –, das Abenteuer begann!

Vorsichtig näherten wir uns durch teilweise dichten Busch der Boma. Nur jetzt nichts vergrämen! Hoffentlich wird kein Wild hoch, schwirrt kein zeternder Vogel ab! Noch sticht eine gnadenlose Sonne auf uns herab. Es bewegt sich kein Lüftchen. Über dem Buschland lastet eine atemlose Stille. Gelegentlich wird die unheimliche Ruhe vom aufgeregt bellenden Schrei eines Pavians unterbrochen. Gilt das schon dem ›Würger‹? Ist der Leopard bereits im Anmarsch? Oder tritt ein, was Piet leise befürchtete: »Je früher am Tag der Kill angenommen wird, desto höher das Risiko, eine Leopardin anzutreffen!« Das ginge mir ab!

Der Sechser im Lotto! Im laublosen Geäst dieser trockenen Steineiche entdeckten wir den frischen Kill eines Leoparden. Jetzt war ›Feuer am Dach‹!

Völlig unbehelligt erreichen wir den Schirm. Im Handumdrehen bin ich eingerichtet. Das Fadenkreuz steht auf der Karkasse: Gentleman, dinner is ready!

Uns bleiben gute zwei Stunden Zeit. Später wird es kritisch mit dem Licht, ein Schuß gegen den dämmrigen Horizont zunehmend riskanter. Ich bin froh, mich für den Repetierer mit dem lichtstarken Zielfernrohr entschieden zu haben. Jetzt wollte ich es wissen. Schließlich besteht auch ein Jägerleben nicht nur aus aufregenden Illusionen!

Piet lag flach hinter mir auf einer Luftmatratze und döste vor sich hin. Ich hatte Zeit zum Sinnieren und ›Ohren steif halten‹.

Die Jagd war schon recht spannend. Richtig aufregend mußte sie erst noch werden! An Heldentum und Risiko hatte ich allerdings keinen Bedarf. Auch nicht an jener schneidigen Tollkühnheit, welche gelegentlich selbst bei großen Wildtötern groteske Blüten treibt. »Innerhalb von 10 Yards feuerte ich«, schreibt beispielsweise der sonst unanfechtbare Hunter über eine Leopardenjagd, wobei er die Zügel schießen läßt: »Die Kugel traf ihn recht gut zwischen den Augen. Er sank, ohne einen Laut von sich zu geben, zu Boden. Ein kleines Rauchwölkchen aus dem Einschuß der Kugel stieg in die kühle Morgenluft«. Old Shatterhand in Afrika!

Da erschreckt mich heftiges Paviangeschrei. Als alter Optimist lasse ich mich schnell überzeugen – andererseits bleibe ich skeptisch, um bei einem Fehlalarm nicht zu enttäuscht zu sein: Der gefleckte Schleicher hockt irgendwo versteckt in nächster Umgebung! Er horcht, wittert und kombiniert mit allen Sinnen, wobei er letztendlich nur seinen kalten Augen vertraut. Hoffentlich verläßt er rechtzeitig – lautlos und leichtfüßig, sich wiegend wie eine Primadonna – sein Versteck. Die geschmeidige Anmut eines ziehenden Leoparden wird von keinem anderem Wildtier erreicht. Das ist ›Poetry in motion! Zu Bewegung gewordene Poesie!‹, wie Smuts voll Bewunderung schreibt.

Sinnestäuschung, Hokuspokus?

Allmählich überzieht einschläfernde Abendstimmung den Busch. Im nahen Tambutibaum liefert sich eine Bande übermütiger Hornschnäbel eine letzte krächzende Verfolgungsjagd, und im nahen Sandbett der Donga hudern, keine zehn Meter von mir entfernt, unter dem aufreizenden Lockruf des Hahns, rebhuhngroße Frankoline. Die Hitze des Tages schwindet, die Stimmen der Natur kehren allmählich ins Lowveldt zurück. Nur um den abgestorbenen Leadbaum herum herrscht tödliche Stille. Jedes Geschöpf kennt den erbarmungslosen Besitzer der im Geäst baumelnden, von uns zufällig entdeckten Fracht! Da traut sich keiner ran!

Seit einer knappen Stunde verkrampft im wackeligen Campingstuhl hockend, wage ich nicht mal einen kurzen Check durch die Schießscharte. »Wenn sich dein Blick mit dem eines Leoparden kreuzt, verlierst du den Leoparden oder dein Leben«, sagen die Afrikaner und machen deutlich, daß der gefleckte Räuber die kleinste Bewegung mitbekommt: Ihn erblicken heißt, in der gleichen Sekunde innehalten, sonst ist alles vertan!

Hoch über uns, im wolkenlosen Azur, kreisen zwei mächtige Marshall-Adler. Ihr gellender Schrei verkündet, daß ihre Hochzeit bevorsteht und der Frühling bald dem Sommer weicht. Ich höre Piets leisen Atem und überlege allen Ernstes, was zu tun wäre, wenn er einschläft oder gar zu schnarchen beginnt. Im Gegensatz zu den Afrikanern, die felsenfest behaupten, daß das Schnarchen auf den übergeht, der einen solchen Ratzer weckt, würde ich nicht zögern, ihn zumindest mit einem Eukalyptus, welches ich stets gegen überraschenden Hustenreiz bei mir habe, zum Verstummen zu bringen. Andererseits nehme ich an, daß Piet ebenso aufgedreht ist wie ich, auch wenn er im Augenblick zum Statisten degradiert ist. Bei der Leopardenjagd ist die Mitwirkung des Guides, trotz der Gefährlichkeit des Wildes, nahezu immer auf Null reduziert. Ganz anders wie auf Büffel oder Elefant, wo lange vor der Jagd sogar die Frage des zweiten Schusses geklärt wird: Soll der Guide nach dem Schuß des Gastes sofort, erst nach dem Abdrehen des Großwildes oder überhaupt nicht hinterherschießen? Da dies eine Frage von Reaktion und Können, auch von Vernunft ist, läßt sich nur soviel sagen: Bei fehlender Erfahrung, dünnem Nervenkostüm und schlechtem Abkommen sollte der Jagdführer zumindest bei wehrhaftem Wild sofort den zweiten Schuß frei haben! Schließlich sind Nachsuchen auf Großwild keine erholsame Zerstreuung, sondern weit mehr eine Gefahr für Leib und Leben. Bei diesem Zusammenspiel darf es natürlich nicht so weit kommen, wie in der von Piet zum allgemeinen Gaudium erzählten Geschichte von früher, wo er wegen ungenauer Absprache, zusammen mit seinem Hilfsguide, den Büffel eines Jagdgastes eiskalt auf die Decke legte und sich erst nach der zaghaften Frage aus dem Hintergrund: »Und wann schieße ich?«, seines Gastes erinnerte.

In diese Schieflage geriet hier niemand. Ich hatte gerade wieder vorsichtig auf die Uhr gesehen – wir saßen jetzt knappe vierzig Minuten – als zwei-, dreimal leises Kratzen zu vernehmen war. Eine Sinnestäuschung, Hokuspokus? Da, jetzt wieder! Es wird doch nicht ... noch dazu am hellichten Nachmittag?! Behutsam, in Millimeterschüben, nähere ich mich der Schießscharte und wage einen ersten, zaghaften Blick. Mir steht das Herz still! Keine vierzig Meter vor mir auf dem Baum, in ganzer Länge breit ausgestreckt und wie ein Relief gegen den hellblauen Frühabendhimmel abgehoben, steht ein wuchtig gedrungener, kraftstrotzender Leopardenmann am Kill. Bei soviel Ebenmaß, Dynamik und Jägerglück blieb mir die Luft weg! Gut, daß ich in der Sekunde des ersten Erkennens sofort in meiner Bewegung erstarrte, sonst wäre schon alles vorbei gewesen! Fünf Zentimeter mehr in den Sehschlitz gerückt, hätte mich die Katze todsicher mitgekriegt und sich mit einem Hechtsprung blitzartig aus dem Baum empfohlen! Ich war für einen Augenblick überwältigt: Gibt es soviel Massel auf einmal?

Kaum hatte ich den Gefleckten am Baum erblickt, da drehte er mir auch schon ruckartig sein Gesicht zu und starrte mit weit aufgerissenen Sehern eine Ewigkeit lang, wie hypnotisierend, zu mir und auf die Boma herab. Mit zugekniffenen Augen beobachtete ich den argwöhnischen Gesellen einige Minuten lang. Keine Frage, er fühlte sich im taghellen Licht, noch dazu in dieser blatt- und deckungslosen Baumkrone, alles andere als wohl. Doch der Schlemmer schöpfte keinerlei Verdacht und begann zielstrebig mit seinem wüsten Gelage: Stehend, Breitleinwand!

Wie ein Sack Briketts

Jetzt oder nie! Irgendwo in der Ferne vernehme ich noch verschwommen den melancholisch traurigen Ruf des Burchell-Kuckucks, als der Repetierer unendlich langsam meine Backe berührt. »Achte auf den verdammt weichen Stecher!«, fährt es mir durch den Sinn, als das Fadenkreuz ins Blatt taucht. Ohne ein Gefühl der Erregung erfühlt der Zeigefinger den Abzug – der Schuß bricht! Ich habe selten so exakt und gleichzeitig so entschlossen fliegen lassen wie in diesem Augenblick. Der peitschende Knall zerreißt die Stille bis zum Horizont, während das rasante Blei seine Schuldigkeit tut. Noch im Schuß duckt sich der Leopard auf den Ast hin, krümmt sich wie gestaucht kurz zusammen und verharrt einen Atemzug lang starr und bewegungslos im Baum. Muß ich ihn zu guter Letzt heruntertragen?, fährt es mir überflüssigerweise durch den Sinn, als die Raubkatze mit einem kaum nachvollziehbaren Katapultsprung und einem kurzen, erstickten Gronen in die Tiefe stürzt. War das noch ein kraftvoller Sprung oder bereits der ersehnte Fall ins Nichts?

Der dumpfe Aufschlag des Muskelpakets erinnert an einen prallgefüllten Sack Briketts. Nach kurzem Rascheln herrscht Grabesstille. Piet, der im Schuß hoch wurde, will nach dem Aufprall des Räubers sogar hochwirbelnden Staub gesehen haben. Die Luft ist jetzt erfüllt vom bellenden Geschrei der aufgeschreckten Pavianbande: Jubel, daß es den Erzfeind erwischt hat? »Der liegt«, lacht Piet und überspielt meine Skepsis: Er meint, den Kugelschlag und das typische Aufschlagen eines leblosen, bereits toten Körpers gehört zu haben!

Um das letzte Tageslicht noch auszunutzen, holen wir eiligst den Wagen. Piet führt seine Schrotflinte, ich die vom Zielfernrohr befreite, entsicherte Mauser 66, eine Patrone im Lauf: Für einen zweiten Schuß bleibt so oder so keine Zeit!

Im offenen Jeep nähern wir uns im Kriechgang dem von hohem Gras und Goary-Busch umstandenen ›Leopardenbaum‹. Mich quälen erste Zweifel: Liegt er oder habe ich ihn zu guter Letzt doch noch angeflickt? Über- oder unterschossen? Hatte es die Katze aus dem Baum gerissen oder war sie noch selbst gesprungen? Ist jetzt bereits alles verpatzt? Hoffentlich finden wir am Anschuß keine Darmfetzen oder Panseninhalt sondern ordentlich Schweiß!, hoffe ich inständig.

Nur Jäger können diesen Kummer ermessen!

Die äußerst umsichtige Nachsuche um den Baum verläuft ergebnislos. Nichts! Kein Schweiß, kein gebrochener Zweig, nichts! Obwohl ich mich nicht gerade für ein Greenhorn halte, schnüren mir böse Vorahnungen jetzt fast die Kehle zu. Fest steht, daß sich die Raubkatze, da sie nicht verendet unter dem Baum liegt, noch auf und davon machen konnte. Bald darauf bekommt Piet ›kalte Füße‹. Jeder weitere Schritt, selbst im Schutz des Allrads, wäre Selbstmord. Das Risiko einer Attacke ist ihm jetzt zu hoch.

Rückzug! Bei der Heimfahrt im letzten Abendlicht beginnt die Marter wechselnder Selbstzweifel und hartnäckiger Zuversicht. Je mehr ich mich mit dem Schuß und seiner Wirkung befasse, desto skeptischer werde ich: Irgend etwas mußte ja bei so viel Glück am Schluß noch schiefgehen! Hätte ich nur mit der weniger rasanten .375er geschossen – trotz des schwächeren Glases!

Ärger über Ärger

Im Camp erwartete uns bereits offener Champagner. Der Koch hatte rein zufällig den Schuß gehört. Damit war für alle klar: Die Katze liegt! Nun, der Sekt kam wieder ins Kühlfach, das Abendessen schmeckte nicht und an Schlaf war nicht zu denken. Die Stunden wollten und wollten nicht vergehen. Lag der Leopard, lag er nicht? Hatte ich ihn angeflickt oder voll gefehlt? Wenn man wenigstens einen Anhaltspunkt hätte, quälte ich mich und hielt mich an Ruarks Professional Brian, wonach solche Gedanken einen angeschossenen Leoparden auch nicht mehr aus dem Busch locken! »Diese Biester sind verdammt zäh«, schreibt Ruark in ähnlicher Lage: »Er ist krank, verwundet und rasend. Er wird leiden, bis er von den Hyänen lebend aufgefressen wird. Und es besteht immer noch die entfernte Möglichkeit, daß er nicht schwer verwundet ist und sich soweit wieder erholt, daß er den nächstbesten Eingeborenen, der ihm über den Weg läuft, reißt, oder, noch schlimmer: er ist so gelähmt, daß er zum gewohnheitsmäßigen Menschenfresser wird. Und abgesehen von jedem humanitären Gesichtspunkt: Das Wilddepartement würde uns verdammt schief ansehen, wenn wir angeschossene, gefährliche Tiere in der Gegend herumlaufen ließen«.

Ärger über Ärger, und alles gar nicht so abwegig! Schließlich berichtet auch Roosevelt von einem vorher verwundeten »man-eating leopard«, der am helllichten Tage insgesamt sieben kleine Jungen, welche ihre Herden hüteten, tötete, ehe er von zwei mit Speeren bewaffneten Männern in die ewigen Jagdgründe befördert wurde.

Bei Morgengrauen war ich gerichtet: Kein Held, aber zu allem entschlossen! Ich hatte mich, was ich während der Jagd nie tue, sogar rasiert. Es klang etwas makaber – entsprang jedoch eher vordergründiger Koketterie –, als ich meiner Frau auf ihren fragenden Blick hin zu verstehen gab, daß ich mich im Hospital ungern schlecht rasiert von einer feschen Nurse behandeln lassen möchte.

Im ersten Tageslicht begaben wir uns mit dem erfahrenen Tracker Lessington, der mich mit einem aufmunternden »He is dead, for sure!« begrüßte, auf den Weg. Gerade er, der bei seiner Spurensuche zwei Meter vor uns das Hauptrisiko trug, war voll aufgeräumter Begeisterung. Eingeborene sind bei diesem gefährlichen Geschäft von fast kindlichem Zutrauen, sofern man sie gelten läßt, sie am Jagdgeschehen beteiligt und sich ihrer auch sonst etwas annimmt – was nicht überall gerne gesehen wird. Mit von der Partie sind die drei kleinen Terrier, die uns vor einem möglichen Leopardenangriff warnen sollen, sowie meine Frau und Heinz. Die beiden wollten unbedingt mit. Völlig klar, daß sie am Wagen zurückbleiben. »Wenn ihr in einer Stunde mit der Katze zurück seid, erreichen wir noch das Flugzeug«, meint Heinz optimistisch. Schön wär's!, dachte ich voll innerer Zweifel.
»Let's go!«. Piet ist kurz angebunden, und wie ich darauf aus, die Geschichte rasch hinter sich zu bringen. So oder so!
Im Dreieck gestaffelt, Lessington »mit tiefer Nase« voraus, pirschen wir am Schirm vorbei, auf den Köderbaum zu. Die Morgensonne leuchtet inzwischen voll in den Busch. Ein heißer Tag – in jeder Hinsicht! Im Augenblick kann ich der alten afrikanischen Weisheit »Wenn du Furcht hast, dann fürchte den Menschen, Tiere gehen vorbei«, nicht sonderlich viel abgewinnen. Säßen wir statt in einer ›Boma‹, in einem ›Machan‹, in einem Baumsitz, und wären wir nicht einem vielleicht todkranken Leoparden hinterher, würde das wohl zutreffen. Angespannt, voll fiebriger Gedanken und schwankender Gefühle, nähern wir uns dem Anschuß: Mit diesem Gegner spaßt keiner, schon gar nicht der Profi Piet. Im Busch hat die Raubkatze jeden Vorteil auf ihrer Seite. Der geringste Fehler, eine kleine Unachtsamkeit, und die Katastrophe ist da! Die teuflisch schnelle Katze weiß genau, wer ihr ans Fell will und beherrscht das Spiel vom Jäger und Gejagten wie keine andere Kreatur: Das Finale läuft! Wir stehen unter einer Spannung, die sich nicht mehr steigern läßt. Alle Sinne sind auf die einzige Alternative konzentriert: Entweder er oder ich! Völlig klar, daß ich mich heute morgen nicht, wie vom Gesetz eigentlich verlangt, bequem in den Zuschauerraum zurückziehe und dem Jagdführer und seinem Tracker die Kastanien aus dem Feuer holen lasse. Es ist mein Leopard! Es war ganz alleine mein Schuß! »Die Tat erzeugt die Verantwortung«, so Elazar Benyoez, »die Verantwortung die Pflicht«. Also!

Der Tracker wuchtete sich die Sechzig-Kilo-Beute begeistert auf die Schulter. Sie war auch sein Verdienst!

Wo sitzt die Kugel?

Wie befürchtet, finden wir am Baum und in seiner nächsten Umgebung erneut keinen Deut eines Haares oder eines Schweißtropfens. Akribisch, wie die Spurensicherung der Kripo, suchen wir in Zentimeterarbeit nach einem Fingerzeig. Die drei quirligen Kläffer, auf der Farm die tollkühnsten Gesellen, geben keinen Laut von sich, gehen uns nicht mehr von den Füßen. Sie spüren die ungeheure, vielleicht schon in allernächster Nähe lauernde Gefahr. Der Spurenleser, jetzt höchstens noch eineinhalb Meter vor uns, wirkt so ernst und gefaßt, als wäre er auf dem Weg zum elektrischen Stuhl. Da! Endlich findet er erste, tiefe Eingriffe. Er bringt uns trotzdem nur schrittweise voran. Nach zehn Minuten haben sich die Nerven beruhigt. Es überkommt mich eine Art gefaßter Selbstsicherheit. Bekanntlich ist ›kecker Mut der beste Harnisch‹.
Wie immer wieder befürchtet, mündet die Spur in eine schier undurchdringliche Dickung. Dort finden wir, nach inzwischen immerhin gut vierzig Metern Flucht, auf einem verwelkten Blatt endlich einen ersten, dunkel angetrockneten Tropfen Schweiß. Also doch nicht gefehlt!
Nun ist erst recht Feuer am Dach! Wo sitzt die Kugel? Wie stark ist die Verwundung? Ich registriere

Jetzt war die Welt wieder in Ordnung! Die schlimmsten Befürchtungen hatten sich gottlob nicht erfüllt!

54

Kaum einen halben Kilometer vom Tümpel entfernt, hatten wir den alten Schleicher, noch dazu bei hellem Tageslicht, endlich überlistet!

kaum den mittlerweile um uns erwachten Morgen. Mich interessiert nur Lessington, der wie ein Bluthund, die Augen am Boden, gelegentlich auf die Baumkronen geheftet, systematisch weitersucht und kurz darauf erneut fündig wird. Am Stamm einer kleinen Akazie findet sich eine ellenlange, verschmierte Schweißspur. Offensichtlich war der Leopard mit voller Breitseite gegen dieses Hindernis getaumelt. Jetzt schwinden die letzten Zweifel. Das ist die Wende! Trotzdem läßt unsere Konzentration keine Sekunde nach. Die vor Schmerz rasende Raubkatze kann immer noch irgendwo im Busch auf Rache sinnen.

Plötzlich – mir scheint, wir haben für die nächsten 50 Schritt Stunden gebraucht – deutet Lessington mit breitem, erlöstem Grinsen lässig in ein lichtes Akaziengestrüpp. Dort liegt im Halbschatten mein Leopard! Langgestreckt auf dem Ausschuß, so als räkle er sich faul in der Sonne.

Und der Schuß? Nun, die schräg von unten plazierte Kugel hatte ihm Herz und Lunge durchbohrt. Das für eine Katzenjagd nur mäßig geeignete, weil viel zu schnelle Geschoß, kostete uns jedenfalls eine böse, schlaflose Nacht! Der Leopard war bereits im Knall tödlich getroffen, doch bekanntlich haben Katzen sieben Leben! Schweigend und von tausend Sorgen befreit, betrachtete ich das dichte, mit schwarzen Rosetten besetzte Fell, die auffällig weiße Bauchdecke und die als Signal hell leuchtende Unterseite des Rutenendes. Gottseidank hatte sich keiner der streunenden Nachträuber an diesem Juwel vergriffen. Ein Wunder! Nicht auszudenken, wenn eine Meute Wildhunde oder eine gefräßige Hyäne den Leoparden entdeckt und ihn zerrissen hätte!

Nur einmal im Leben

Das vor vielen Stunden verendete Wild war so vor Kälte starr, daß wir es – ehe der Tracker die zentnerschwere Beute auf die Schultern wuchtete – aufgerichtet, ohne Mühe vermessen konnten: zwei Meter fünfzig, von Nase bis Rutenende. Gut ein Drittel davon entfiel auf die ›Balance-Stange‹, den Schweif des Kletterers.

Der Afrikaner trug anschließend die langsam aus der Erstarrung sich lösende Beute mit solch verhaltenem Stolz und einem so eigenartig entrückten Lächeln auf der Schulter durch den Busch, daß man meinen konnte, wir Weiße wären bei dieser Jagd nur Zaungäste gewesen. Es schien, als bewegte sich der Afrikaner im Zauber uralter Stammesriten, angetrieben durch den rhythmischen Schlag geheimnisvoller, dumpfer Trommeln. Bei jeder Rast suchte ich den Blick der gelben, unergründbar rätselhaften Augen des gefleckten Jägers, befühlte seine samtigen Tatzen und die gefürchteten, messerscharfen Krallen. Der von drahtigen Schnurrhaaren geschmückte, auch im Tod gefletschte, halb offene Fang mit den entblößten Zahndolchen umgab die Raubkatze selbst jetzt noch mit jener beklemmenden Aura, die sie zum respektiertesten und gefährlichsten Wildtier werden ließ. Für mich wurde in diesem Augenblick klar, daß man diesem einzigartigen Geschöpf nur einmal in einem ehrlichen Jägerleben nachstellen darf!

Und plötzlich vernahm ich wieder das Jubilieren der Vögel, spürte den Pulsschlag der Wildnis und gewahrte allerorten den nahen Frühling. Ein Festtag!

Angesichts dieses prächtigen Warzenkeilers gilt das Dichterwort: »Dich will ich loben, Häßliches, Du hast so was Verläßliches«.

Auslandsjagd ist vor allem Tapetenwechsel. In der Wildnis Sandringhams wird Gastlichkeit groß geschrieben.

Endlich hatte ich, mit viel Geduld und Vernunft, den gerissenen Jäger überlistet. Bei dieser rundum ›sauberen Jagd‹ war für Sentimentalität oder heimliche Abbitte kein Platz. Auch deshalb nicht, weil wir uns an die unabänderlichen, auch von diesem Schwerenöter beachteten Regeln gehalten hatten: Ans ewige ›Kommen und Gehen‹ und an die harte Devise ›Er oder Du‹. Das war ganz im Sinne seiner ureigensten Gesetze! Ein neuer Einzeljäger wird ihm folgen, und dessen drohendes, nächtliches Grollen wird, wie seit Jahrtausenden – und hoffentlich bis in die ferne Zukunft hinein! – erneut Angst und Respekt in Busch und Savanne verbreiten.

Zwei Stunden später saßen wir tatsächlich im Flugzeug. Die kleine Propellermaschine gewann schnell an Höhe. Das große Blätterdach des Lowveldt schloß sich unter uns wie ein unendliches Buch, das einen kurzen Blick in seine Geheimnisse gestattet hatte. Eines davon hatte ich ihm im allerletzten Augenblick entreißen können!

Wo der neue Mond der Vater ist

Kaum habe ich aufgeregt »Da! Ein zweiter Bock!« geflüstert, als ein dritter und vierter ›Sibirier‹ die Bühne betraten. »Sain ewer! Sehr stark!«, lächelt der Mongole Shagdar aufmunternd.

59

Seit über einer halben Stunde kläffen die scheckigen Wolfsbastarde in die dunkle Taiganacht hinaus. Vermutlich kommen die Jäger, zwei Amerikaner und deren mongolische Begleiter, zurück. Alles was laufen kann erwartet sie am Fluß, wo bald darauf fünf kleine, temperamentvolle Mongolenpferde mit schaukelnder Last, halbschräg gegen die Strömung, die teils brusttiefe Flut durchqueren. Auf dem mitgeführten Packpferd thronen zwei klotzige Maralgeweihe: armdicke, sechsendige Stangen, knuffig, weit ausladend, mindestens 15 Kilo schwer. Die Heimkehrer steigen aufgekratzt von ihren Gäulen und wissen, was sie sich draußen in der nun gänzlich von Nacht verhüllten Bergtaiga erkämpft haben. »Sain ewer, maral bug! – Starke Trophäen!«, gratulieren die Jagdführer. Die alte mongolische Zeitrechnung, welche das Leben nach überliefertem Mondkalender und dessen Phasen organisiert, hatte sich heute für die fremden Jäger wahrlich erfüllt: »1991, das Jahr des Schafes, wird höchst angenehm!«

Elk, Maral oder Wapiti

Während man die beiden Alaskaner begeistert feiert, wünsche ich mir in Anbetracht meiner knapp gewordenen Zeit, daß der alte Nomadenkalender, welcher dem zwölften einst einen dreizehnten Monat hinzufügte, noch Geltung besäße: Dann könnte ich nach der Pechsträhne der letzten zehn Tage eine weitere Woche Jagd in diesem Klasserevier dranhängen. Immerhin berichteten die beiden Amerikaner, daß sie bei ihren Pirschritten während der letzten Tage mindestens 50 Hirsche schreien hörten und fast die Hälfte davon im Anblick hatten. »Diese Häufung von reifen Elks«, so der Mittsechziger Bob aus Anchorage, der den amerikanischen Wapiti mit dem asiatischen Maral gleichsetzt und beide – trotz unterschiedlicher wissenschaftlicher Bezeichnung – einfach als ›Elk‹ bezeichnet, »findest Du bei uns weder in Montana noch sonstwo.«
Entsprechend aufgeheizt vom Erfolg der beiden Maraljäger und ihrer Begeisterung über die ›marvelous 6 by 6 horns‹, verließ ich gegen Mitternacht die kleine Bier- und ›Elk-party‹. Die anschließende Vermessung, erbrachte für beide Geweihe dann auch einen Platz ›high up in the book‹.
Durch eine frische, für Ende September jedoch erträgliche, sternenklare Nacht, stapfte ich zu meiner Jurte. Man hatte mir, da ich völlig unvorhergesehen in ein ausgebuchtes, besetztes Camp schneite, für zwei Nächte ein Notlager im Küchenzelt angedient. Eingekeilt zwischen Säcken voll Kartoffeln und Kraut, inmitten gefüllter Gasflaschen, Bergen von Töpfen, Gerätschaften und Lebensmitteln, teilte ich mir die Nobelherberge mit den beiden Köchinnen Ejambaa und Dolshin. Notgedrungen. Für sie, vertraut mit dem Zusammenleben von ›Kind und Kegel‹ in diesen bequemen, für das nomadische Dasein ungemein zweckmäßigen Rundzelten – die sie ›Ger‹ nennen –, war meine überraschende Gesellschaft keineswegs störend. Bei völliger Dunkelheit tastete ich mich durch die, wie ein Lagerschuppen überfüllte Jurte ins Bett.

Das ›Wohnmobil‹ Asiens

Gottlob erklärte mir Nara, der Dolmetscher, erst am nächsten Morgen, daß sich ein Mann bei Betreten einer Jurte schnurstracks in deren westlichen Bereich, welcher unter dem Schutz des Himmels steht, zu begeben habe. Anders als eine Frau, die grundsätzlich den östlichen Teil, der unter dem Patronat der Sonne steht, aufzusuchen hat. Da mein offensichtlicher Verstoß gegen Tradition und Benimm die beiden Damen nicht bekümmerte, kam ich unbehelligt in meinem Schlafsack. Verständnis für den Fremden und grenzenlose Gastfreundschaft sind seit eh und je Wesenszüge der nomadischen, auf gegenseitige Hilfe angewiesenen Völker.
Nähert man sich allerdings als Unbekannter einem dieser etwa 20 Quadratmeter großen Rundzelte, so klopft man nicht einfach mit der Frage »Darf ich eintreten?« an die Türe, sondern ruft besser schon von weitem: »Nochhoui chor! – Halte die Hunde zurück!«
Die Jurte ist seit frühester Zeit das ›Wohnmobil‹ Asiens. Man weiß, wie komfortabel es sich in diesen, von hölzernem Stangenrahmen getragenen, früher mit Leder oder Tuch, vor allem mit Filz und Yakhaar verkleideten Kuppelzelten leben läßt. Keines der heutigen, supermodernen Expeditionszelte kommt in bezug auf Widerstandsfähigkeit gegen Sturm und Kälte, Hitze und Regen an diese für das nomadische Leben entwickelte, jahrtausendealte Behausung heran. Dies ist wohl auch der Grund für deren Siegeszug durch ganz Asien. Heutzutage wird selbst die von Landflucht in den Großstädten ausgelöste

Die Jurte, das bequeme Nomadenzelt Zentralasiens, lindert, wie hier um Ulan Bator, inzwischen auch die große Wohnungsnot der mongolischen Städte.

Wohnungsnot durch endlose Jurtensiedlungen, die sich beispielsweise um die Hauptstadt Ulan Bator wie ein Würgering legen, gemildert.

Erstes Wissen über die Jurte brachte der flandrische Mönch Wilhelm von Robruck nach Europa, der im 13. Jahrhundert, etwa 50 Jahre vor Marco Polo, Asien und die Mongolei besuchte. Er berichtete, daß die Fürsten sogar fahrbare, auf riesige Plattformen gebaute Jurten bewohnten, die auf 6x5 Meter großen, vierrädrigen Karren standen, welche von über 20 Ochsen gezogen wurden.

Mir jedenfalls war mein provisorisches Jurtenlager höchst angenehm. Trotz des Gequassels ständig aufkreuzender Besucher blieb genügend Muße, mich mit den zurückliegenden, von argem Pech verfolgten Tagen zu beschäftigen.

Ich war erst gestern, nach fünf Tagen Odyssee, hier am Baltsch gelandet. Der Fluß führt, keine 80 Kilometer von der südsibirischen Grenze Rußlands entfernt, in den dorthin fließenden Onon, an dessen Ufern der große Dschingis Khan geboren und aufgewachsen, vor allem bestattet sein soll. Was Wunder, daß der würdevolle Camp-Manager Shagdarsuren gleich bei der Begrüßung erwähnte, daß im Jahre 1162 n.Chr., keine 30 Kilometer von hier, der größte aller Mongolen zur Welt kam. Von ihm erfuhr ich auch, daß ein japanisches Archäologenteam, gemeinsam mit einem mongolischen Gelehrten, im nordwestlichen Changai-Gebirge nach den Spuren des Grabes und des unterirdischen Palastes Dschingis Khans sucht, während Peking hartnäckig behauptet, das Grab befinde sich innerhalb seiner Grenzen, in der Provinz Shanxi.

Hirsch oder Rehbock? Bogen oder Gewehr?

Gleichzeitig mit mir trieb sich unter einem frühherbstlichen Himmel, dessen erste Fröste die vorwiegend mit Lärchen und Birken bedeckte Bergtaiga gerade in eine goldleuchtende ›Indiansummer‹- Landschaft verwandelten, ein hochmotiviertes Jägervölkchen aus dem ›Land der unbegrenzten Möglichkeiten‹ herum. Ab Mitte September, bis hinein in die ersten beiden Oktoberwochen, pilgert seit Jahren eine illustre Schar von Grünröcken aus Europa und den USA – seit neuestem teilweise per Direktflug über Peking und von dort mit einer 30- bis 40-stündigen Bahnfahrt nach Ulan Bator – zur Maralbrunft in die Mongolei.

Vermutlich liegt es im Wesen eines deutschen Jägers, daß er sich bis zum Schluß nicht klar werden kann, welches Wild – Maral oder Sibirischer Rehbock – auf seiner Wunschliste eigentlich ganz oben steht. Wankelmütig und voll Zweifel überließ auch ich die Entscheidung dem Zufall!

Im übrigen war ich besser gewappnet als die zwei sympathischen Amerikaner, die unermüdlich mit ihren hochentwickelten Bogen unterwegs waren. Sie

hatten sich viel vorgenommen und – zum Leidwesen der Guides – nichts erreicht. Obwohl sie das symbolträchtige Land des alten Hunnu-Herrschers Tumen, eines großen Bogenprofis, durchstreiften, der bekanntlich die berühmten pfeifenden Pfeile bauen ließ – denen er während einer Jagd durch die Hand seines Sohnes 209 v.Chr. schließlich selbst zum Opfer fiel – ging die Premiere der beiden gründlich daneben. Trotz ihrer ausgefuchsten Stahlbogen und messerscharfen Pfeile!

Bis auf sichere 30 Meter an einen Maral – umstanden von aufmerksamem Kahlwild – heranzuschleichen, ist nur schwer möglich, und 70 bis 80 Meter Schußentfernung sind eben arg weit.

Persönlich verlasse ich mich lieber auf mein einläufiges 7x64R Kipplaufgewehr und das brave 11,2 Gramm Kupferhohlspitzgeschoß. Ich hatte die schnell zerlegbare und unauffällig im Kleiderkoffer mitzuführende Waffe diesmal auch wegen der risikoreichen Frachtstrecke München – Frankfurt – Moskau – Ulan Bator gewählt. Vorsichtshalber, um später nicht doch durch einen blanken Lauf schauen zu müssen, verteilte ich die Munition auf drei Gepäckstücke. Gottseidank blieb mir, im Gegensatz zu manch anderem Grünrock, auch diesmal erspart, in Ulan Bator auf irgendwo hängengebliebene Ausrüstung warten zu müssen. Gerade in den GUS-Staaten besteht heute die Gefahr.

Jagd mit Zukunft

Ebenso erregend wie die große Vergangenheit sind die augenblicklich gewaltigen wirtschaftlichen und gesellschaftlichen Umwälzungen in der Mongolei. Abgenabelt von der 70jährigen, wirtschaftlich-gesellschaftlichen Bevormundung und pseudoindustriellen Modernisierung durch die UdSSR, befreit von der inzwischen gescheiterten Ideologie der Herren Lenin, Marx und Konsorten, geht das 2,5-Millionen-Volk des Jahres 1991 jetzt einen eigenen, verständlicherweise etwas holprigen marktwirtschaftlichen Weg. Dabei erinnert es sich seiner großen Vergangenheit – schließlich saßen mongolische Herrscher über 100 Jahre lang sogar auf dem Kaiserthron des ›Reichs der Mitte‹ –, und versucht die richtigen Lehren aus den verheerenden ökonomischen Fehlern zu ziehen. Man schwört inzwischen auf Markt und Privateigentum und versucht die totale Abhängigkeit von den großen Nachbarn Rußland und China zu überwinden.

Auch der seit 1968 staatliche Jagdtourismus rüstet sich für die Zukunft. Gemäß den Studien der Akademie der Wissenschaften durchzogen im Jahr 1986 52000 Argali, 80000 Sibirische Steinböcke, 5000 Bären, 126500 Maralhirsche, 66000 Sibirische Rehböcke und 47100 Schwarzschwanz-Gazellen dieses

Freiheit 1991. Protest im Zentrum Ulan Bators. »Kann man der Regierung trauen?«, wird in einem Land gefragt, das als »Bettler auf dem goldenen Berg« versucht, seine schwer nutzbaren Bodenschätze selbst zu vermarkten.

Land, welches viermal so groß wie Deutschland ist. Erstaunlich die relativ geringe, kaum ins Gewicht fallende, jährliche Abschöpfung durch ausländische Jagdgäste. In dem Dutzend Jagdcamps des Veranstalters Zhuulchin, – das ehemalige Staatsunternehmen erhielt inzwischen private Konkurrenz – wo etwa 40 Jagdführer und Dolmetscher die zu 65 % aus den USA und zu 35 % aus Europa stammenden Auslandsjäger betreuen, wird offiziell die durchschnittliche Jahresstrecke erzielt: etwa 55 Argali und 150 Steinböcke, um die 250 Maralhirsche und etwa 10 Sibirische Rehböcke sowie 1 (!) Braunbär und ca. 10 Schwarzschwanz-Gazellen. Bestandsgefährdender ist die Wilderei!

Da Jagdmanagement, selektive Bejagung, Erfolgsquote und Preispolitik von Zhuulchin bisher – ausgenommen die begehrten Argali, die zunehmend geschont werden müssen – einigermaßen marktgerecht waren, braucht man sich um die Zukunft dieses wichtigen Devisenbringers keine Sorgen zu machen – sofern die Verantwortlichen nicht übermütig werden! Was nicht auszuschließen ist!

Nun, ich war wieder mal in Ulan Bator gewesen und jede Stunde Rumhocken wurde mir zur Qual. Dichter Nieselregen, tiefhängende Wolken und schmucklose, von geschäftigen Menschen gefüllte Straßen legen sich schnell aufs Gemüt eines Jägers. Der Smog über der Stadt ist seit meinem letzten Besuch dichter, die Stadt kaum sauberer geworden. Vor dem knapp vollendeten, jetzt mit Bretterzaun umgebenen Kolossalbau neben dem Hotel – das sollte das neue Prunkgebäude der kommunistischen Partei werden, welche die Mongolei als erstes nichtrussisches Land bereits 1921 in die Arme der Sowjets trieb – weidet mutterseelenallein eine ausgemergelte Kuh. Rückständiges und Modernität liegen noch immer hauchdünn nebeneinander, die Menschen sind gottlob dieselben geblieben.

Man begrüßt sich mit Handschlag, und am Straßenrand erzählen sich Mädchen und Burschen kichernd die letzten Neuigkeiten. Überall vernimmt man aufgeregtes Getratsche. Dabei pressen die Mongolen ihre von Zisch- und Klicklauten bestimmte Sprache oft mit solch angestrengter Hast hervor, daß man meint, sie geraten außer Atem. Das Gefauche erinnert mich ständig an das »Tschibtschui« des balzenden Birkhahns!

Holpriger Start

Aufschlußreich sind vor allem Begegnungen mit der jüngeren Generation. Sie hungert förmlich nach Arbeit und geschäftlichem Erfolg. ›Business‹ ist ein magisches Wort! Wie überall in Osteuropa, liegt in

Ohne die robusten, kleinen Pferde ist Jagderfolg in diesem Steppenland, wo es zehnmal soviel Schafe, Rinder, Pferde und Ziegen wie Menschen gibt, kaum möglich.

dieser Jugend ein riesiges, bisher ungenutztes und hoch motiviertes Zukunftspotential! Ganz im Gegensatz zu den von ihren riesigen Herden und durch den allgemeinen Tauschhandel bestens versorgten Nomaden – deren Kinder besuchen durchwegs teure Schulen! –, welche sich allen wirtschaftlichen und sozialen Veränderungen widersetzen. Sie boykottieren jede umfassende Vermarktung ihrer wertvollen, als Mangelprodukte geltenden Erzeugnisse. Obwohl die Mongolei etwa 25 Millionen Weidetiere, insbesondere Schafe, Yaks und Rinder besitzt, herrscht in der 650000-Einwohner-Stadt Ulan Bator permanent Fleischmangel. Molkereiprodukte wie Butter, Käse und Milch sind überhaupt nicht zu haben. Hier liegt ein erstes und wichtiges Feld für die allmählich anlaufende Wirtschaftsreform des Landes, in dem wegen Absatz-, Rohstoff- und Devisenmangel bereits Dutzende Fabriken geschlossen und die 13, bisher von den Russen betriebenen Uranerz-Gruben stillgelegt wurden.

Bezeichnend für die Übergangsstimmung ist, daß der am nächsten Tag seit 40 Jahren erste Besuch des Dalai Lama in Ulan Bator auch bei der Bevölkerung kaum Resonanz findet. Und dies, obwohl die Mongolei als uraltes buddhistisches Kulturland gilt. Hauptursache ist, daß in den 30er Jahren der Einfluß der Religion unter dem Stalinvasallen Scheubarsan brutal beseitigt wurde. Bereits im Mai 1938 waren 724 der 767 Klöster und über 5000 Tempel und Pagoden endgültig dem Erdboden gleichgemacht. Schlimm, da diese vielhundertjährige Architekturleistung von einem Nomadenvolk vollbracht worden war! Sicherlich wird die im Herbst 1991 verabschiedete Verfassung – bereits unter Dschingis Khan ›Jassa‹ genannt – Demokratie, Menschenrechte und Privateigentum garantieren und damit ein wichtiger Schritt zur Vergangenheitsbewältigung werden. Ich halte die Daumen!

Am zweiten Tag verließ ich mit dem Dolmetscher Ulan Bator, dessen Partnerstadt übrigens Ost-Berlin war! Für den aufgeschlossenen Nara ist Ulan Bator nach wie vor die Stadt des ›Baichgui‹ – Das gibt es nicht! und des ›Margaasch‹ – Vielleicht morgen!‹. In einer vorsintflutlichen, heillos überfüllten Antonov-24 ging es, nach einigen Stunden Warterei auf dem Flugplatz, Richtung Norden. In diesem 1,56 Mio. qkm großen, mit 2,5 Mio. Menschen äußerst dünnbesiedelten Land, bei 40 % Gebirge, 10 % Wald und nur 1300 Kilometern Asphaltstraßen, ist das Flugzeug meist die einzige Verbindung zwischen der Hauptstadt und den 18 ›Aimacs‹ (Provinzen).

Mit von der Partie ist ein italienischer Jäger mit seiner beherzten Frau. Da sich kurz vor dem Einsteigen ein hutzeliger Nomade, keine drei Meter von unserem gerade auftankenden Flugzeug entfernt, seelenruhig mit einem Streichholz sein Pfeifchen anzündete, gaben wir kurzfristig Fersengeld.

Als wir endlich entlang des großen Schienenstranges flogen, der östlich des Baikalsees, nahe des russischen Ulan Ude, die Transsibirische Eisenbahnlinie verläßt und auf einer Nebenstrecke über Ulan Bator nach Peking führt, überkam mich – eingemauert zwischen Hirten und Soldaten, Händlern und Kindern, – eine Art asiatischer Gelassenheit. Vor allem freute ich mich auf die vom Veranstalter versprochene, ›hervorragend organisierte Jagd‹.

Die erste Woche – sie ging voll in die Hose! – verlief ganz nach Wilhelm Busch: »Bemüh' dich nur und sei hübsch froh, der Ärger kommt schon sowieso«. Die Reise war von zu Hause aus bestens vorbereitet, auch der Termin paßte: Schließlich kam die Maralbrunft, jetzt Mitte September, erst richtig in Gang und die Sibirischen Rehböcke waren vom anstrengenden Minnedienst, der Mitte August seinen Höhepunkt hatte, wieder etwas erholt. Was sollte da schief gehen?

Die schnelle Mark

Nun, es ging alles schief, obwohl der italienische Jagdfreund und ich in ein ›heuer erstmals für Ausländer freigegebenes Revier‹ unterwegs waren. Wir erreichten die Kreisstadt Muran – ein gesichtsloses Nest, zuständig für das 10000 qkm Jagdgebiet – nach zehnstündiger, grauenvoller Schlaglochfahrt. Dabei überquerten wir mehrere Flüsse und tasteten uns über schaukelnde, aus rohen Stämmen gezimmerte, von schweren Hochwassern angeschlagene und für jeden Verkehr längst gesperrte Brücken. Mehr als einmal standen wir ratlos vor einer sich einfach teilenden Weggabelung. Nach etlichen Irrfahrten erreichten wir gegen Mitternacht eine stockdunkle, trostlose Siedlung, wo wir uns zu einer ›Hotelbaracke‹ durchfragten. Die einzigartige Natur, herrliche Laubwälder, Flußläufe und Wiesen, bedeckt von Teppichen silbrig glänzender Edelweiß, hatten wir nur so nebenbei erfaßt; zu mehr reichte, alleine wegen der katastrophalen Wegverhältnisse, nicht unsere Kraft. Auffällig war, daß während der zehnstündigen Über-Stock-und-Stein-Fahrt,

Die Pirsch auf den in der Regel zwölfendigen Maral zählt, besonders während der Brunft im September, zu den großen Erlebnissen im Reich des Dschingis Khan.

Eigentlich gesperrt! Oft dauert es eine ganze Tagesreise bis man auf abenteuerlichen Wegen sein Jagdrevier erreicht.

außer einigen Karnickeln, ein paar Raben und Greifvögeln, uns kein Stück Wild begegnete. Hier wird schwer gewildert!, dachte ich, sagte zunächst aber nichts.

Die für die Jagd in dieser Region Verantwortlichen mußten das Jagddepartement in Ulan Bator mit einem gewaltigen Schmus über viel Wild und bester Organisation überrumpelt haben! Sonst hätte man uns nie und nimmer hierher geschickt. Die Gauner hatten nur die schnelle Mark im Auge.

Nach eineinhalb Tagen waren sie und ihre Reviere dann auch voll entlarvt! Es gab keine Spuren, weder Fährten noch Losung, nur einige alte Schälschäden und etwas Verbiß. Stattdessen trafen wir mehrfach einheimische Jäger, hoch zu Roß, die Puschka geschultert! Kein Wunder, daß wir weder auf Kahlwild stießen, noch den Ansatz eines Brunftschreis vernahmen. Hier wurde bös' gewildert!

Als ich die auf Heller und Pfennig bezahlte Jagd daraufhin abbrach, gab es lange Funktionärsgesichter, faule Ausreden und verlogene Argumente. Gottlob war, mit meiner Unterstützung, der jagderfahrene Italiener gleich am ersten Tag in ein anderes Revier gewechselt, wo er am vierten Tag einen kapitalen Maral streckte. Der wurde bei unserem Wiedersehen in Ulan Bator auch gebührend begossen!

Kurz vor der Abfahrt las ich den superschlauen ›Jagdmanagern‹ noch gehörig die Leviten und schwor, ihren Bluff in Ulan Bator hoch aufzuhängen. Dort flogen sie dann auch prompt aus dem internationalen Jagdangebot.

Schlimm, wenn nach bestem Wissen vermittelte Jagdgäste in solche Reviere geraten, wo sie, trotz besserer Einsicht, nicht sofort rabiat werden und auf Abhilfe dringen, sondern sich ihre wertvolle Urlaubszeit verhunzen lassen. Natürlich ist jede Jagd mit Risiken und Unwägbarkeiten behaftet, insbesondere im fernen Asien! Klar ist außerdem, daß keine noch so ausgeklügelte Vereinbarung ein Freibrief auf Erfolg sein kann. Jede Auslandsjagdreise – immer auch eine kleine Expedition ins Unbekannte – steht, trotz solidester Vorbereitung, auf dünnem Eis: Neben menschlichen und jägerischen Schwächen und Stärken des Jagdführers und des Gastes, spielen unwägbares Wetter, Wildbestand, Ausrüstung und Organisation, vor allem aber das Verhalten des Wildes eine Rolle. Die Schwierigkeit des Jagdtourismus ist – darin liegt seine Ausnahmestellung gegenüber jedem anderen ›Geschäft‹ –, daß ›Produkt‹ und Service-Leistungen vorab bezahlt werden müssen, obwohl sie weder ›bereitgestellt‹ noch ›geliefert‹ werden können, und niemand deren ›Qualität‹, weder den ›Liefertermin‹ noch den ›Erfüllungsort‹ genau kennt. Letztlich bestimmen weder Jäger, noch Agentur oder Veranstalter den Verlauf einer Jagd, sondern einzig und allein das Wild in seiner ganzen, vom Jäger eigentlich gewünschten Unberechenbarkeit.

Die liebe Reputation

Diese Überlegungen sind nicht neu. Kritisch wird es erst bei jagdlichem Mißerfolg. Der gilt oft als unver-

Heimritt nach erfolgreicher Steinbockjagd. Auf solche Begleiter ist Verlaß!

einbar mit der eigenen Ehre und Reputation und wird damit leicht zur Schicksalsfrage! Dann kommen Schuldzuweisungen, Selbstzweifel und falsche Rechtfertigungen – ein Teufelskreis! Was oftmals fehlt ist die faire Einsicht, daß bei der Jagd vieles, vielleicht sogar alles gelingen, aber ebenso gut auch alles daneben gehen kann! Hier liegt der tiefe Unterschied zwischen ›Jagen‹ und ›Schießen‹!
Rückblickend auf die eigenen, auch vielen erfolglosen, unerfreulichen, oft schwierigen und extremen Jagden, gilt, daß bei mir ungezügelter Ehrgeiz, ebenso wie die Verdrängung von Risiko und möglicher Niederlage, längst zu Frust, nicht selten sogar zum Fiasko geführt hätten! Ohne spontane Eigeninitiative, ohne immer wieder selbst das Ruder herumgerissen zu haben, wäre meine eigene Jägerbilanz mit Sicherheit wesentlich magerer. Mit der Philosophie, zuzuhören, sich nie sklavisch einem Guide anzuvertrauen oder die eigene Erfahrung ›an der Garderobe abzugeben‹, Beobachtetes laufend mit der eigenen Erfahrung zu vergleichen, die eigene Meinung zum richtigen Zeitpunkt aufzutischen, Zweifel zu hinterfragen, getroffene Entscheidungen aber auch zu akzeptieren, nötigenfalls die Zähne zusammenzubeißen und in Begleitern immer zuerst den Kameraden und Jäger zu respektieren, fährt man jedenfalls sicherer auf Erfolgskurs als mit einäugiger Besserwisserei. Daß man sich mit den Jahren nicht mehr ganz

so leicht an der Nase herumführen läßt, haben auch die Verantwortlichen dieses Mongoleitrips schnell mitbekommen. Damit wendete sich mein Blatt!
Da alle Camps zur Maralbrunft besetzt waren, erklärte ich mich mit jeder Lösung einverstanden. So landete ich am Baltsch, wo mir der alte Shagdar das Küchenzelt als Quartier und die beiden Köchinnen als Begleitschutz verordnete.
Tief in der Nacht, während weit draußen in der Taiga die Wölfe heulten, und ein unstetes, fahles Mondlicht durch die Kaminkuppel ins Innere der Jurte fiel, kamen – eingelullt vom monotonen Gurgeln des Flusses – die Gedanken bald zur Ruhe. In etwa fünf Stunden war Morgenappell, der Aufbruch zur Jagd!
Bei völliger Dunkelheit besteigen wir die Pferde. Nachdem ich die kleinen Racker schon beißend und kickend erlebte, gehe ich mit gehörigem Respekt an den für mich ausgewählten Hengst heran. Er macht keine Zicken. Wer diese Mongolenpferde kennt, versteht, daß jedem Mongolen, der 50 Hengste eingeritten hat, eine Staatsmedaille verliehen wird und er zukünftig, als Ausgleich für den gefährlichen Job und die dabei kassierten Knochenbrüche, höheren Lohn erhält.
Einige Minuten später ist der im Morgennebel dampfende Fluß durchritten und bald darauf verschwindet der kleine Trupp in der endlosen,

von dichtem Rauhreif überzogenen Grassteppe. Shagdar, standesgemäß in geputztem Gutal und traditionellem Deel, d.h. in Lederstiefeln und im geknöpften, knielangen Mantel mit Stehkragen gekleidet, den ein farblich gut abgesetzter Bäss, ein Schalgürtel, zusammenhält, reitet voraus. Sein Neffe mit dem Packpferd bildet das Schlußlicht. Wir kommen gut voran. In dieser unendlichen Einsamkeit hat man das Gefühl, den Planeten allein zu bewohnen. Während über uns noch der von seinem überdimensionalen Hof umrandete, ungemein helle Vollmond leuchtet – zur Brunft alles andere als geschätzt, da er den Hirschen die Nacht zum Tag macht! –, nähern wir uns den bereits im ersten Dämmerlicht schimmernden Henti-Bergen. Dieses Massiv gibt der Region den Namen. Wir wollen so frühzeitig wie möglich vor Ort sein, um jedem vermeldenden Hirsch auf den Leib rücken zu können. Erfahrungsgemäß ziehen die Marale mit ihren Rudeln bereits am frühen Vormittag wieder zu Holz, wo sie nur unter größten Anstrengungen und höchst zufällig auszumachen sind.

Die Stunde der Hirsche

Wir müssen noch zweimal durch den windungsreichen Fluß. Gegen die Strömung ist nur mit Mühe anzukommen. Dann geht es eine kleine Ewigkeit lang über ein kilometerweites, mit kniehohem, taunassem Steppengras bedecktes Tal, das – im leichten Morgengrauen bereits deutlich erkennbar – beidseitig von Nord nach Süd führenden, wie riesige Brotwecken anzusehenden Bergzügen begrenzt wird. Sie sind gemütlich abgerundet, höchstens sechs- bis achthundert Meter hoch und vorwiegend mit Lärchen, Birken und Tundrabüschen bewaldet. Der ideale Einstand für Hirsch und Rehbock, und höchst angenehm für den Jäger! Ich bin voller Erwartungen, als wir gegen einen der Bergrücken abdrehen und dessen steile Flanke hochreiten. Auf dem Bergkamm pfeift ein beißender Wind. Die ›absolut dichten‹ Goretex-Bergschuhe verhindern jeden Feuchtigkeitsaustausch, ich habe eiskalte Füße. Dieses Schuhwerk landet mit Sicherheit auf dem Speicher!

Und dann, endlich der erste Maral! Er ›pfeift‹ sein unnachahmliches Eselsgeschrei in den eben anbrechenden Morgen hinaus - keine 300 Meter entfernt! Mit einer abfälligen Handbewegung deklassiert ihn der erfahrene Shagdar als jungen Angeber und hört erst richtig hin, als aus der dicht bewaldeten, jenseitigen Schlucht ein alter Trenser, mit einem irgendwie doch dem Röhren des Rothirsches vergleichbaren Ruf, antwortet. Oder ist das eher ein Pfeifen, ein Geheul, ein Jaulen oder eine Mischung aus allem? Kein Wunder, daß für die Amerikaner der

Die Jagdcamps in den entlegenen, oft völlig unbewohnten und kaum erschlossenen mongolischen Revieren sind meist nur mit Hubschrauber erreichbar.

67

›Elk‹ nicht röhrt. »He doesn't roar, he bugles«, belehrten mich die Alaskaner gestern abend im Camp. Nach einer nicht sonderlich umsichtigen Kammpirsch – sind die Hirsche tatsächlich so wenig bejagt, daß sie nicht gleich jede kleine Störung übelnehmen? –, entdecken wir, gute 50 Gänge vor uns, zuerst den alten Kämpen und kurz darauf seinen jungen Herausforderer:»Maral bug, anhaar! Maralhirsche! Vorsicht!«, flüstert Shagdar. Zwei Zwölfender! Leider nur Durchschnitt! Also Rückzug.

Mit einem nachgeahmten, kurzen Wolfsgeheul ruft der Jagdführer den Gehilfen und unsere Pferde herbei. Wir müssen noch tiefer in die Bergwildnis hinein! Inzwischen ist die Sonne über dem im Osten liegenden China hochgeklettert und taucht die verreifte, teilweise noch mit Altschnee bedeckte Frühherbst-Landschaft in ein unwirkliches, fahlgelbes Morgenlicht. Das ist die Stunde der Hirsche! Überall, nah und fern, über Täler hinweg, auf Anhöhen und in entlegenen Schluchten, wetteifern sie mit virtuosen Pfeifarien gegeneinander. Einen alten, aggressiv im dichtesten Verhau schreienden Burschen gehen wir an. Als er nach harter Pirsch im vermoderten, von Brand, Sturm und Alter teilweise übereinandergeworfenem Baumverhau kurz frei wird, erleben wir eine böse Ernüchterung: Der Blender hat zwar das richtige Alter, aber ihm fehlt die linke Stange! Außerdem ist sein verbliebenes Geweih ohne Enden. Ein Killer, wie er im Buche steht! Da mein Begleiter keinerlei Regung zeigt, lasse ich den Finger, eigentlich gegen meinen Jagdverstand, gerade. So ein Forkler gehört aus dem Verkehr gezogen! In der nächsten Stunde zähle ich etwa zwei Dutzend rufende Hirsche. Wo es sich ohne viel Zeitaufwand anbietet – ›ich habe nur einen einzigen Tag!‹, sage ich mir immer wieder – riskieren wir direktes Anpirschen. Bei diesem Bestand an Maralhirschen will ich mich nicht auf den Zufall verlassen. Auffällig ist das unübliche Mißverhältnis der vielen Hirsche zum geringen Kahlwildvorkommen! Es hängt sicherlich mit den offiziellen Winteraktivitäten der Jagdwirtschaften zur Fleischbeschaffung zusammen. Bemerkenswert ist auch, daß die Lokalmatadore nur ganz kleine Rudel um sich haben; vor allem, daß sie ständig, fast im Sauseschritt, durch die Reviere ziehen! Territoriale ›Platzhirsche‹ scheint es bei diesem Brunftgeschehen – wegen nicht verteidigungswürdiger Brunftplätze? – überhaupt nicht zu geben. Wie ganz anders die Hirschbrunft bei uns in Europa! Man kennt die Brunftplätze, meist sogar den Platzhirsch und seine Nebenbuhler.

Pech für den Sieger

Plötzlich fällt mir Shagdar in den Arm. Im Gegenhang, am Rande einer Lichtung steht ein starker, gelbbeiger Wolf, mit hellem Kehlfleck und eigenartig verkrüppelter Rute. Zu Stein geworden, starrt er unverwandt in eine Richtung. Wir folgen seinem Blick und entdecken ein Hirschkalb; eine Steinwurfweite abseits die Kuh. Bahnt sich gut 400 Meter von uns entfernt ein Drama an? Soll man hinüberleuchten, trotz dieser Entfernung und der damit verbundenen Störung? Während wir noch überlegen, wird das Kalb plötzlich nervös und tribbelt staksend zur Mama. Die wirft kurz auf, und ab geht die Post! Fast gleichzeitig ziehen zwei brave Hirsche – sie sind mir aber nicht ›brav genug‹ – in leichtem Troll auf unseren Kammweg. Höchstens achtzig Schritt entfernt, verhoffen sie. Ihre schokobraune Brunftmähne hebt sich markant von der hellgrauen Decke ab, die jetzt silbrig in der Morgensonne aufscheint: Welch ein Wild! Wuchtig, knapp zur Hälfte stärker als die heimischen Hirsche!

Da bewegt sich die Luft, der Wind küselt und der Spuk ist verschwunden. Bis etwa neun Uhr früh hatte ich mindestens 30 Hirsche verhört und vielleicht ein Drittel davon im Anblick. Darunter war Prachtschmuck, aber keiner wesentlich edler als mein im Vorjahr in Tuva gestreckter. Wir machen weiter Druck, jagen über Berg und Tal. Doch die große Morgenmusik neigt sich dem Ende zu.

Die Hirsche ziehen sich jetzt in die dichteren Einstände zurück – wobei von dort Brunftgejaule den ganzen Tag zu hören ist. Da Nara und ich über Mittag in den Bergen bleiben wollen, während es die beiden Mongolen ins heimatliche Wigwam zieht, suchen wir uns eine Cockpit-Position mit Fernblick. Gerade als wir quer durch einen bogenförmigen, weiten Hang reiten, der sich im Süden in der Tundra, in endlosen Wiesen, Gräben und Kleingehölzen verliert, fuchtelt Shagdar aufgeregt ins Tal: »Gur! Sain ewer! Rehbock! Starke Trophäe!«.

Da brauche ich keine Nachhilfe! Dort unten, am Rande eines mit Unterwuchs verfilzten Fichtenwäldchens, zieht tatsächlich ein ›Sibirier‹! Noch dazu ein kapitaler! Gut 500 Meter entfernt. Mein Traum! Kaum habe ich aufgeregt »Da, ein Zweiter!« herausgestoßen, als ein dritter und ein vierter Rehbock auf der Bühne erscheinen! Wie ein Spähtrupp, in gleichem Abstand hintereinander, bummeln sie dem Tal zu.

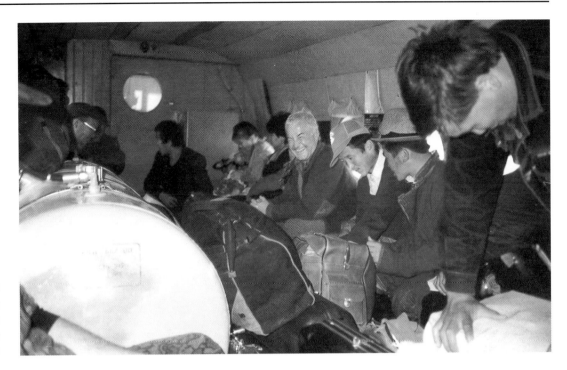

Jagd vorbei! Im geräumigen Helikopter geht es, zwischen Hirten, Lebensmitteln, Trophäen und einer halben Tonne Treibstoff heimwärts.

Die lang ersehnte Chance! Als die vier Gesellen, zwei davon ausgesprochen reif, in der nächsten Runse verschwinden, klettern wir schnell auf die Gäule, reiten einige hundert Meter zurück und verweilen im toten Winkel, uneinsehbar für die vier ›Musketiere‹. Im Rücken des abschüssigen Bergzugs steigen wir ab. Jetzt aber Vorsicht! Selbst Nara bleibt zurück. Wir marschieren los. Nach zehn Minuten erreichen wir den Grat, schieben uns auf allen Vieren über kantiges Geröll und finden hinter einer von Wind und Wetter geworfenen, dicken Bergzirbe Deckung. Ob wir schon auf Höhe des sorglosen Trupps sind? Hoffentlich kommen sie nicht unseren Hang hoch! Doch dann entdeckten wir halbschräg unter uns den ersten Bock. Die ›Vierer-Bande‹ hatte sich also eine Zeitlang in dem kleinen Kieferngehölz herumgetrieben und mußte jetzt unweigerlich irgendwo auftauchen. Idealer geht es nicht! Höchstens 200 Meter bis zum Talgrund!

Und schon kommt ein weiterer Bock aus dem Unterholz: Allerdings rückwärts! Geschoben von einem Rivalen und ohne jede Chance, sich dagegenzustemmen. Das paßt! Dieser kraftvolle Fingerzeig erspart mir langes Ansprechen. Wer siegt, ist der Stärkere! Pech für ihn, schwöre ich und mache mich fertig. Über dem Land liegt inzwischen die von allen Geschöpfen respektierte, große Mittagsstille. Die beiden Raufer stört das nicht. Der Kampf ist schnell entschieden. Triumphierend blickt der Sieger dem in großem Bogen abdampfenden Verlierer nach. Er ahnt nicht, daß dies wahrscheinlich sein letzter Sieg war!

»Dendun hol? – Zu weit?«, fragt Shagdar, als mein Absehen bereits den Trägeransatz und das Leben des Geweihträgers sucht. Stechen und Finger krümmen sind eins – dann bricht der Schuß. Der Bock wirft sich jäh herum und ist in der nächsten Sekunde im Gehölz verschwunden. Verflucht! Ehe Zweifel und Entsetzen hochkommen, gratuliert mir Shagdar. Er hatte die Wirkung der Kugel durchs Glas verfolgt. Während in der Ferne das Echo des Schusses langsam verebbt, stürmen die heute noch einmal davongekommenen ›Sibirier‹ in wilder Panik davon. Kein Zweifel, die Patrone tat, wofür sie gedacht war. Der Recke liegt! Eine Viertelstunde später waren wir am Anschuß, bald darauf am Bock: Endlich ist meine Reise ein Erfolg! Nara, der gleich nach dem Schuß mit dem Pferdeburschen auftauchte, nahm – von seinen vielen Gästen aus den USA dazu ›erzogen‹ – unverzüglich sein Maßband und verkündete begeistert: »Bravo! Der Bock kommt ins Buch!« Unverhofft kommt oft, lachte ich innerlich und freute mich jetzt erst recht. Ein deutscher Jäger ist und bleibt eben zuvorderst ein Rehbock-Fan!

Ehe wir die Beute auf dem Packpferd verzurrten, wurde sie natürlich ausgiebig fotografisch verewigt.

69

»Inää! – Lach!«, ermunterte ich den etwas schüchternen Pferdeburschen und sagte ihm bei etwas Übung eine Karriere als Schauspieler voraus. Während der ›roten Arbeit‹ kreisten, laut krakeelend, bereits die Bergraben über uns; sie wußten, daß auch ihr ›Weizen blüht‹. Anschließend ritten wir den steilen Berghang hoch, suchten uns eine windgeschützte Ecke, entledigten uns der Schuhe und aller überflüssigen Kleidung und hielten ›Siesta‹ auf mongolisch. Shagdar und der Junge mit dem Packpferd ließen die Zügel schießen und waren, auf ihrem Weg zurück ins Camp, bald unseren Blicken entschwunden. Sie wollten rechtzeitig zur Abendpirsch, mit etwas Essen und Tee, zurück sein. Dann waren wir alleine. Ein laues Mittagslüftchen schüttelte ganze Wolken gelber Nadeln aus den Lärchen und goldenes Herbstlaub flog wie Lametta übers weite Land. »Das innere Asien ist eine Welt für sich, ungleich allen anderen Gebieten auf der Erde«, begeisterte sich Sven Hedin, »wo gibt es eine Landschaft, die endlosere Weiten, fernere Horizonte bietet, als die gewellten grünen Hochweiden der nördlichen Mongolei, die Steppen- und Sandzonen der Gobi es tun? Wo noch könnte man streifen, ohne, wie es scheint, jemals an ein Ende zu gelangen, an das Ende eines Landes, wo der Horizont wie auf dem Weltmeer dauernd entschwindet?« Jetzt fehlte nur noch der Maral zum großen Glück! Ob Hubertus und Diana auch in diesem fernen Land Beistand leisteten? Abwarten, beruhigte ich mich und plauderte mit Nara über die alten Zeiten.

Der Hirsch liegt!

Am frühen Nachmittag entdecken wir weit draußen in der Steppe zwei dunkle Punkte. Shagdar und sein Helfer kommen im fliegendem Galopp mit Verpflegung, vor allem mit Mineralwasser, zurück. Eine halbe Stunde später sitzen wir erneut in den Sätteln. Postwendend gelangen wir über sonnendurchflutete Windbruchschläge in ein aufregendes Brunftspektakel. Drei Hirsche schreien; teils gegen-, teils

Mein erster ›Sibirier‹! Der Jagdtag ließ sich mit diesem ungeraden, gut fünfjährigen Achter recht gut an.

durcheinander, wie Stereolautsprecher! Die Pferde bleiben erneut zurück. Zu zweit pirschen wir einen quer über das Tal hinweg vermeldenden Hirsch an. Es geht bergauf, bergab. Obwohl keine steilen Hänge zu nehmen sind, schwitze ich nach einer Weile wie in der Sauna. Das ist die Quittung für eine Woche Faulenzerei: Nur ›Business‹ und Rumhocken schwächen die Brust! Unversehens wird auf knappe 100 Gänge, zwischen Weiden und Birken, ein gereizt drauflosorgelnder Rabauke frei. Das »Buud! – Schieß!« des guten Shagdar verweigere ich mit kurzem Kopfschütteln: Sicherlich ist das ein braver Hirsch, aber ... !

Das gleiche wiederholt sich noch etliche Male. Obwohl der Jagdführer ein wenig verschnupft wirkt und natürlich fürchtet, daß uns die Zeit wegläuft, bleibe ich stur. Wir pirschen weiter. Gerade, als wir auf eine wildgrasüberwucherte Hochwaldwiese treten, starren uns, buchstäblich keine fünfzig Meter entfernt, drei Rehböcke an. Shagdar ermuntert mich mit einem gekrümmten Zeigefinger: »Schieß!«

Bei höchstens noch einer halben Stunde Büchsenlicht und der Tatsache, daß keiner der drei ›Sibirier‹ an den von heute Vormittag herankommt, fällt mir das »Nein« nicht schwer. Ich ›schieße‹ gerade einige Bilder vom nächststehenden der uns unverwandt angaffenden Rehböcke – die haben mit Sicherheit noch keinen Menschen gesehen! –, als aus dem dämmrigen Winkel der zum Hochwald abfallenden Wiese ein kraftstrotzendes Brunftgeschrei dröhnt!

Deckung! Im knien, mühselig über das ellenlange Gras hinwegspähend, beobachten wir, wie sich ein prächtiger, vierschrötig wirkender Maral langsam aus dem Dunkel des Forstes schiebt. Menschenskind, der paßt!, durchfährt es mich, hoffentlich komme ich mit diesen gut 300 Metern Distanz zurecht. Und – Himmelvater hilf! – hoffentlich steht uns da ein lupenreiner Zwölfer zu! Gegen mehr Enden hätte ich natürlich nichts einzuwenden!

Hastig und voll Aufregung versuche ich entlang der ausladenden, hochaufragenden, dicken Stangen, die blankgefegten Enden zu zählen. Verdammt nochmal, irgendwie komme ich mit der linken Stange nicht klar! Befindet sich zwischen Aug- und Eissprosse eine bananengroßes End oder täusche ich mich? Ist das nur ein ungerader Zwölfer?

Der Hirsch protzt jetzt, die Läufe bis zur Bauchlinie vom Gras verdeckt, halbschräg vor uns auf der Naturbühne und schmettert seine Kampfarie über die baumfreie Hochalm, direkt zu uns herüber! Das geht, insbesondere wegen der knappen Zeit, an die Nieren! Shagdar kann mir beim Abzählen auch nicht weiterhelfen. Er redet sich auf sein schlechtes Glas hinaus und überläßt mir die Verantwortung! Der Hirsch zieht, scheinbar unentschlossen und enttäuscht, daß in der Nachbarschaft keiner antwortet, einige Schritt auf uns zu, dreht dann – höchstens noch fünf Gänge vom Waldrand entfernt! – ab und verhofft abermals. Breitseite! Erstaunlich, wie verräterisch in der Dämmerung sein Spiegel aufleuchtet. Jetzt oder nie!

Shagdar spürt, daß bei dieser Entfernung freihändig nicht mehr zu schießen ist. Automatisch, ohne sich abzusprechen, richten wir uns in die Hocke auf. Shagdar klopft auf seine Schulter. Eine wackelige, aber höchst hilfreiche Auflage! ›Nicht jeder Wagehals bricht sich gleich den Hals‹, räsoniere ich, hole tief Luft und gehe 30 Zentimeter übers Blatt. In der nächsten Sekunde fassen windige 11,2 Gramm Kupfer und Blei den knapp 350-Kilo-Brocken am Leben und schieben ihn buchstäblich von uns weg. Lautes Krachen und Schlagen aus der Tiefe des inzwischen im Halbdunkel liegenden Bergwaldes befreit mich von allen Zweifeln: Der Hirsch liegt! Kurz darauf halten wir das mächtige Geweih des zwischen Birken und Buschwerk verendeten Recken in Händen. Shagdars stolzes Lächeln sagt alles: Mit diesem Maral kann man sich sehen lassen!

Während wir im allerletzten Abendlicht noch schnell – meist mit Blitz – Aufnahmen schießen, aufbrechen und das Haupt mit Vorschlag und Decke abgeschärft, sorgsam aufs Pferd des Burschen packen, röhren rings um uns schon wieder ein halbes Dutzend Hirsche, so als sei nichts geschehen. Der nächtliche Ritt durch schier undurchdringliches Dickicht – teilweise müssen die Pferde mühsam geführt werden – wird zum Erlebnis ganz besonderer Art. Bei völliger Dunkelheit muß man – ständig einen schützenden Arm vor den Augen – höllisch aufpassen, sich im Stangengehölz nicht an einem der gefährlich von den Bäumen abstehenden, dürren Äste zu verletzen. Jetzt wäre eine Stirnlampe hilfreich!

Aber, was soll's? Schließlich hatte ich in knapp zwanzig Stunden herrlicher Jagd zwei brave Trophäen erbeutet! Da fiel es leicht, notfalls ein paar Kratzer wegzustecken und ansonsten den Gefühlen und Gedanken freien Lauf zu lassen.

Und, obwohl ich hochzufrieden war, geschah, was der Menschenkenner Wilhelm Busch einst prophezeite: »Jeder Wunsch, wenn er erfüllt, kriegt augenblicklich Junge!« Noch während des

Maral-Ernte. Trotz süßer ›Gage‹ waren die zukünftigen Herren des Landes nicht zu einem Lächeln zu bewegen.

Heimritts schwor ich, im kommenden Herbst mit mehr Zeit zurückzukommen.
Kurz vor Mitternacht hörten wir schon von weitem das Mordio der Hunde. Eine halbe Stunde später durchquerten wir den Baltsch. Das ganze Camp erwartete uns. »Gratulations!«, lachten die Amerikaner und die Mongolen beglückwünschten uns mit »Bajar hurgei!«, was wohl dasselbe hieß. Dann kreisten die letzten Dosen Bier. Als mit »Eruul mend!«, und »Cheers!« das Weidmannsheil gebührend begossen war, verzogen wir uns in die Rundzelte.

Rein vorsorglich vermied ich es, aus Begeisterung in der Jurte vor mich hinzupfeifen oder mich entspannt gegen eine der Holzstützen der Jurte zu lehnen, denn das gilt in einem Land, wo noch immer Geister und Schamanen das Sagen haben, als böses Omen.
Und gerade sie, deren Stimmen im fernen Geheul der Wölfe und im Gurgeln des Baltsch durch die unendlich stille Nacht drangen, wollte ich nach dem Dusel eines solchen Jagdtages keinesfalls herausfordern.

Antilopentricks mit Pampazauber!

Um mich herum flimmert eine in der Spätnachmittagssonne brütende Landschaft. Da! War nicht gerade zwischen den Disteln ein Huscher gewesen? Schon sitzt die 7 x 64 in der Schulter.

Mein Gott, sinniere ich gerade vom Balkon des Gutshauses in den gepflegten Park hinaus, besitzt dieses Land noch paradiesische Gegenden! Da reißt mich ein lautes »Manzanas! Manzanas! Äpfel! Äpfel!« aus den Tagträumen. Angelockt vom verführerischen Ruf des Estancieros erscheint plötzlich – schemenhaft, wie überirdische Wesen einer anderen Welt –, aus allen Ecken des abgegatterten, von uralten, teils zwanzig Meter hohen Eukalyptusbäumen besetzten Parks, blütenweißes Damwild. Der ganze Stolz des Hausherrn fand sich zum Apfel-Lunch ein. Das exotische Hirschwild wurde vor zwei Jahrzehnten aus Polen gegen Nandús, die straußartigen Vögel der Pampa eingetauscht.

Vertraut, aber keineswegs ›handzahm‹, näherte sich zunächst Jungwild, gefolgt von Junghirschen, denen die zum Schluß auf den Plan getretenen Kapitalschaufler schnell den Platz streitig machten. Die jetzt im Januar, während des argentinischen Hochsommers, führenden Alttiere widerstanden allerdings dem köstlichen Nachtisch und näherten sich erst, als die am schmiedeeisernen Tor versammelten, von Fotografierwut gepackten Zweibeiner sich zurückgezogen hatten. Diese einzigartige Zucht weißer Hirsche – ihre dunklen Lichter bezeugen, daß es sich nicht um Albinos, sondern um eine echte Unterart des ›Dama dama‹ handelt –, hütet der Gutsherr, auf dessen 5000 Hektar-Farm wir die nächsten zwei Tage als Jagdgäste gebucht waren, wie ein Kleinod. ›Je größer das Land, um so schwerer die Pflicht‹, dachte ich in Abwandlung eines Wortes von Bismarck und war überrascht, in welch hohem Maß der Besitzer dieser knapp 200 Kilometer südwestlich von Buenos Aires liegenden Estancia, als Jäger und Heger auch in diesem weltfernen Land die Zeichen der Zeit erkannt hatte.

Landadel verpflichtet!

Auch Landadel verpflichtet! Während der langen Abende unter sternklarem, lauem Nachthimmel tranken wir samtigen argentinischen Rotwein und erhielten beim Gespräch ›über Gott und die Welt‹ Einblick in die Sorgen und Freuden unserer ebenso traditionsbewußten wie weltoffenen Gastgeber. Da traten nicht nur die gleichen Bedenken zu den wenig erfolgreichen GATT-Verhandlungen zu Tage, welche auch die Bauern der EG bedrücken. Es war nicht nur vom ruinösen Verfall des Rindfleischpreises auf 75 Cents pro Kilo die Rede, sondern auch vom überzeugenden Bemühen des Landlords, diesen einzigartigen Besitz einer möglichst großen Tier- und Vogelvielfalt offenzuhalten.

In dieses Bild paßte die völlig ungezwungene Beziehung unserer charmanten Gastgeber zum gepflegten argentinischen ›way of life‹. Der Hausherr, dessen perfektes Englisch zu bewundern war, trug mit der selbstverständlichen Grandezza eines wohlbestallten Estancieros – sofern er nicht in eleganten Reithosen und weichschaftigen Lederstiefeln unterwegs war – eine mit gesticktem Stoffgürtel am Bund gehaltene und am Knöchel gebundene, schlichte ›Bombachas‹. Die weite, orientalisch anmutende Pluderhose, die zusammen mit bequemen ›Alpargatas‹ – einfachem, aus Hanfschnursohlen und Segeltuch gemachtem Schuhwerk – getragen wird, gehören zur alten argentinischen Landestracht. Das Personal, insbesondere die Gauchos, aber auch unsere Jagdbegleiter, kleideten sich mit malerisch buntem Halstuch, trugen Baskenmütze oder den typisch flachen, schwarzen Gaucho-Hut. Besonders auffällig waren die wertvollen, silbermünzen- und ornamentenverzierten, breiten Ledergürtel, die von einer kunstvollen ›Rastra‹, einer meist mono-

Sommerfreuden im Januar, beim traditionellen, argentinischen Grillvergnügen ›Asado‹. Paco zückt bereits sein scharfes ›Facón‹.

Tango im ›Viejo Almacén‹! Ein nächtlicher Besuch der historischen Tangolokale in La Boca/Buenos Aires gehört zum Pflichtprogramm einer Argentinienreise.

Der Eukalyptuspark von ›La Corona‹ ist heute Heimat der um 1960 aus Polen eingeführten, weißen Damhirsche.

Auf der gepflegten Estancia mit 5000 Hektar Privatland ließ es sich angenehm leben und erfolgreich jagen.

grammziselierten Gürtelschnalle gehalten werden. In diesem Gürtel, dem ›Tirador‹, steckt bei jedem Argentinier über der Gesäßtasche das seitengewehrgroße Facón, das meist verzierte, feststehende Messer. All das hatte nichts Verkrampftes, paßte zu Stil und Umgangston des Gutsherrn und erinnerte an die Selbstverständlichkeit, mit der Einheimische in Bayern Lodenjanker und Lederhose tragen. Keine Frage, daß es sich hier angenehm leben und gleichermaßen fein jagen ließ! Der Landsitz, der Park, das Gutshaus und die gesamte Estancia waren in Top-Zustand. Auf den großräumig abgesteckten Weiden – für unsere Verhältnisse unvorstellbar weitflächig gezäunte Gebiete, von deren einem Ende man das andere nicht sah, ähnlich den ›Camps‹ der Farmen in Namibia – grasten fette Rinderherden, durchsetzt von kleinen Gruppen dickwolliger Schafe und dreister Ziegen, sowie unzähliger freilebender Vögel und Wildtiere.

In den entlegensten, oft von meterhohen, dichten Distelfeldern und zähknorrigen Hartgehölzen bedeckten Revierteilen zogen Dutzende Rudel der – vermutlich durch allgemeinen Bejagungsdruck – alles andere als vertrauten, in ihrer pfeilschnellen Flucht grandios anzusehenden Hirschziegenantilopen. Ihnen, genauer gesagt, einem kapitalen Bock, galt mein Besuch! Ich hatte mich auch diesmal schlau gemacht. Das Studium des heutzutage kompetentesten Rekordbuches SCI (Safari Club International) bewahrte mich auf Grund der darin aufgelisteten Gehörnmaße jedenfalls davor, einem jungen Blender aufzusitzen. 75cm Weltrekord minus X war die Vorgabe!

Ein berühmtes ›Dreiländereck‹, von Argentinien aus betrachtet: links Paraguay und der gewaltige, moosgrüne Rio Paraná, rechts Brasilien mit dem kaffeebraunen Rio Iguaçu.

Reinste Privatsache

Im Vergleich zu den Pekari, dem Schwarzwild der ›Neuen Welt‹ oder den einheimischen Guazú-Pucú, dem Guá-Zuncho, dem Guazú-Te sowie dem Huemúl, den inzwischen stark bedrohten Sumpf-, Spieß-, Pampas- und Andenhirschen, ist die Hirschziegenantilope, die *Antilope cervicapra* ein ›Zugereister‹. Der ›Blackbuck‹, wie man die Antilope hier auch nennt, wurde neben vielen anderen Arten – beispielsweise dem inzwischen hochkapitalen, europäischen Rot- und Schwarzwild, dem asiatischen Wasserbüffel oder dem Alpensteinbock – um die Jahrhundertwende in Argentinien eingeführt. Die bildschönen Antilopen lebten sich in den fast hundert Jahren, sowohl in der Provinz Santa Fé wie hier, im Süden der Provinz Buenos Aires, hervorragend ein und bildeten bald stabile Populationen.

Die von uns besuchte Estancia gilt als hervorragend besetzt, wobei die freilaufenden Rudel ständig aus einer Großfarm in die Weidegründe der nächsten wechseln oder gedrückt werden, was für die Estancieros selbstverständlich ist.

Der Gutsherr gab zu verstehen, daß Gastjagd auf den begehrten Blackbuck auch betrieben wird, um den Erhalt des weißen Damwildes sowie seine kostspielige Hege zum Erhalt der bereits in freier Wildbahn ausgestorbenen, einzigartigen Pampashirsche sicherzustellen. Die Bemühungen des Hausherrn, hier eine ›Gen-Bank‹ des anmutigen Hirschwildes zu erhalten, sind vorbildlich. Das gleiche gilt für sein bemerkenswertes Stehvermögen, die weit über sein Land ausgedehnte ›Laguna‹, das von einer großartigen Wasser- und Singvogelwelt bevölkerte, flache Seengebiet zu pflegen und zu schützen. Es war ein Erlebnis besonderer Art, als wir am Nachmittag, bei der ersten ›Schnupperfahrt‹ durch die ›Pampa Húmeda‹, uns in den Ebenen der ›Feuchten Pampa‹ immer wieder diesen seichten Wasserflächen, inmitten des endlosen Weidelandes, näherten. Hunderte von Reihern und Enten, von denen es in Argentinien 27 verschiedene Arten geben soll, sowie unzählige Bekassinen und Schwäne vergnügten sich geschäftig und völlig vertraut in dieser Sumpf- und Seenwelt. Unser Gastgeber flippte förmlich aus, als er uns ›seine‹ riesigen Schwäne, insbesondere ›die mit den schwarzen Hälsen‹ und einen kreisenden Flug flamingofarbener Löffler zeigen konnte.

Von dieser Einstellung, nicht jede Ressource dem Mammon zu opfern, nicht den letzten Quadratmeter Weideland mit dem kostbaren Naß der Laguna zu bewässern, profitiert die ganze Natur! Natürlich auch die Jagd! Hier finden sich Schwarzwild, Antilopen und alles Niederwild ein,

Die Iguaçu-Fälle sind ein touristischer Anziehungspunkt in Nordargentinien. Sie stürzen in 21 großen und 200 kleinen Wasserfällen bis zu 75 Meter in die Tiefe.

welches der Gutsherr gelegentlich auch selbst abschöpft. Allerdings nur für den eigenen Kochtopf oder zum kleinen persönlichen Pläsier – oder, um den meist weit angereisten Freunden und Gästen etwas zu bieten! Alles reinste Privatsache!

Bereits die ersten flüchtigen Begegnungen mit der ›Antílope negro‹, »Considered by many to be the most attractive and elegant of all gazells! – Von vielen als die schönste und eleganteste aller Gazellen angesehen!«, wie im SCI-Rekordbuch nachzulesen ist, waren höchst aufregend. Die schlanken, während der Flucht anmutig wie afrikanische Springböcke oder Impalas, teilweise meterhoch, durch die Luft springenden Hirschziegenantilopen hetzten jedoch – ein kleiner Wermutstropfen! – schon beim entferntesten Auftauchen unseres Fahrzeuges, mit 60 bis 80 Stundenkilometern davon, ohne durch kurzes Verhoffen auch nur die Möglichkeit zum Ansprechen zu geben. Von Schießen konnte überhaupt nicht die Rede sein. So reagiert Wild, das vom Auto gehetzt und beschossen wird! Nicht anders als bei uns zu Hause, wo in manch ausgeräumter Landschaft eine Annäherung ans Rehwild ebenfalls nur noch per Pkw möglich ist. Gegen diesen notgedrungen oft einzigen Weg, den Jäger zur Abschußerfüllung ans Wild heranzubringen und ihn unauffällig abzusetzen, ist letztlich wenig zu sagen, sofern der häufig begangene Kardinalfehler vermieden wird, gestrecktes Wild anschließend, unter den aufmerksamen Blicken einer noch herübersichernden Rehsippe, im Fahrzeug zu verstauen. Diese Beobachtung verzeiht das Wild nie!

Für mich war aufschlußreich, wie die, von den fahlgelb abgehobenen, um ein Drittel geringeren Geißen durch ihre dunkle Decke und den mächtigen Drehhornschmuck ungemein auffälligen Blackbuck-Herren – sie blieben vorsichtshalber immer inmitten der davonstürmenden Kavalkade – die Übersicht behielten. Die etwa 40 Kilo schweren, mit zunehmendem Alter von dunkelbraun bis schwarz eingefärbten Böcke, auffällig durch ihre weiße Gesichtsblende und tassengroße, weiße Augenscheiben, sowie eine bis zur Außenseite der Läufe weiß verfließende Bauchunterseite markiert, hatten meist schon den jenseitigen Horizont erreicht, ehe wir überhaupt zum Überlegen kamen.

Rastlose, schlaue Zigeuner

Die Jagd auf die 1906 erstmals durch Privatinitiative in Argentinien ausgesetzten Blackbucks – weitere folgten um 1940 und 1960, in Texas wurden sie 1932, in Westaustralien um 1912 eingebürgert – erschien mir bei diesem Panikgehabe von Stunde zu Stunde schwieriger. Nicht nur wegen der schier unüberwindbaren Aufmerksamkeit und der schnellen Reflexe des Wildes! Faszinierend blieb die Geschwindigkeit, mit der die Antilope – wie aus ihrer einstigen Heimat Indien und Pakistan berichtet wird – sogar Windhunden und abgerichteten Jagdgeparden entkommen kann. Ohne die Privatinitiative von Großgrundbesitzern, hier und anderswo, wäre diese herrliche Antilope jedenfalls schon längst Vergangenheit. Dank frühester hegerischer Weitsicht konnten die schwarzweißen Renner mit dem korkenziehergedrehten und bis zu fünf Knicken geprägten Gehörn, nach Ausrottung des einstigen Viermillionen-Bestandes, 1971 sogar wieder nach Pakistan reimportiert werden.

Nach einer Serie vergeblicher Versuche, auf Schußnähe heranzukommen – es war sinnlos in der schier deckungslosen, brettebenen Pampa die hellwachen, oft bis 40 Kopf starken Verbände anzupirschen, wobei Autojägerei nie zur Debatte stand –, erfaßte uns eine gewisse Ratlosigkeit. Wir hatten einige brave Böcke ausgemacht, aber nie eine Chance zur Bejagung! Andererseits fiel mir auf, daß sich einige Verbände im Absetzmanöver jedesmal sofort teilten, wobei die alten Schlaumeier entweder alleine oder mit ganz geringer Begleitung in der nächstgelegenen Deckung verdufteten. Dabei nutzten sie jede Bodenfalte, jedes Schilf entlang den ›Lagunas‹ ebenso, wie die teils undurchdringlichen, oft mannshohen Cardo-Felder. Die barbarischen Disteldickichte – deren hellblaue Blüten nach Auskunft der Gauchos im Sommer sogar eßbar sind – scheinen sich mit dem Rückgang intensiver Landwirtschaft zunehmend auszubreiten. Sie bedeuten dem Wild eine ebenso uneinnehmbare Festung wie die endlosen Maisschläge, von denen es einige riesige Anpflanzungen auf der Estancia gab. Ansitz- oder Pirschjagd, entweder an den Wasserstellen, an einem Wildwechsel am Rande der Disteln oder an den von den Antilopen bereits unglaublich abgeästen Maisfeldern – bei diesem Ratzekahl-Verbiß käme man zu Hause schnell in die Bredouille –, erschienen dem Guide wenig aussichtsreich. Wie konnte man diese unsteten, trickreichen Zigeuner überhaupt ins Garn locken?

Einmal schien es dennoch zu klappen! Fast! Wir amüsierten uns gerade mit einem Gesperre von vielleicht zwanzig hühnergroßen, erst kurz ausgeschlüpften Nandú-Küken, die aufgeregt zwischen zwei Maisfeldern einen völlig verwilderten Grasweg entlangwetzten. Die schusselige, aus mehreren Nestern stammende Gesellschaft – die bis 30 Kilo und etwa 1,5 Meter großen Nandú legen bis zu zehn Eier, ›die vom Männchen in aufopferungsvoller Weise ausgebrütet werden!‹, wie die Chefin der Estancia süffisant bemerkte – verschwand gerade im Mais. In diesem Augenblick wurden wir jenseits des Feldes plötzlich zweier äsender, hellgelb in der Nachmittagssonne aufscheinender Antilopen gewahr. Stop! Raus aus dem Auto! Vorsichtig versuchen wir querfeldein unser Glück. Diese ›Weibsen‹ sind bestimmt nicht alleine! Den Chef wollen wir uns näher ansehen! Gedeckt durch schulterhohe Maisstauden und begünstigt vom leisen Rascheln des sich in der Brise des ›Pampero‹ bewegenden Blattwerks – selbst der Pampaswind hält jetzt zu uns –, schinden wir uns bei 35 Grad Hitze auf allen Vieren dem Maisrand entgegen. Dann erkennen wir, keine Steinwurfweite entfernt, die ersten Antilopenläufe. Anschließend, verstreut auf der gut einsehbaren Bühne, zählen wir Dutzende von Leibern. Alle ›schön hellgelb‹ und allerliebst anzusehen – aber keine Spur von einem Macho! Gerade als wir uns erheben wollen, schnürt ein hochbeiniger, nach Farbe und Größe eher einem Schakal ähnelnder Fuchs über das Feld. Er schöpft Argwohn und gibt sofort Fersengeld. Die Antilopen äsen, hiervon wenig beeindruckt, weiter, während wir uns enttäuscht zurückziehen. So bleiben wir die Dummen!, meutere ich und glaube, daß dieser Damenverein wohl deshalb so gut anzugehen war, weil der üblicherweise mißtrauische Boß fehlte. Die Frage nach dessen Verbleib blieb unbeantwortet: Bereits in den Ewigen Jagdgründen oder nur auf Bummeltour? Wer weiß!

Während unser Wagen lautlos durch die Pampas rollt, halten wir Kriegsrat: Ich habe nur noch diese Abendpirsch. Morgen früh wollen wir über Buenos Aires ins 1000 Kilometer nördlich gelegene Santa Fé, wo mich eine – hoffentlich! – weniger verzwickte Jagd auf Puma erwartet! Die neben dem Jaguar zweitgrößte Katze der westlichen Hemisphäre, welche man von Alaska bis zur Magellanstraße, in Sümpfen, Steppen und Gebirgen bis hinauf zu 4500 Metern Höhe, zum Teil in noch beachtlichen Populationen antreffen kann, wurde hier auf der Estancia, wie meist überall, wo intensive Viehwirtschaft betrieben wird, bereits vor Jahrzehnten ausgerottet.

Der Zufall mischt die Karten

»Mir gehen die Disteldickichte nicht aus dem Kopf«, bedeutete ich Paco, dem Guide, der inzwischen am Ende seines Lateins ist. Als wir geraume Zeit später erneut beobachten, wie sich ein Trupp durch die Pampa ›fliegender‹ Antilopen aufspaltet und sich der schwarzgekleidete Pascha hinter einer gigantischen Distelwildnis, knapp zwei Kilometer entfernt, förmlich in Luft auflöst, gehe ich aufs Ganze. Hinter einem Haufen vermoderter Holzpfosten finde ich notdürftig Deckung. Sie ist kaum brusthoch! Ich verkleide sie provisorisch mit etwas Gras und erkläre den Begleitern meinen Plan, von dem ich selbst kaum glaube, daß er etwas bringt. Sie entfernen sich mit Tempo und versuchen im nahegelegenen, kleinen Verwaltergehöft einen Reiter mit Pferd aufzutreiben. Er soll das Distelfeld mit Rückenluft dort angehen, wo der hornbewehrte Strolch kurz vorher untertauchte. Vielleicht gelingt es dem berittenen Helfer, durch bedachtes Abreiten der Distelwildnis, mir den vorher als ausgesprochen kapital angesprochenen Maskenträger zuzudrücken. Als das letzte Motorengeräusch verstummt ist, fühle ich mich zum ersten Mal richtig wohl und auch ohne große Erfolgsaussichten zufrieden. Um mich herum flimmert eine in der Spätnachmittagssonne brütende Landschaft. Gelegentlich ziehen Schofe emsiger Enten und einige aufgeregt keckernde, eichelhähergroße Störenfriede über mich hinweg. Unzählige farbenprächtige Falter schaukeln auf den hellblau leuchtenden Distelblüten; unmittelbar neben mir rückt ein strammer Lampe vorsichtig zum Äsen aus seinem Versteck. ›Jede Landschaft hat ihre eigene, besondere Seele‹, denke ich mit Christian Morgenstern und weiß, daß jetzt der pure Zufall die Karten mischt! Langsam rinnt die Zeit dahin. Ich mühe mich – einem Nickerchen näher als draufgängerischer Konzentration! –, wach zu bleiben, und bin trotz Skepsis zuversichtlich. Abwarten! ›Was die innere Stimme spricht‹, sagt Schiller, ›das täuscht die hoffende Seele nicht!‹ Zunächst genieße ich den Zauber der Pampa. Vermutlich bin ich so gelassen, weil ich, was immer die nächste Stunde bringt, aus ehrlicher Überzeugung eher ohne Trophäe ›barfuß gehe, als in geborgten Schuhen‹. Dabei dachte ich an die verdammte Autojägerei und erinnerte mich des wackeren Ken Ball in Transvaal, der vor über einem Jahrzehnt lieber einen strammen Stoßzahnträger in den Nationalpark zurückwechseln ließ, als ihn noch vom Auto aus abzufangen. Inzwischen war eine kleine Ewigkeit vergangen. Die Sonne hing schon recht tief im abendlichen Firmament, als mich der schiere Hauch einer Bewegung inmitten der undurchsichtigen Distelwand elektrisierte! Da war doch irgendein Huscher gewesen?, hatte ich mich kaum gefragt, als die 7x64 schon in der Schulter saß. Und dann ging es Tempo Tempo! Gut 150 Meter entfernt, tribbelte ein kapitaler Macho durch das zum Rand hin lichter werdende Distelwerk. Zielstrebig, halbschräg auf mich zu. Der Bock von vorher! Der Stromer, sein Haupt waagrecht nach vorne gestreckt, so daß die Stirnwaffen fast auf dem Rücken liegen, ist in keiner großen Eile. Er läßt allerdings auch nichts anbrennen! Er kennt die alte Jägerweisheit: ›Der G'schwinder bleibt der G'sünder!‹ und setzt sich, ohne zu zaudern und einen Blick nach hinten oder zur Seite zu verlieren, ab. Er vertraut seiner bisherigen Erfahrung und übersieht dabei, daß sich am alten Holzhaufen etwas tut. Er gerät in mein Zielfernrohr, wird größer und größer. Dann überhole ich ihn langsam und lasse auf Höhe des Brustbugs fliegen. Der Bock bleibt fast eine Sekunde lang im Knall stehen, dreht plötzlich ab und ist, ehe ich durchschalte und repetieren kann, im Stachelgras verschwunden.

Ich glaube einigermaßen gut abgekommen zu sein. Trotzdem verordne ich mir sicherheitshalber zehn Minuten ›Besinnungspause‹. Da taucht der Reiter auf. Super! Das Rezept hat funktioniert!, lache ich mir eins und hoffe, am Anschuß nicht noch einen Dämpfer zu bekommen! Ich winke den Gaucho, der sich begeistert mit der Baskenmütze auf die Schenkel haut, heran und weise ihn – hoch zu Roß hat er die totale Übersicht! – kurz ein. Obwohl er vermutlich die Beute schon längst zwischen den Disteln entdeckt hat, reagiert er nicht. Ein Verhalten, welches mir schon oft die Galle übergehen ließ! Dann fuchtelt er jedoch aufgeregt in das dicht stehende Unkraut. Unmittelbar vor ihm – und das ist weder deutsches noch argentinisches Jägerlatein! – keine drei Meter vom verendeten Hornträger entfernt, wird plötzlich ein Nandú hoch, der bis zuletzt auf fünf brütenden Eiern saß. Weder der Schuß noch das direkt neben ihm verendende Wild, auch nicht der

anpirschende Jäger und das Pferd konnten ihn von seinen Pflichten abhalten! Das muß ich der Dame des Hauses berichten: So sind ›aufopferungsvolle‹ Männer!
Jetzt hatte ich endlich die auch für mich schönste, vor allem aber die in meinem Jägerleben am schwierigsten erbeutete Antilope: Eine Pracht!

Das war Jagd nach meinem Gusto! Diese Argentinienreise läßt sich eigentlich recht gut an, sagte ich mir. Dabei dachte ich an die bevorstehende Pumajagd und verließ mich ganz aufs Glück und den gescheiten Aristoteles: »Der Anfang ist erst die Hälfte des Ganzen«. Logisch, oder?

Jagdfreuden zu Neujahr. Für die Campesinos lohnte es, den Puma bis zum Eintreffen des Gastjägers geschont zu haben. Jetzt wird der Schaden des ›Räubers‹ gutgemacht.

80

Silvesterpunsch und Büffelsteaks

Während wir auf den Papyrusinseln bis über die Knöchel ins Wasser einsanken und hinter jedem Plätschern einen auf dem Seeboden herangeisternden Nilpferdbullen vermuteten, fieberte hinter uns das ganze Dorf dem »Schlachtfest« entgegen.

Der alte Flußpferdbulle fühlt noch immer den brennenden Schmerz der abgebrochenen Lanze in seinem Leib. Wohl auch deshalb zögert er längst nicht mehr, alle ihm nahe kommenden Boote sofort anzunehmen. Sein Rezept, ohne Vorwarnung auf dem Grund des Sees heranzustapfen, im Auftauchen jeden Nachen zu kentern und dessen Besatzung ins Verderben zu stürzen, hat sich bewährt. Der selbstbewußte Dreitonner, mit dem kistenförmigen Schädel und einer auffälligen, irgendwann im Kampf tief geschlitzten, das ganze Riesenmaul bedeckenden Oberlippe, verschaffte sich inzwischen die notwendige Autorität. Die Einheimischen schlagen um ihn jetzt einen Bogen und verzichten auf Händel. Allerdings mißversteht der Haudegen diese erzwungene Zurückhaltung. Seine letzte, fast tödliche Attacke auf den Einbaum eines jungen Fischers ist weder vergessen noch verziehen. Der Daumen hat sich bereits gesenkt, eine staatliche Jagdlizenz ist erteilt!

Ich hatte schon viel über Flußpferdjagden gelesen, insbesondere die Schilderungen der großen Afrikajäger. Sie alle zählen eine Jagd auf die anscheinend plumpen Mehrtonner zu ihren abenteuerlichsten Erlebnissen. Selbst der große Jäger und Forscher Theodore Roosevelt, welcher vor dem Ersten Weltkrieg monatelang den Schwarzen Erdteil durchstreifte, erzählt von vielen vergeblichen Anläufen, bis er endlich ein kapitales ›Hippo‹ strecken und seiner wissenschaftlichen Sammlung einverleiben konnte. Immer wieder unterstreicht er das scharfe Seh- und Hörvermögen dieser nur vordergründig gutmütigen Kolosse. Anschaulich berichtet er vom heiligen Respekt der Eingeborenen, die mit den Dickhäutern an Flüssen und Seen, in Sumpfebenen oder entlegenen Lagunen zusammenleben. Daran hat sich bis heute wenig geändert. Im Gegenteil! Die Grenzkonflikte zwischen Mensch und Wildtier verschärften sich. Beide stehen sich, wie überall in Afrika und in vielen Ländern der Erde, als Nahrungs- und Lebensraumkonkurrenten feindselig gegenüber, meist auf Leben und Tod.

Selbstbewußte Dreitonner

Wie sollen sich diese in ihren natürlichen Daseinsbedingungen mehr und mehr beschnittenen und von Wilddieben gnadenlos verfolgten Fleisch- und Muskelpakete auch zu Menschenfreunden entwickeln, wenn sie zur eigenen Sicherheit den ganzen Tag im Wasser hausen müssen, erst bei völliger Dunkelheit an Land gehen und sich dort, ständig gestört und befeindet, nur eher schlecht als recht vollmampfen können. Vor allem, da die Bauern und Fischer den unförmigen Vierzehern, deren leckeres, stark eiweißhaltiges Wildbret wie mageres Rindfleisch aussieht und auch so schmecken soll, unentwegt – meist von den Wildhütern geduldet! – nach der Schwarte trachten. Grund genug für die Schwergewichtler, sich während des Tages nur in gebührendem Abstand zu den ihnen von Natur aus zugedachten, mit schattigen Papyrusinseln, Lilienteppichen und Weichholzsäumen bestückten Uferstreifen aufzuhalten. Verständlicherweise werden die ständige Störung und Bedrohung dem eigentlich geselligen Urweltler, der ungern rumstromert und sich am liebsten, umgeben von seiner Sippe, im brusttiefen Wasser aufhält, um sich dort um Ordnung und Sicherheit zu kümmern, gelegentlich ein Ärgernis. Streß nennen das die Verhaltensforscher und begründen damit das Entstehen von Unleidigkeit und Aggressivität.

Kein Wunder, daß gerade die alten, durch unliebsame Erfahrungen klug gewordenen Herren, trotz ihres dichten Leders, längst eine ›dünne Haut‹ haben. Dreißig und mehr Jahre Nebeneinander mit Nachbarn, die einem bei jeder Gelegenheit mit Speer und Blei zu Leibe rücken und das Futter mißgönnen, machen vorsichtig und stur. Insbesondere, wenn man, wie der alte Bulle, die entlegene Lagune des großen ›Lac Nasho‹ von Geburt an als angestammtes Territorium betrachtet und sich schwor, diese üppige Weide gegen jedermann zu verteidigen! Es bekümmert den Dickschädel in keinster Weise, wenn er nachts die sowieso mickrigen Maissäcker oder die für die Dörfler lebenswichtigen Bananenhaine abrasiert und den Hausziegen und Kühen das rare Ufergras wegfrißt. Schließlich war er zuerst da! Freiwillig räumt er das Feld niemals!

Der Alte ahnt nicht, daß die Regierung Ruandas – des mit sieben Millionen Menschen dichtbesiedeltsten Staates Afrikas – inzwischen die südlichen Ufergebiete des bisher kaum berührten Nasho-Sees, bis weit ins Hinterland hinein, mit Sandstraßen erschloß. Er weiß nicht, daß im Gefolge der jüngsten Landreform, vielen kinderreichen, vorwiegend erwerbslosen und in ärmlichsten Verhältnissen vegetierenden Kleinbauern, in seiner Nähe Ackerland zur Verfügung gestellt wurde.

Damit ist der Konflikt unausweichlich. Das Wild zieht auch in diesem Fall den kürzeren!

Erstaunlich gemausert

Bereits vor über zehn Jahren, während der ersten Gastjagd deutscher Grünröcke im weltbekannten Mutara-Ground, einem gut 25000 ha großen Jagdgebiet am Rande des ›Parc national de L'Akagera‹, stand das Nilpferd ganz oben auf meiner Wunschliste. Auch damals hatte man während der fünftägigen Safari nur jeweils ein Permit auf vier aus den zur Bejagung freigegebenen neun Wildarten zur Auswahl. Seinerzeit entschied ich mich wegen der großartigen Wildbestände lieber für Büffel und Wasserbock, Warzenkeiler und Riedbock.

Eine ›Nilpferd‹-Jagd in den weitverzweigten Sumpfniederungen des Akagera – eines erst Ende des neunzehnten Jahrhunderts von einem Österreicher entdeckten Quellflusses des Weißen Nil – hätte zusätzlichen Reiz bedeutet, weshalb ich nur schweren Herzens verzichtete. Diesmal, gemeinsam mit der Familie angereist, um auch den Wechsel des Jahres ins letzte Jahrzehnt vor der Jahrtausendwende zu feiern und dabei eine Woche durch Busch und Savanne zu pirschen, wartete endlich eine ›Hippopotamus amphibius‹-Lizenz auf mich.

Natürlich war ich gespannt, was nach zehn Jahren aus diesem Ruanda, ›der Schweiz Afrikas‹, seinen Menschen und unvergeßlichen Jagdgründen geworden war. ›Alle Reisen haben eine heimliche Bestimmung, die der Reisende nicht ahnt‹, meint Martin Buber und zielt damit auf die unbestimmten Gefühle und Wünsche, die insbesondere den Jäger in die Ferne treiben. Auch, um sich beispielsweise in der Sommersonne Ruandas ›Umwaka Mwiza! Gutes Neues Jahr!‹ zu wünschen.

Obwohl sich vieles geändert hatte, wurden wir erneut auf das Angenehmste überrascht! Das alte Flughafengebäude dient zwar nur noch der Frachtabfertigung, der Besucher wird jedoch im nagelneuen Prachtbau, wie vor Jahren, schnell und geräuschlos durch die Paß- und Zollkontrolle geschleust. Charlotte, eine perfekt Englisch und Französisch sprechende Afrikanerin, managte alles souverän. Anschließend brachte uns der Ruandese Kaliste – während der ganzen Woche Fahrer, Dolmetscher und Reisebegleiter – im geräumigen VW-Bus in die Hauptstadt Kigali. Es hatte sich wenig geändert, außer, daß uns seinerzeit der aufgeweckte, immer lustige Damas chauffierte, das sprichwörtliche ›Mädchen für alles‹. Mit großer Betroffenheit erzählte man mir, daß der sympathische Geselle vor einem guten halben Jahr, kurz nach seiner Frau und kaum vierzig Jahre alt, an Aids starb. Ruanda hält, im Gegensatz zu seiner landschaftlichen Schönheit und der jagdlichen Einmaligkeit, auf dem Schwarzen Erdteil hier leider einen traurigen Rekord. 1993 steht es auch wirtschaftlich und politisch am Abgrund. Ein Jammer!

Zwei Tage später bekam das Thema ›Aids‹ auch für mich überraschende Aktualität. Im Eifer des Gefechtes riß ich mir bei der Pirsch einen Dorn in die Fingerkuppe. Wie in Afrika üblich, war mein Begleiter schnell mit der für solche Fälle immer am Hosenbund mitgeführten Sicherheitsnadel bei der Hand. In Gedanken eher bei den Büffeln als bei der nichtssagenden Verletzung, wollte ich mit dem Instrument gerade nach dem Dorn angeln, als mir gottlob eine innere Stimme – wenn Jäger Schutzengel haben, dann war dies ein ungemein aufmerksamer! – energisch »Stop« zurief.

Auf so dumme Weise, auch ohne sich den bei Fernreisen inzwischen bekannten Infizierungsgefahren – insbesondere auch bei medizinischer Behandlung – auszusetzen, könnte sich der ansonsten ›vorsichtige Zeitgenosse‹ schnell diese tödliche Krankheit holen. Ich versperre übrigens beim Verlassen des Camps Rasierapparat, Nagelschere oder die für Notfälle mitgeführten Einwegspritzen sicherheitshalber immer im Koffer.

Ungeachtet dessen, brauchte das von politischen und wirtschaftlichen Umwälzungen bisher weitgehend verschonte Ruanda zum Zeitpunkt meines Besuches Anfang 1990, keinen Vergleich mit dem übrigen Afrika zu scheuen. Inzwischen wurde durch den Einfall exilierter Oppositioneller und deren 40000 Mann Armee das Land in eine tiefe Krise gestürzt, der Mutara-Ground leergeschossen und für Touristen gesperrt.

Zum Weinen!

Obwohl die Bevölkerung in zehn Jahren von 4,5 Millionen auf über 7 Millionen anstieg (!) und sich damit zwangsläufig die wirtschaftlichen und sozialen Probleme vervielfachten, erschien bis zum Bürgerkrieg Mitte 1990 das Leben gut organisiert und lebenswert. Kigali und das Land hatten sich erstaunlich gemausert. Die einstige Staubstraße ins 140 km nördlich der Hauptstadt gelegene Gabiro-Guest-House war inzwischen asphaltiert. Im

Vergleich zu 1979 standen diesmal allerdings viel mehr aufgeregt schwatzende und in ihren Bananengärten und Kartoffelfeldern werkelnde Schwarze links und rechts der Straßen herum. Nach kurzer Fahrt entdeckte ich am Straßenrand sogar die mich schon vor einem Jahrzehnt begeisternde Kolonie majestätischer Kronenkraniche. Noch immer leuchtete bis zum fernen Horizont das unverwechselbare Grün saftiger, von tropischer Üppigkeit bedeckter, Höhenzüge. Im Nordosten grüßen teilweise über viertausend Meter hohe, meist von Nebel umhüllte Berge. Trotz intensivster Bewirtschaftung büßte die Hügellandschaft bisher nichts von ihrer Harmonie ein. Dabei verwöhnte uns dieses Land, welches zu Recht den Beinamen ›Land der tausend Hügel‹ trägt, mit einer milden Dezembersonne um die plus 23 Grad. Ein kleines Ferienparadies!

Auch Gabiro, die luxuriöse Hotel- und Jägerbleibe, hatte sich herausgeputzt. Die Bungalow-Appartements waren gepflegt und wohnlich, für afrikanische Verhältnisse nach wie vor einzigartig. Über allem lag der süße Duft von Amaryllis, von Bougainvillea und staudengroßer Hibiskus. In den bezaubernd angelegten Gärten der weit ausgebreitet in die Landschaft gelegten Hotelanlage tummelten sich emsige Reisfinken und Webervögel, Turteltauben und Glanzstare. Ende 1991 war dieses Gabiro niedergebrannt und von der marodierenden Soldateska zerstört. Zum Weinen!

Ein Besuch im Zerwirkgewölbe der Jagdwirtschaft bestätigte uns, daß sich auch jagdlich wenig geändert hatte. 40 Büffel waren von November bis März – übrigens dann, wenn im sonstigen Afrika die Jagd ruht! – freigegeben. 11 wurden bereits in den ersten zwei Monaten von Gästen gestreckt. Darunter einige, an denen man, ebenso wie an den erbeuteten Antilopen-Trophäen, durchaus Maß nehmen konnte! Was störte es da, daß am Abend schwarze Wolken heraufzogen und nach einem schweren afrikanischen Regen schnell ›Land unter‹ herrschte. Einige Stunden später hatten sich Pfützen und Rinnsale verflüchtigt, und alle Geschöpfe atmeten wie neu belebt durch. Währenddessen genoß der Jagdgast aus Europa ein erlesenes Dinner und freute sich, bei nostalgischer Plauderei über plötzlich wieder lebendige Erinnerungen, auf den nächsten Morgen: Um vier Uhr früh ging es los! Die .458er für ein ›Büffel-Rendezvous‹ und die rasante 7 mm Remington Magnum als Zweitwaffe, insbesondere auf Impala und Topi, waren getestet und geölt. Auch Alex hatte Maß genommen!

Schutz vor Profit

Trotz aller Bemühungen bekam ich keine Abschußerlaubnis auf Warzenkeiler und Wasserbock. Wildschutz wird in dem kleinen Land mit seiner begrenzten Wildbahn ungemein ernst genommen. Trotz des auch hier quälenden Devisenhungers, rangieren Hege und Artenschutz vor kurzsichtigem Profitdenken. Daran hatte sich seit Öffnung der Gastjagd vor zehn Jahren nichts geändert. Droht Überbejagung oder gerät eine Population in Existenznot – aus welchen Gründen auch immer –, wird unverzüglich die Lizenz-Bremse gezogen. Die Wildherden sind im Mutara-Ground zwar kleiner geworden – Hunger und Not fordern auch hier ihren Tribut –, die Artenvielfalt ist erstaunlicherweise jedoch gestiegen. Was mag hiervon heute noch übrig sein? Wovon, außer vom Wild, sollen sich die in dieses Gebiet eingefallenen Truppen ernähren?

Mit Stolz zeigten uns die Jagdbegleiter – noch immer staatliche Wildhüter ohne Waffe – die streng geschützten, damals gesicherten Bestände der kostbaren Roan-Antilope und der stattlichen Eland. Das Selbstbewußtsein Ruandas in Punkto Jagd zeigt sich nicht nur daran, daß es ungeniert für den 260000 Hektar großen Nationalpark und das Jagdgebiet gemeinsam wirbt – ›Parc national de L'Akagera et du Domaine de chasse du Mutara‹ –, sondern auch in seinen fortschrittlichen Safari-Richtlinien: ›Vor Tagesanbruch, dreihundert Meter

Eine Lebenstrophäe! Die ostafrikanischen Impala in Tanzania, Kenia und Rwanda sind die stärksten. Sie leben in der offenen Buschsavanne, in der Nähe von Wasser.

Aufmerksam beobachten uns Topi und Wasserbock. Die lichte Baum- und Buschsavanne ist der bevorzugte Lebensraum dieser Großantilopen.

von Straßen entfernt oder vom Auto aus, wird nicht gejagt. Die Kalibervorschriften sind genau zu beachten. Angeschweißtes Wild gilt als erlegt. Punkt 17.00 Uhr ist die Waffe zu entladen, Ende der Jagd für diesen Tag‹. In diesem Land bilden Jäger und Wildhüter eine bemerkenswert erfolgreiche Allianz. Es überzeugt weltweit, insbesondere mit welch durchschlagender Wirkung dieses kleine Entwicklungsland einen Beitrag – gemeinsam mit dem angrenzenden Zaire – zum Schutz der letzten etwa 300 Berggorillas der Erde leistet. Ihr Schutz in den Bambuswäldern des 14000 Hektar großen ›Parc National des Volcans‹, in den Bergen im Nordosten des Landes, ist der Republik eine der vornehmsten Aufgaben. Auch hier gilt die Parole: ›Schutz vor Profit!‹ Man erlaubt täglich höchstens 25 Touristen, immer nur in Kleingruppen von etwa fünf Teilnehmern, sich an einem ganztägigen Fußmarsch auf die Suche nach einer der fünf zur Besichtigung freigegebenen Gorilla-Familien zu beteiligen. Die Begegnung mit den hünenhaften und eindrucksvollen Urweltriesen zählt zu den aufregendsten Erlebnissen unserer Zeit. Ein Wunder, daß Ruanda, durch konsequente Gegensteuerung, der anrollenden Touristenwoge so standhält. Und nicht erst seit dem Film ›Gorilla im Nebel‹, dieser die Welt begeisternden Lebensgeschichte der von Wilderern 1991 ermordeten Gorilla-Forscherin Diane Fossey!

›Nutzung der natürlichen Ressourcen wo möglich, Beschränkung wo nötig!‹, heißt die auch von der einheimischen Bevölkerung bejahte Losung der Regierung. Das Volk der Huta und Tussi praktiziert ohne viel Aufhebens ›sanften‹ Tourismus und lebt vor allem von jenen Besuchern, die ein ursprüngliches Afrika, eine gepflegte – immer noch belgische – Gastlichkeit und großen Wildreichtum schätzen. Unsere Silvesterparty im Kreis italienischer, skandinavischer und belgischer Jäger spiegelte diese Attraktivität wider.

Atemberaubende Begegnungen

»Arrêtez, s'il vous plaît!«, bemühte ich mein fast schon vergessenes Französisch, als während der Heimfahrt plötzlich drei Löwinnen, keine Steinwurfweite entfernt, in Jagdmanier weit aufgefächert, die Böschung zur Savanne hochpirschten. In gebührendem Abstand ein kapitaler Pascha! Die Großkatzen des Akagera-Nationalparks und seines Umlandes wissen – es sollen heutzutage über 400 Löwen hier jagen –, daß ihnen niemand ein Haar krümmt. Löwe, Leopard, natürlich auch die gut 40 Elefanten und etwa 25 Spitzmaul-Nashörner sind in Ruanda, ebenso wie das Krokodil, der Buschbock, die sehr scheuen Sitatunga oder die neben den Gorillas zusätzlich vorhandenen, 13 Affenarten, strengstens geschützt.

Überraschende Begegnungen mit den ›Big Cats‹ gehören im Jagdgebiet zum Alltag. Nicht von ungefähr bat mich nach der Antilopenjagd der Tracker Edward ums zweite Gewehr. Er wollte nicht bis in die Nacht hinein schutzlos, einsam und verlassen beim gestreckten Wild, einem Impala und einem Topi, die wir kurz hintereinander erwischt hatten, alleine Wache schieben, ohne sich gegen eine überraschende Katzenattacke wehren zu können. Ich überließ ihm den Repetierer mit drei Schuß, ohne Zielfernrohr, auch deshalb, weil sich für ihn weit und breit kein Baum als Zuflucht anbot. Nach der gestrigen Begegnung mit den Löwen – für uns die helle Freude, für unbewaffnete Einheimische eine Bedrohung! – verstanden wir seine Sorge.

Wir hatten uns noch keine Meile vom Camp entfernt, als wir in der Dämmerung einen Trupp so auffallend kapitaler Impala-Bullen ausmachten, daß man meinen konnte, hier hätten sich die Kronprinzen des ganzen Landes versammelt. Der Anblick verschlug selbst dem abgeklärten Tracker die Sprache, dem es schwerfiel, seinen Eifer so zu bändigen, daß mit Sorgfalt die Nummer Eins ausgesondert werden konnte. Minutenlang wurde angesprochen, verglichen, wieder nachgegangen, erneut beraten: Bei diesem Wirrwarr geschwungener Hornschläuche und den – vor allem bei Seitenansicht! – zum Verwechseln ähnlichen Gehörnen, war der König unter den Prinzen erst nach geraumer Zeit dingfest gemacht. Die Burschen gingen ständig auf Distanz. Jedesmal wenn der vermutlich beste Hornträger mit seinen hoch aufragenden und ausladend nach außen weisenden Stangen herausgefiltert war, setzte sich der Trupp mit verspielten Luftsprüngen wieder in Bewegung, der Wettlauf begann aufs neue.

Allmählich arbeitete uns die Gewöhnung des Wildes an diesen Poker in die Hände. Die Impala-Böcke behielten uns zwar im Auge, wahrten auch Abstand, wurden aber in ihrer Aufmerksamkeit zusehends nachlässiger. Bald darauf, wie im stillen erhofft, bummelte hinter einer sanften Bodenwelle, ohne jeden Argwohn, der ›Vollausleger‹ heran und wurde frei. Obwohl sein Hauptschmuck in der Sonne noch stärker prahlte, war klar, daß wir einer Rekordtrophäe im Rang der zwanzig weltbesten ostafrikanischen Impalas auf den Fersen waren; mit schier doppelt so langem Hornmaß wie die seines von Natur aus geringeren südafrikanischen Vetters.

Alleine der Anblick brachte den Puls in Wallung. Das war eine echte Lebenschance!

Über 200 Meter Entfernung, nur an einem wackeligen Schießstock angestrichen, verlangen ein großes Herz! Ich war froh, daß Alex, mit pochenden Schläfen, aber ruhiger Hand, den Recken im Knall ins kniehohe Savannengras schickte. 72 Zentimeter Hornlänge auf Impala in heutiger Zeit, das war einen langen, feuchten Abend wert. Robert Ruark hätte auf seine unnachahmliche Art den Impala-Bock zunächst bedauert – »der hat mehr Horn als er braucht, er muß Kopfschmerzen davon kriegen« – und ihn dann wohl ebenfalls von allen irdischen Nöten befreit.

Diese Glückstrophäe und eine bald darauf erbeutete, recht brave Topi-Krone, wollten wir verständlicherweise nicht an eine herumzigeunernde Löwenhorde verlieren. Deshalb die Leihwaffe für den Tracker Edward.

Als er am Abend den Repetierer zurückbrachte und uns seine Story über eine nur noch durch Warnschüsse abzuwehrende Löwenbande auftischte – wen kümmert es, ob das alles wahr oder nur phantasievolle Wichtigtuerei ist? –, leuchteten die Augen des Schwarzen Augen ebenso begeistert wie die des heute erfolgreichen jungen Weißen: Beide unterschieden sich deutlich von den oft illusionslos gelangweilten Blicken vieler Alltagstouristen, die schon zu Beginn ihrer Reise wissen, was sie bei der nächsten Etappe erwartet! Jagd hat eben selten mit flüchtiger, absehbarer Naturbewunderung zu tun, sondern mit ständiger Anspannung und Überraschung; damit stärkt sie insbesondere das Erlebnis- und Wahrnehmungsvermögen. Sie trägt nicht nur zur Bereicherung der persönlichen Kultur des Jägers bei, sondern vertieft gleichzeitig individuelles Welt- und Naturverständnis. Eigentlich verständlich, daß man die Jäger häufig um ihre Privilegien beneidet. Gerade deshalb, weil, wie Orson Welles es kürzlich auf den Punkt brachte, »in dieser Zeit der normierten Ansprüche so individualistisch wie möglich zu leben, der einzige Luxus ist, den es noch gibt«. Das aber scheint zunehmend eher eine Frage der persönlichen Phantasie zu sein, als eine des Geldes! Wollte nicht selbst Julius Caesar vom Bürgerkriege ablassen, wenn man ihm ›die sichere Aussicht eröffne, die Quellen des Nil zu sehen‹? Und da kommen wir 2000 Jahre später des Wegs und genießen mit größter Selbstverständlichkeit das Vorrecht, nahe am Akagera, einem Quellfluß des Weißen Nil, Wild nachzustellen! Wenn das kein Privileg ist?

Dieser selbstbewußte Methusalem hatte uns sofort entdeckt. Eine Sekunde später warf er sich herum.

Vollmantel oder ›Softnose‹

Da ich Flußpferd bisher nicht bejagt und von diesem Abenteuer nur vage Vorstellungen hatte, war am nächsten Tag zunächst die Safari auf Kaffernbüffel angesagt. Alleine der Gedanke an eine Büffeljagd bringt – inzwischen weiß ich, daß dies im gleichen Maße auch für das Flußpferd gilt – den Jäger unverzüglich in jene eigenartig aufgeregte Voraus-Faszination, die Alexander von Humboldt darauf zurückführt, daß »Dinge, die wir nur aus den lebendigen Schilderungen der Reisenden kennen, ganz besonderen Reiz haben«.

Obwohl mir Großwild- und Büffeljagd nicht fremd waren, lag vieles wieder hinter einem Schleier prickelnder Ungewißheit. Denn, wie Humboldt fortfährt: »Alles in Entlegenheit undeutlich Umrissene besticht unsere Einbildungskraft; Genüsse, die uns nicht erreichbar sind, scheinen uns weit lockender, als was sich uns im engen Kreis des bürgerlichen Lebens bietet«.

Diesem geheimen Zauber erlag heute wohl auch ein Mitjäger aus dem urbayrischen Pfaffenhofen, der bereits im Verlauf seiner ersten Morgenpirsch einen klotzigen Kaffernbüffel auf die Decke legte und damit den Höhepunkt seiner Safari, ohne ihn durch langes Zögern zu gefährden, schon hinter sich hatte. Das nennt man Dusel!

Der 55000 Hektar große Mutara-Ground ist in acht Sektoren gegliedert. In der Regel stehen in vier dieser Teilgebiete die lehmgrauen Eintonner. Jeder Jagdführer handelt einen anderen Revierteil als Geheimtip – ich verlasse mich lieber auf den Zufall und meine Augen.

Während des Abendessens berichtet uns ein italienischer Jagdgast von seinem nachmittäglichen Waidmannsheil. Auch davon, daß er nicht nur wegen der Maße seines Büffels Grund zum Feiern habe! Während uns der Ober bestens versorgt – ein paar Dollarscheine wirken Wunder; an kleine Stückelung sollte man übrigens schon zu Hause denken! –, schildert der leicht gehbehinderte Endfünfziger seine Pirsch, die erst nach dem Schuß so richtig aufregend wurde. »Der Büffel ging, trotz der .458er Vollmantel, mit der Herde ab, ohne zu zeichnen«, erzählte er ohne viel Pathos, »wir folgten blindlings dem vorauseilenden Tracker«. Der Italiener wußte, daß der Büffel schwer krank war, auch wenn er im Fährten-›Salat‹ der davonpreschenden Herde weder Schnitthaar noch Schweiß fand. »Plötzlich stoppte der Skinner und fuchtelte in die entgegengesetzte Richtung«, fuhr unser Mitstreiter fort, »keine fünfzig Meter entfernt, seitlich zur Fluchtspur, entdeckten wir den liegenden Büffel mit erhobenem Haupt plötzlich im hüfthohen Gras«. Das entsprach dem altbekannten Strickmuster dieser gerissenen Burschen. Sie lassen arglose Verfolger oft seelenruhig an sich vorbeiziehen, um sie dann aus dem Hinterhalt mit aller Wucht anzunehmen. Erst zwei Monate vor unserer Jagd war im Sektor II des Mutara-Ground ein fünfzigjähriger Amerikaner dieser Heimtücke zum Opfer gefallen!

Der angeschweißte Büffel des Italieners wurde jedenfalls sofort hoch und nahm mit Karacho an. Erst nach dem dritten Schuß, keine zehn Meter mehr entfernt, ging der grauledrige Brocken in die Knie. Erneut ein typisches Ergebnis der von vielen Jägern vertretenen, reinen Lehre über die Vollmantel! Aus

besiegen!‹ Diese Jägerweisheit gilt überall, nicht nur in Indien.

Im ersten Licht des unvergleichlichen afrikanischen Morgenrots, dessen Farben sich tieforange über den flachen Horizont ergossen, fuhren wir im Schrittempo ins Gelände. Vor uns, soweit das Auge reicht, liegt welliges, dichtbebuschtes Hügelland, teils völlig aufgesogen vom dampfenden Morgennebel. Hüftstiefel oder eine Gummiüberhose wären, nach den schweren Regenfällen der vergangenen Nacht, im meterhohen Gras ein wahrer Segen. Wir hoffen, daß das Wetter nicht weiter Amok läuft!

Minuten später sind alle Wenn und Aber vergessen. Dicht gestaffelt, äst eine starke Büffelherde einen Gegenhang hoch. Sie hatte es sichtlich eilig. In kürzester Zeit sind wir bis auf die Haut durchweicht. Das zählt nicht. Vor allem, weil sich vor

Ein Dilemma: Das Wild unterliegt in der Lebensraumkonkurrenz mit der Viehwirtschaft - obwohl es der bessere Futterverwerter ist.

meiner Erfahrung ist die Teilmantel/Vollmantel-Mischung, insbesondere bei den gängigen Großwildkalibern bis hin zur 8x68S, praxisnaher, wirkungsvoller und sicherer. Für den ersten, alles entscheidenden Schuß, den man in der Regel ins Leben anträgt, selbst spitz von vorne – vor allem bei wehrhaftem Wild! – hat man in der Regel ausreichend Zeit. Der vielgerühmte Stirnschuß auf den angreifenden Büffel ist, wenn es überhaupt dazu kommt, fast ausnahmslos erst der zweite Versuch, Oberhand zu bekommen: Deshalb munitioniere ich immer in der TM - VM - TM - Mixtur! Die ›Softnose‹, wie Amerikaner die Teilmantel nennen, ist bei mir immer die erste Kugel im Lauf!

Die Büffel-Geschichten waren jedenfalls eine gute Einstimmung auf den nächsten Tag: ›Wer einen Tiger töten will, der muß ihn zuerst im Geist

unseren Augen eine ganze Herde schwarzgrauer Büffel buchstäblich in Luft auflöste! Stunden später erreichten wir den Allrad. Ein ausgiebiges Frühstück hob die etwas gedämpfte Stimmung. Die Abendpirsch endete ebenso in der Sackgasse. Zunächst hatten wir uns mühsam und vom Wild unbemerkt, auf Nahschußweite an eine etwa achtzig Häupter starke Büffelherde herangerobbt; ein kleines Kunststück, weil wachsamen Büffelkühen kaum eine Bewegung entgeht. Da die Landbevölkerung die meisten Bäume und Sträucher längst verheizt hatte, fehlt jede natürliche Deckung. »Soviele Bäume sind verschwunden, daß man den Gast des nächsten Tages schon heute sieht«, klagen die Ruandesen.

Nach der Schinderei dann die totale Dusche: Vor uns äst eine riesige Herde – viel Imposantes und Jagdbares –, aber nichts nach unserem Geschmack.

Morgenstimmung am Lac Nashu, Süd-Rwanda. Von allen Seiten ist das Grunzen und Blasen der Flußpferde zu vernehmen. Wo jedoch treibt sich der gesuchte Bulle herum?

Lieber keine Mutprobe

Letzter Gabiro-Tag. Viele unserer ehrgeizigen Ziele wurden zurückgenommen. An diesem Morgen stießen wir dreimal auf Büffel. Einmal bot mir ein reifer, griesgrämiger Bursche so nahe seine trutzige Stirn, daß ich mich aus Besorgnis für unser aller Sicherheit sträubte, dem Burschen die Kugel anzutragen. Wenn bei einer Distanz von knapp zehn Metern etwas schief geht, kann dies leicht die erste und letzte Mutprobe gewesen sein!

»Hast du wenig Zeit, dann jage keinen Büffel!« warnen die Afrikaner und bekunden damit ihren Respekt vor der Unberechenbarkeit dieses faszinierenden Großwildes. Außerdem ist ein so hautnahes Zusammentreffen gerade für den Jäger immer »eines der aufregendsten Erlebnisse, das diese Welt zu bieten hat«. Insbesondere wenn man die großen Tiere in ihrer natürlichen Umwelt und in völliger Freiheit beobachten kann. »Es ist mit dem Anblick eines überragenden Bauwerks oder dem Klang einer großen Symphonie vergleichbar«, bemerkt Julian Huxley. Wie wahr: Schuß und Trophäe sind höchstens ein Viertel jeder Reise, der überwiegende Teil besteht aus neuer, fremder Wildbegegnung, aus ›Tapetenwechsel‹ und dem Zusammensein mit anderen Menschen, mit ihrer Tradition und ihrer Kultur in meist weltabgeschiedenen Landstrichen der Erde.

Bekanntlich zahlt sich falscher Ehrgeiz nur selten aus; geduldige Hartnäckigkeit gilt nach wie vor als höchste Jägertugend. Sie bringt letztlich den lang ersehnten Erfolg!

Gegen zehn Uhr, während sich ›unsere‹ Büffel allmählich in den schattigen Akazien- und Dornbuschinseln zur Mittagsruhe einstellen, begeben wir uns ohne viel Hoffnung auf den kilometerlangen Rückmarsch. Doch Hubertus läßt die Wackeren selbst in Afrika nicht im Stich!

Plötzlich trägt uns der Wind aus einem dornigen Akaziengehölz auffällig scharfe Büffelwitterung zu. Verdammt! Wir sind mitten in eine ruhende Herde gelaufen! Überall warme Losung. Gut 40 Schritt vor uns, quer zueinander versetzt und breit wie nebeneinanderfahrende Lieferwagen, stehen zwei einzelgängerische Bullen – der abseitige etwa eine halbe ›Wagenlänge‹ voraus. Sie haben uns sofort weg. Nichts wie freihändig schießen! In der nächsten Sekunde steht das Fadenkreuz auf dem Blatt des einige Schritt vorab verhoffenden, unverwandt zu uns herüberglotzenden, stärkeren Hornträgers. Haarscharf am Brustkern des vor ihm stehenden Gesellen vorbei, bohrt sich das 33 Gramm Teilmantelgeschoß meiner Mauser durch sein Leben – von Schulter zu Schulter. Ohne das geringste Zeichen fällt der Recke in sich zusammen und verendet schneller als die Vollmantel nachrepetiert ist. Da hatten Instinkte Regie geführt.

89

Erst als Alex, der schon aufs Aushelfen mit dem 13 Gramm Remington Magnum-Geschoß lauerte, leicht enttäuscht sein »Nicht nett von dir, ich hätte auch gerne was gezeigt!«, an den Mann gebracht hatte, war mir ›toute la bonheur‹ bewußt. Nachdem Mut alleine noch nicht den Erfolg bringt und Büffel bekanntlich erst als tot gelten, wenn sie verspeist sind, wie die Afrikaner sagen, lassen wir uns trotz des Eifers der Begleiter Zeit. Natürlich dreht sich unsere Phantasie jetzt ausschließlich um den halbseitig aus dem Gras ragenden, magisch schwarz glänzenden Hornkreis, den wir keine Sekunde aus den Augen lassen. Vorsicht! Was ist auf Büffel nicht schon alles durch vorschnelle Begeisterung und bösen Trugschluß angerichtet worden!

Nach einer Zigarettenpause pirschen wir, die Gewehre im Anschlag, den vom brusthohen Gras verdeckten Recken an. Von hinten. Der Tracker – er vertraut voll meinem Schutz – geht einen halben Meter vor mir, die mächtige ›Panga‹, das Eingeborenen-Haumesser in der Hand. Mit ihr durchtrennt er – was ich trotz des erkennbar verendeten Bullen für richtig halte – dem Wildstier zunächst die Achillessehne. Der längst in die Büffelewigkeit eingegangene Kämpe war jetzt mein! Hornmaß und Helmpanzerung entsprachen den Erwartungen; ein paar Jährchen mehr auf dem Buckel hätten der Trophäe gut getan! Aber das ist Nachtarock. Wichtig blieb der saubere Abschluß dieser Pirsch. Alleine der Gedanke an eine Nachsuche ist ein Alptraum! Jetzt erschien uns jedenfalls der Himmel noch blauer, während am Abend die Schilderungen dieser Jagd von Glas zu Glas länger und farbiger wurden.

Für Alex war das der aufregendste Tag in seinem Jungjägerdasein, ganz im Sinne von Francis Bacon, der in einem Traktat über das Reisen schon vor rund 250 Jahren meinte, daß »Reisen in jüngeren Jahren der Erziehung, in reiferen Jahren der Erfahrung (dient)«. Das entsprach auch meiner Überzeugung: Man versteht die Welt und die Natur nur in dem Maße, wie man sie – je früher desto besser – selbst erfaßt und erlebt hat.

›Rer‹, das Flußschwein

›Verzeih', daß wir dich getötet haben, aber dein Fleisch ist so gut!‹, steht auf einem frühägyptischen Papyrus, der die ›Rer‹-Jagd vor 1000 Jahren beschreibt. Erstaunlich, wie menschlich man sich für den Tod des ›Flußschweins‹, wie die amphibischen Dickhäuter damals genannt wurden, entschuldigte. Der Land- und Wasserbewohner, mit seinen vier, beim Gehen sich platt abdrückenden Zehen, erhielt den heute bekannten Namen ›Nil‹-Pferd – wobei der Vergleich mit dem Pferd völlig absurd, der mit dem Schwein weitaus treffender ist! – wohl deshalb, weil die Kunde von ihm zuerst durch Nilreisende nach Europa kam. Nachgewiesenermaßen stellten die Römer auch Nilpferde in ihren Kampfarenen zur Schau.

Es gibt viele historische Berichte über dieses exotische, scheinbar nur aus Gesicht und Leib bestehende Wild, wobei die vielen Legenden und Vorurteile erst ab Mitte dieses Jahrhunderts allmählich von wissenschaftlich haltbaren Erkenntnissen widerlegt wurden.

Die Lektüre in alten Schmökern stimmte mich bereits zu Hause auf die anstehende Flußpferdjagd ein. Während der afrikaerfahrene Wißmann insbesondere Unbeholfenheit und Behäbigkeit des Hippo herausstellt und es deshalb mit einem ›gemütlichen Berliner Weißbier-Philister‹ vergleicht, halten andere, wie Brehm oder Grzimek, die Vierbeiner für ungemein scheu und vorsichtig, blitzschnell zu Fuß und angriffslustig.

Überraschungen am Wegrand

Ortswechsel. Zur Flußpferdjagd kutschierten wir einen ganzen Tag durch den malerischen, von tiefen Tälern und dichter Busch- und Grassteppe bedeckten Akagera Nationalpark. Im Schutzgebiet stießen wir überall auf Großverbände von Antilopen und Gazellen. Imposant vor allem die gewaltigen Büffel. Das Wild war vertraut und gewöhnt, bestaunt zu werden. Selbst ein steingrauer Büffelgreis, dessen Hornkreis bereits dünngescheuert und teilweise abgesplittert war, verharrte stoisch und ungerührt unmittelbar neben der Sandstraße: Diesem ausgemergelten Methusalem, mit runzelig haarloser, grindiger Maske und eigenartig abwesendem Blick, gewährten selbst die Löwen noch eine Galgenfrist. Während eines Picknicks bei über plus 20 Grad Dezembersonne, wagte sich eine Riesenherde Impalas so nahe heran, daß wir buchstäblich die Hornwülste zählen konnten. Gut zu beobachten, daß auch hier das weibliche Wild – im Gegensatz zum Topi oder der Oryx – ohne Stirnwaffe! mit höchster

Gegen den Plattfuß dieser Dreitonner ist kein Kraut gewachsen.

Aufmerksamkeit den Verband dirigierte, wobei sich die Bullen dieser Führung anvertrauten.

Die nächste Wegbiegung lag schon hinter uns, als sich meine Frau plötzlich sicher war: »Zurückfahren! Ein Leopard!«. Des lieben Friedens willen legte der Fahrer den Rückwärtsgang ein. Da! Eine gute Schrotschußentfernung neben der Straße döste am hellichten Tag, in ihrer ganzen Länge ausgestreckt, eine gefleckte Katze auf dem Ast einer Akazie.

Bewegungslos, in einer Astgabel ›reitend‹ und entspannt mit allen Vieren ›zwischen Himmel und Erde‹ baumelnd, genoß ein starker Leopardenmacho die wohlige Mittagssonne. Allerdings nur so lange, bis wir anhielten. Mit einem Satz sprang er in die Hocke und ließ uns nicht mehr aus den Augen! Nur seine nervös hin- und herpendelnde Rute signalisierte Ärger und angespannte Aufmerksamkeit. Alex schoß postwendend einige Teleaufnahmen. Eine solche Gelegenheit in freier Wildbahn, nicht im Zoo und nicht an einer Kirrung, noch dazu bei Tageslicht und so nahe, bot sich so schnell nicht mehr! Unvermittelt erhob sich der Kuder und kletterte, majestätisch gelassen, den Stamm hinab. Bereits bei seinem ersten Schritt begann Alex laut zu fluchen: Sein Film war gerade zu Ende! Als er ihn schließlich gewechselt hatte, war der Räuber über alle Berge! Es war für ihn wenig Trost, als ich ihm von einer Jagd in Zimbabwe erzählte, bei der mir ein Leopard nach leisem kaltem ›Klick‹ nur deshalb entkam, weil ich nicht geladen hatte!

Am Spätnachmittag erreichten wir das auf eine Bergkuppe gebaute, völlig in die Wildnis des Nationalparks gestellte Hotel ›Akagera‹. Die dort gebotenen Annehmlichkeiten, verbunden mit seiner Abgeschiedenheit, lohnten die weite Reise. Diese unberührte, schier unendliche Hügel- und Seenlandschaft fesselte das Auge. Die große Gastlichkeit und gute Küche zwangen zur Zurückhaltung. Vor allem, wenn man am nächsten Morgen um vier Uhr zur Safari aufbrechen mußte.

Am Lac Nasho

Endlich, nach zwei Stunden Nachtfahrt durch meist üppige Bananenplantagen, schimmern im Dämmerlicht die silbrig glatten Wasser des Lac Nasho auf. Abrupt, wie bei einer schräg in den See verlaufenden Rampe, endet unser Weg im dichten Ufergürtel. Auf dem bewegungslosen Gewässer schaukeln primitive Fischerboote, und einige schlanke, halb mit Wasser vollgesogene Einbäume liegen abgesackt in der Böschung. Aufgeschreckt vom Autolärm, erwachte das Leben entlang der ›Hafen‹-Straße heute schneller als sonst. Man weiß, die Jäger, welche dem unleidigen ›Ngiliya‹-Bullen zu Leibe rücken wollen, sind angekommen! Während wir dem von allen Seiten vernehmbaren Blasen und Prusten der Nilpferde lauschen – sie beenden vorsichtshalber um diese Zeit ihren Landgang – und uns von der eigenartig verzauberten ›blauen‹ Stimmung am verschlafenen See einfangen lassen, werden wir von einem Dutzend in Decken und Handtücher gehüllten, meist barfüßigen Burschen umringt. Einige Halbwüchsige, die wohl Vaters Frühstück besorgen müssen, rudern, mit kleinen Garn-Netzen und kümmerlichen Angelschnüren ausgerüstet, gerade ihre wackeligen Kanus auf den See hinaus. Währenddessen peilt der Game Warden die Lage: Wer hat wo den alten Bullen zuletzt gesehen? Die Auskunftsfreude ist überwältigend. Nach diesem Palaver müßte es in unmittelbarer Nähe ein ganzes Geschwader dieser Vorzeitriesen geben.

Nachdem ich nur ›Bahnhof‹ verstehe und andererseits gerne wüßte, wohin die Reise geht, erläutert mir der Wildhüter in erstaunlich gepflegtem Französisch die Strategie. Ein buckeliger, nach einer schweren Gesichtsverletzung einäugiger Mann – erkennbar eine der Autoritäten dieser Gegend – führt uns durch haushohe Bananenhaine zur ›Tummelwiese‹ des gesuchten Dickhäuters. Auf modrigen, durch verfaulende Bambusblätter gefährlich schlüpfrigen Pfaden erreichen wir bald die dichtbewaldeten Gestade des Sees. Immer wieder überqueren wir tief ausgetretene, landeinwärts führende Hippo-Wechsel; zweispurig, den wüsten Furchen eines sich durch Schlamm wühlenden Geländewagens nicht unähnlich. Der Erdwall zwischen den schüsselgroßen, tief ausgetretenen Fußspuren ist streckenweise vom darüberschleifenden ›Bierbauch‹ der gewichtigen Landgänger flachgehobelt.

Wir sind äußerst vorsichtig, wollen das Wild nicht vergrämen und im undurchsichtigen Bananenwald nicht überraschend einen Rückwechsel kreuzen. Bekanntlich ist das Nilpferd, im Gegensatz zum Zwergflußpferd – dem heimlichen Waldbewohner des westafrikanischen Liberia, das erst um 1885 entdeckt wurde, höchstens 260 Kilo wiegt und in Freiheit kaum erforscht ist – ein dem Wasser und dem Land gleichermaßen gut angepaßtes Geschöpf. Seine Aggressivität und Unberechenbarkeit sind

ebenso gefürchtet wie die kiloschweren, an der Spitze schräg abgeplatteten und wie Porzellan polierten, halbkreisförmigen Eckzähne. Was zwischen die gewaltigen, armdicken Hauer und die zwei waagrecht nach vorne ragenden, bolzenartigen Schneidezähne gerät, wird unbarmherzig durchtrennt und von diesem Riesenmaul zermalmt.

Allmählich zieht der Tag herauf und immer deutlicher zeigen sich die Besonderheiten dieser Jagd: Man hört da und dort zwar rollendes Gurgeln und Blasen von Flußpferden, aber man bekommt sie nicht zu sehen. Von Land kaum anzugehen, verbringen sie den ganzen Tag, uneinsehbar hinter der dichten Uferbewaldung, im Wasser.

»Am See ist die Jagd auf ›Ngiliya‹ aufregender und schwieriger als am Fluß oder im Sumpf«, meint Edward, »du weißt nie, ob du an sie herankommst, ob sie plötzlich vor dir auftauchen oder längst einfach irgendwohin abgetaucht sind!«.

Gefoppt wie ein Anfänger

Dann gings ans ›Eingemachte‹. Ohne lange Debatte arbeiteten wir uns, teilweise bis zum Hosenboden im Wasser, auf schaukelndem, wie Maisstauden zerbrechendem Papyrus – seine filigranartigen Federkronen erinnern an Riesenkraniche –, durch Röhricht und Schlingpflanzen dorthin vor, wo eben das Prusten dieser lebendigen ›Süßwasserbojen‹, wie Hedinger die Pflanzenfresser bezeichnet, geortet wurde. Das mühsame Heranpirschen – ein Tracker immer voraus – ist ohne Beispiel! Der Wildhüter,

›Abgelegt!‹ Mama ist augenblicklich voll mit der Bananenernte beschäftigt.

Noch weitgehend unberührte Natur. Der See versorgt die Menschen. Sein Fischreichtum bringt auf dem Markt gute Preise.

Abgeschirmt von schwimmenden Papyrusinseln verbringen die Hippos den Tag. Ihr größter Schutz sind ein feines Gehör und die Wachsamkeit der ganzen Sippe.

diesmal zumindest mit einem museumsreifen Karabiner bewaffnet, bildet das Schlußlicht. So rackern wir uns behutsam, teils meterhoch in den Ästen über dem Wasser kletternd, durch diese feuchte Hölle. Bei dem in unmittelbarer Nähe plötzlich immer wieder vernehmbaren, gurgelnden Schnaufen und rollenden Grunzen bekam man fast eine Gänsehaut. War das unheimlich! Die Spannung wuchs: Konnten wir auf den zum See hinausragenden, dornenübersäten Akazienästen überhaupt soweit hinausturnen, um sauber anzusprechen?

Beinahe akrobatisch, buchstäblich auf allen Vieren und mit von Dornen zerstochenen Händen – während unter unserem Gewicht abgestockte Stämme brachen und ins Wasser plumpsten, wo neben Bilharziose auch Krokodile und Wasserschlangen angesagt waren – eröffnete sich nach einer Weile endlich der Blick auf den See. Wie befürchtet, hatte uns der argwöhnische Bursche längst mitbekommen und sich höchstens 20 Meter weiter seitlich – damit für uns erneut unerreichbar! – überstellt. Also kehrt! Über wilden Verhau, durch Schlingpflanzen und brackiges Wasser, geht es zurück in die wenig aufregende Welt der Bananenstaude. Was nun?

Interessanterweise hatten die Einheimischen auch kein Rezept. Als später ein Halbwüchsiger auftauchte und aufgeregt dem buckeligen Alten mitteilte, daß der ›Nasho-Bulle‹ einige hundert Meter weiter in die Lagune hinein sich abgesetzt hatte, war wieder Eile geboten. Auf modrigen Bananenblättern hin- und herrutschend, überquerten wir abermals eine Reihe frischgestampfter Wechsel und erreichten, völlig außer Atem, bald einen schlammigen Seitenarm. »Go bananas, nennt man das«, lachte Alex. Da erscholl in der Nähe erneut, für uns nicht einsehbar, ein wütendes, dumpf polterndes Gebrüll: Der Hausherr fühlte sich entweder pudelwohl oder belästigt! Keine Frage: Am Rande des Akaziendschungels, und vom Land her kaum zu entdecken, konnte der alte Schlaumeier hier völlig ungestört in den Tag hineingähnen! Vielleicht half eine List der Einheimischen.

Während wir erneut auf ›Kletter-Pirsch‹ durch die Akazien stiegen, zwängten sich zwei Burschen in ihre Einbäume, ruderten auf den See hinaus und bezogen uns gegenüber, gut zweihundert Meter entfernt und in einigem Abstand zueinander, Stellung. Dann inszenierten sie, wobei sie die Unbeherrschtheit und Angriffswut alter Bullen auszunutzen suchten, ein ebenso aufregendes wie mutiges Schauspiel: sie schlugen mit ihren Rudern ununterbrochen an die Wandung ihrer Einbäume und versuchten, mit ihrem dumpfen Rhythmus einen Angriff des Dickhäuters auf ihre Boote zu provozieren. Großartig! Wenn das gelang, dann vergaßen uns die Flußpferde – wir waren sicher, es mit mindestens drei zu tun zu haben – und stürmten aus ihrer Deckung ins offene Gewässer hinaus. Damit konnten wir uns

93

unbemerkt einrichten und bei der Rückkehr der Kolosse vielleicht zum Schuß kommen.

Inzwischen hatten wir Sichtkontakt zu den Booten. Die beiden Fischer waren verständlicherweise auf der Hut und ließen die Dreiersippe keine Sekunde aus den Augen. Sie berechneten das Verhältnis ihres Abstandes zur allgemeinen Tauchdistanz der Nilpferde und sicherten sich dadurch gegen jeden überraschend vorgetragenen Unterwasserangriff. Insgesamt ein schlauer Plan! Doch die Flußpferde waren hierfür nicht zu begeistern. Wie uns die Späher von ihren Booten aus signalisierten, blieben die Dickhäuter lieber friedfertig und zogen sich stattdessen einige hundert Meter tiefer in die Lagune zurück.

Wir hatten sie überhaupt nicht zu Gesicht bekommen! Allmählich kam ich mir gefoppt wie ein Anfänger vor.

Bekanntlich stärkt aufkeimende Wut die Moral und Verbissenheit; allerdings mußte ich mich damit bis morgen früh gedulden. Inzwischen war es Mittag geworden, so daß der staatliche Begleitjäger für heute abbrach. Da ein Nilpferd nur mit einem abgezirkelten Gehirnschuß gestreckt werden kann, wobei es zunächst auf den Grund des Sees sinkt und nach zwei bis drei, manchmal auch erst nach fünf Stunden aufgebläht hochkommt, würde man bei einer erfolgreichen Nachmittagsjagd und den anschließenden Bergungsarbeiten unweigerlich in die Dunkelheit kommen. Daran war keiner interessiert.

Zitterpartie im grünen Inferno

Wie üblich blieben wir zu lange in der Bar hängen. Trotzdem ging der Zug pünktlich um vier Uhr früh ab. Die Stimmung war gut. Auch deshalb, weil wir diesmal wußten, wie der Hase läuft. Besser: wie das Flußpferd taucht! Kaliste fuhr mit dem VW-Kombi wie der Teufel durch die pechschwarze Nacht. Ich beruhigte mich damit, daß außerhalb des Nationalparks, auf den entlang unserer Rennstrecke angelegten Mais- und Maniokfeldern oder in den Bananen- und Kaffeeplantagen weder eine Antilope noch ein Warzenschwein überlebt hat, um uns bei der Raserei in die Quere zu kommen. Damit rechnete wohl auch der Fahrer!

Anschließend verlief alles wie gehabt. Mit einer Ausnahme: uns begleitete ein offensichtlich ortskundigerer Führer. Selbstsicher und ohne viel Blabla ging er voraus. Je näher das Seeufer kam, desto deutlicher wurde der dröhnende Flußpferd-Radau. Es war faszinierend! Obwohl es kaum dämmerte, waren die Dickwanste schon wieder ins nasse Element zurückgewechselt! Mäuschenstill, Schritt für Schritt, näherten wir uns dem Ufergürtel; wie überall in Afrika, begleitet von plötzlich wie aus dem Boden gezauberten Einheimischen. »Die Afrikaner machen ihre Gegenwart auf anderen Wegen bemerkbar als durch Gesicht, Gehör oder Geruch«, schreibt die Afrikakennerin Tanja Blixen, »so daß man nicht sagt: ich seh' sie, ich hör' sie, ich riech' sie, sondern: sie sind da! Wildtiere besitzen diese Gabe«.

Durch eine Lichtung erspähen wir im fahlen Licht des langsam hochkommenden Tages die beiden bereits erneut in ihren Einbäumen hockenden Lotsen, die uns verstohlen mit ihren groben Holzrudern Zeichen geben. Unbehelligt von unserem Aufmarsch angeln sich zur selben Zeit am flach auslaufenden Seeufer ein hochgestelzter, storchenfarbiger Jaribu, unzählige schwarze und weiß-schwarze Ibis sowie ein reihergroßes, türkisleuchtendes und ungemein scheues Riesenheron-Pärchen, mit blitzschnellem Schnabelhieb ein Frühstück aus dem seichten Gewässer. Dazwischen gellt der durchdringende Schrei des Fischadlers, der mehrmals mit angelegten Schwingen wie ein Torpedo nach unten schießt, bis er endlich, in der kurzen Spanne zwischen jähem Abbremsen und kraftvollem Beschleunigen, mit seinen graublauen Stahlfängen einen an der warmen Oberfläche des Sees vor sich hindösenden Silberfisch haken kann. Mehr als die emsigen Kolibris und bunten Schmetterlinge beschäftigte uns natürlich der allgemeine, vor uns ständig rülpsende oder kurz aufbrüllende Hippo-Clan, welcher nach Ansicht des Wildhüters Zwiesprache und Wohlbehagen aus mindestens drei verschiedenen Riesenmäulern verriet.

Edward, der Guide, sprang leichtfüßig von einer Papyrusinsel zur nächsten. Ihn scherte nicht, daß ich laufend zwischen Schlingpflanzen und tückischen Wasserlilien einsank, naß bis zum Gürtel war und in diesem grünen Inferno nur mühselig nachkam. Wegen der fast spürbaren Nähe der walzenförmigen Landsäuger, die wie kein anderes Großwild plötzlich verschwinden und im nächsten Augenblick in unmittelbarer Umgebung wieder auftauchen und gereizt reagieren können – noch dazu, wenn man selbst keinen festen Boden unter den Füßen hat – erfaßte mich eine zunehmende Kribbeligkeit. Außerdem quälten mich Zweifel: Kommen wir trotz des Geknackses nahe genug heran? Tummelt

Der alte ›Ngiliya‹-Bulle hält respektvoll Abstand. Auftauchen, blitzschnell luftholen und sofort weg!, sagt ihm seine Erfahrung.

Augen immer mehr als dem Gehör, und Seltenes – sprich Kapitales – ist auch hier selten!

Plötzlich herrschte Funkstille. Das Blasen war verstummt. Eine überraschend an uns vorbeitreibende, langsam am Ufer auslaufende Bugwelle bestätigte den Verdacht: Die Sippschaft hatte uns erneut spitz bekommen! Jetzt war nichts mehr kaputt zu machen. Ohne viel Federlesens rückten wir bis an den schwankenden Saum des Papyrus vor. Schon der erste freie Blick auf den See sagte mir, daß hier die einzige Chance auf Erfolg bestand, selbst wenn man sich die Beine in den Leib stehen muß!

Kein Kinderspiel

Doch das Glück war gnädig! Auf halber Strecke zwischen uns und den beiden auf dem See schaukelnden Einbäumen, tauchte urplötzlich der Quaderschädel eines Flußpferdes auf; argwöhnisch, vorsichtig den Blick voll aufs Ufer gerichtet. Dabei zeigten sich nur die wie seitlich aufgesetzt wirkenden, golfballgroßen Glotzaugen und die gewölbte, fleischige Riesenschnauze. Aus den geschlitzten, schrägstehenden Nasenlöchern wurde blitzschnell verbrauchter Atem ausgestoßen und Frischluft

sich dort draußen tatsächlich, wie von den Begleitern steif und fest behauptet, der alte Nasho-Bulle? Oder ist ihnen nur die Phantasie durchgegangen? Schließlich glaubt man gerade als Jäger seinen

Die Bergung des Dreitonners wird zum Schauspiel. Das Dorf ist jetzt für Wochen mit Fleisch versorgt - völlig legal!

95

getankt. Das übrige Gesicht lag, wie zu einer Mulde abgesenkt, unter Wasser. Ohren und Augen schienen ohne Verbindung zum Maul. Das glich einem lauernden Unterseeboot!

Phantastisch, sich vorzustellen, wie die dickgenudelten Brocken mit ihren schweren Beinsäulen – deren Fußabdruck wir sogar auf der roten Sandstraße am Dorfende fanden! – sich unter Wasser auf morastigem Seegrund fortbewegen. Flußpferde, die normalerweise in Gruppen von 10 bis 15 Individuen zusammenleben und sich durch ein meist unter Wasser geborenes und dort gesäugtes Junges fortpflanzen, vermehren sich wegen des Fehlens von natürlichen Feinden und der Wachsamkeit der Kühe oftmals so stark, daß der Lebensraumkonflikt zwischen Mensch und Tier – ähnlich wie beim Elefanten – unvermeidbar wird.

Natürlich war auch ich zunächst der Meinung, Flußpferdjagd sei ein Kinderspiel und ohne jeden Reiz. Hellhörig wurde ich erst bei den wilden Geschichten über die mit schweren Steinen bewehrten, hoch über Flußpferdwechseln aufgehängten Fallharpunen oder die raffiniert getarnten, mit spitzen Pfählen gespickten Fallgruben, sowie durch Erzählungen über zahllose, unheilvolle Nilpferdangriffe. Hinzu kamen bittere Berichte über die schier unlösbare Schwierigkeit, kapitale Bullen sicher anzusprechen, sowie über den Verdruß mit Fehlschüssen wegen des fast brettebenen Schußwinkels. »Da die Zeit, die für einen Schuß zur Verfügung steht, sehr kurz ist«, bekennt Roosevelt, »bedeutet dies, daß man zwei bis drei Flußpferde schießen muß, ehe man das richtige Exemplar für seine Sammlung bekommt«. Nun, das mag um die Jahrhundertwende ein Rezept gewesen sein. Heutzutage, wo man nur eine Lizenz und einen Schuß frei hat, wird etwas mehr als nur ein krummer Finger verlangt. Und das ist gut so! Einen ›Dreitonner‹ zu treffen ist keine Kunst. Bei einer ›See-Safari‹ den passenden Bullen jedoch mit nur einem Schuß zu strecken, bedeutet echt eine Herausforderung!

Nur Gesicht und Maul

Und ich hatte Erfolg. Daß ich mich selten so geschunden habe und noch nie von solcher Ungewißheit geplagt war wie bei dieser Flußpferdjagd, oder andersrum: vorher keine Jagd so unterschätzte wie die am Lac Nasho, sei offen bekannt. Schillers Erkenntnis: »Will einer in der Welt was erjagen, mag er sich rühmen, mag er sich plagen«, galt besonders für dieses Großwildabenteuer, das ich im nachhinein zu meinen aufregendsten zähle.

Auf handtuchgroßen, schwankenden Papyrusinseln, haarscharf am Rand eines unergründbaren, von leichtem Wellengang bewegten Sees zu balancieren – trotz aller Konzentration leicht auf der Kippe – das war mehr als nur aufregend. Mit Jagd, als Wettbewerb der Sinne, der Ausdauer und List, hatte das – wenn man das Wild nicht sieht, nicht anpirschen und kaum ansprechen kann – nur noch wenig zu tun. Während wir fortwährend auf der schwimmenden Moderinsel bis zu den Knöcheln einsanken und mißtrauisch hinter jedem verdächtigen Plätschern und Kräuseln des Wassers einen auf dem Seegrund herangeisternden Widersacher vermuteten, fieberte hinter uns, in Erwartung des großen Schlachtfestes, leise schwatzend und kichernd, bereits das ganze Dorf.

Dann war endlich ›Ring frei!‹. Etwa siebzig Meter entfernt tauchte, ohne daß der Wasserspiegel sich bewegte, völlig überraschend ein riesiger Schädel bis zum Halsansatz auf – nur Gesicht und Maul! Zwischen der Schrecksekunde und dem Zeitverlust aus der bangen Frage »Ist das der große Bulle?«, und der viel zu späten Antwort »Oui, c'est le grand!« – dabei gleichzeitig in Anschlag zu gehen und zu zielen – hatte der Bulle längst seine Audienz beendet. Das ›Wutgähnen‹ aus seinem ›Scheunentor‹, besonders die als Drohung gezeigten, großen Eckzähne – sie sind aus der begehrtesten aller Elfenbeinqualitäten, da sie, einmal mit Säure von ihrem glasharten Schmelz befreit, blütenweiß werden und nie mehr vergilben – verfehlten bei uns die beabsichtigte Wirkung. Der Fehdehandschuh war angenommen!

Inzwischen holte auch die übrige Sippe, eine im Vergleich zum Bullen nur wenig schwächere Kuh mit einem Jungen, mehrmals Luft. Wohlüberlegt hielten sie jetzt fast gleichen Abstand zu uns und zu den Booten. Der Boß kam alle vier bis fünf Minuten, Mama mit ihrem Jungen alle zwei bis drei Minuten zum Luftschnappen hoch. Dabei wechselten sie nur geringfügig ihren Standort, zeigten aber niemals ihr ganzes Gesicht. Der alte Schlauberger tauchte, im Gegensatz zu seiner Begleitung, jeweils bereits nach zwei Sekunden wieder weg. Obwohl mich der Wildhüter präzise mit »Petit!« oder »Grand!« im Ansprechen der kurz auftauchenden Flußpferde unterstützte und mich einmal mit »Rasa!« ein andermal mit »Wirasa!« zum

Ende einer aufregenden Safari! Das Nilpferd, einst überall südlich der Sahara beheimatet, ist regional teilweise stark bedroht.

Schießen oder Nichtschießen in der Landessprache Kinarwanda anfeuerte, war kein Drandenken, gegen diese schnellen Überrumpelungen anzukommen. Schon gar nicht, solange der Goliath nicht mal ein paar Sekunden sein volles Gesicht präsentierte.

Nach mehrmaligem In-Anschlag-Gehen, Ziel-Erfassen, wieder Absetzen – immer nach dem hastigen Kommando »Schieß!« oder »Schieß nicht!« – war ich bald geschafft. Gleichzeitig packte mich ein heiliger Zorn, und dennoch wuchs die Zuversicht. Irgendwann, das war abzusehen, hatte der Alte – der sein Verdauungsnickerchen sicherlich lieber in der Nähe des Ufersaums zubrächte, wo ihm Madenhacker Ungeziefer aus der Lederhaut picken konnten – das Spielchen satt! Entweder er kommt in Kürze zu uns heraus oder er sucht das Weite!, sagte ich mir.

Doch da war erst Halbzeit. Der ›Fight‹ war auf volle 12 Runden angesetzt! Einmal wäre ich beinahe einem bösen Fehlurteil des Guides aufgesessen. Ich hatte mir gerade Edwards Schulter als Auflage für die inzwischen zu schwerem Blei gewordene .458er ›ausgeliehen‹, so daß ich bei vollem Anschlag die gesamte Szene bequem durchs Zielfernrohr im Auge behalten und den Finger am Abzug haben konnte. Plötzlich tauchte wieder, diesmal mit dem ganzen Gesicht uns zugewandt, ein in Wasser und Sonnenlicht dunkel aufscheinendes Riesenhaupt auf. »Schieß!«, haspelt der ebenfalls schon erschöpfte Tracker. Sofort steht der Stachel auf dem knöchernen Grat hinter den Sehern. Doch im Herzschlag zwischen Luftholen und Abdrücken registriere ich instinktiv, daß dem fleischigen, mit Borsten besetzten Riesenmaul die markante Schlitzverletzung des alten Bullen fehlt! Unmittelbar darauf tauchte der Junior neben seiner Mutter auf. Glück für uns alle!

Dort, der Quaderschädel!

Ich wußte nicht, daß vier bis fünf Minuten Pausen, und das eine gute Stunde lang, eine solche Bürde sein können. Außerdem war mir neu, daß man bis über die Knie im Wasser stehend, vor Konzentration schweißgebadet wie bei einer steilen Bergpirsch sein konnte. Eine halbe Stunde Daueranschlag gehen unglaublich in die Arme und schlagen aufs Gemüt! Ich wünschte inständig, das wehrhafte Großwild würde endlich attackieren! Längst verfluchte ich das Ried, den Papyrus und die ganze Pracht mediterraner Vegetation ebenso wie die prächtigen Palmen und Uferakazien. Doch ich war sicher, den Burschen zu bekommen: »Schließlich gibt es mehr Leute die kapitulieren, als solche die scheitern!«.

Diesen Appell Henry Fords noch im Kopf, bahnte sich nach einer langen Stunde Nervenspiel blitzartig die Entscheidung an. Wie vermutet, ging dem Dickschädeligen endlich der Gaul durch. Schließlich ist auch er ›zum Sehen geboren‹ und hatte seine Verbannung satt! Langsam, den Blick sofort auf uns gerichtet, hebt sich das klotzige Antlitz aus den Fluten. Sofort saugt sich das Vierer-Absehen fest. Achtzig Meter! Feuer!

Weißblitzend, im Sonnenlicht wild aufbrodelnd, schäumt der See. Dann herrscht Stille. Bald darauf verbreiten endlose Wasserkreise, wie schnelle Funkwellen, geheimnisvolle Neuigkeiten über den See. Getroffen? Gefehlt? Die Ungewißheit wird zur Qual. Hier hilft nicht einmal eine Nachsuche weiter! Jetzt braucht es Nerven!

Bei den Zuschauern im Hintergrund bricht ein Sturm der Begeisterung los, die mehr dem Magen als dem Herzen entspringt. Auch die Jagdbegleiter gratulieren. Endlich sind sie vom Erfolgsdruck befreit. Für sie ist die Jagd gelaufen! Deshalb: Ruhig Blut! Jetzt brauchen wir nur zu warten, bis der Riesenkörper hochkommt. Alles andere ist Routine.

Halb an Land zurück, beschäftigten mich vor allem die ungewissen Fragen über Alter, Größe und Gewicht des Bullen. Seinem Benehmen nach handelte es sich zweifelsfrei um einen alten, erfahrenen Recken. Das große Fragezeichen stand über der Qualität seiner Waffen. Schließlich sind sie, neben der grauschwarzen Haut, aus der einst bis zu 400 der gefürchteten Nilpferdpeitschen geschnitten wurden – das Gerben des Leders soll bis zu sechs Jahre dauern – und dem kurzen, mit langen schwarzen Draht-Haaren besetzten Schwanz, die Haupttrophäe. Daß ich den einem Elefantenschwanz ähnlichen Wedel später nicht bekam, weil die Eingeborenen ihn sofort kappten und in ihrem Aberglauben zurück in den See warfen – womit sie die Wut der Flußpferde zu besänftigen und einen Angriff während der Bergung zu vereiteln suchten – war natürlich ärgerlich. Leider hatte ich vorher noch nie von dieser geheimen Magie gehört; ich hätte ihr mit Sicherheit etwas entgegengesetzt!

Meine Waffe war schon entladen, als vom See her aufgeregtes Geschrei erscholl: »Itonde! Vuba! Ngiliya invubu! Vorsicht! Schnell! Das Hippo kommt!« Im Zurückhetzen repetierte ich zwei Patronen ein, und erlebte ein einzigartiges Schauspiel! Keine zehn

Mangrovenbestände und Uferbuschung begrenzen den Lebensraum der ›See‹-Flußpferde. Ihr Landgang wird schwieriger, die Konflikte mit den Menschen steigen.

Meter mehr vom Ufer entfernt, stürmte das Hippo – einen Hinterfuß hoch aus dem Wasser gereckt, den übrigen Körper, in Schräglage auf einer bewegten Gischtspur, unter Wasser – dem Ufer zu. Im nächsten Augenblick, ohne daß ich gleich einen Schuß los wurde – krachte der Randpapyrus unter der Wucht des Kolosses zusammen. Schädel und Vorschlag wurden im flachen Seeufer aus dem Wasser gedrückt und boten erst jetzt Gelegenheit für einen Fangschuß, obwohl hierfür eigentlich keine Notwendigkeit mehr bestand. »Behemot«, wie der Vorzeitriese schon in der Bibel genannt wurde, war tot. »Bravo, bravo!«, klatschten die Einheimischen. Das war nach ihrem Geschmack! Nun brauchten sie nicht erst Stunden zu warten, bis der Riesenleib hochtrieb, und mußten sich nicht einmal schinden, das Hippo an Land zu bugsieren.

Ein Drama ohne Beispiel

»So muß man das Flußpferd schießen!«, lachte der Game Warden, den der zunächst nicht erklärbare Reflex des Dickhäuters ebenfalls verblüffte. »Der wollte sich rächen«, behauptete er, »noch im Todeskampf wußte er, wo wir standen!«. Dann erzählte er von seiner Erfahrung mit Gehirnschüssen, der wohl einzig wirksamen und waidmännischen Art ein Flußpferd zu strecken: Entweder das getroffene Wild versinkt blitzartig wie ein Stein oder es schnellt mit den Vorderfüßen hoch aus dem Wasser, um dann zu versinken. Gelegentlich dreht es sich nach dem Schuß aber auch wie rasend in dem dann kochenden See um die eigene Achse, bis es den Wettlauf verliert und untergeht.

Inzwischen, vor allem nach dem Studium der Fotos, glaube ich, daß dieser ungewöhnliche Abschluß aus der Wirkung meiner, in diesem Fall für den massiven Schädel absichtlich gewählten, Vollmantel zu erklären ist. Sie schaltete, im Gegensatz zur üblicherweise verfeuerten Teilmantel, vermutlich nur ein Teilzentrum des Gehirns sofort aus.

Das eben erlebte Drama war jedenfalls ohne Beispiel!

Für die Menschen um mich herum war jetzt Feiertag. Endlich hatte der Bulle ein verdientes Ende gefunden. Und das Wildbret, das die Wildschutzverwaltung zu einem günstigen Preis den Dörflern überließ, versorgte Hunderte von Menschen für viele Wochen mit wertvollem Protein. »Würden wir das Fleisch verschenken, verlieren die Menschen die Achtung für dessen Wert, noch mehr Wilddieberei wäre die Folge«, erläuterte der Wildhüter sein kluges Vorgehen.

Als das tonnenschwere Wild mit Brettern, Stangen und Seilen, teils von 20 und mehr Mann an Land geschleppt war, wurden mir seine ungeheuren Ausmaße und die Einzigartigkeit der Jagd erst so richtig bewußt. Ausgenommen das Warzenschwein, gibt es kein Wild, welches scheinbar nur aus Gesicht

Historische Flußpferdjagd mit ungewissem Ausgang. Das Risiko ist den Jägern bewußt. Bei Erfolg hat das Dorf für Wochen ausgesorgt.

besteht – und aus Maul! Mit einer wahren Begeisterung öffneten mir die schwarzen Helfer immer wieder die furchterregenden Kinnladen und entblößten die braun emaillierten Eckzähne. Weltrekordmaße! Schnappte das Maul wieder zu, dann verursachten die gigantischen Kiefer ein Gedröhn, als fiele ein schweres Holztor ins Schloß zurück.

Während die Afrikaner in Gedanken bereits ihre Fleischration brutzelten und die schweren Messer für die Zerwirkarbeit gewetzt wurden, schossen wir noch schnell einige Erinnerungsbilder. Als die Schwarzen plötzlich mit lautem Palaver auf den Halsansatz des Bullen deuteten, gewahrte ich zum ersten Mal die tiefe, stinkende Wunde, welche ein vermutlich vom Ufer oder vom Boot aus geschlenderter Speer gerissen hatte. Gemeinsam mit dem Game-Warden, der diesen mißglückten Meuchelmord bewußt übersah, verdrückten wir uns bald darauf. Zurück blieb eine völlig verzückte Menge. Jagd und Beutemachen sind aufregende Höhepunkte im kargen, ländlichen Leben, und großer Jagderfolg ist heute selbst afrikanischen Dörflern nichts Selbstverständliches.

Während wir gedankenverloren zurück ins Hotel zuckelten, flammten an den Ufern des Lac Nasho unzählige, kleine Holzfeuer auf, und bald erfüllte sich die Luft mit dem würzigen Duft gerösteten Fleisches. Lachend und mit vollen Mündern schmatzend genossen die Menschen ihr Mahl, und nichts in der Welt bekümmerte sie mehr.

Sie ahnten so wenig wie wir, daß diese Idylle bald darauf Vergangenheit sein würde.

Nur auf den ersten Blick ›plump‹. Einem wütenden Zweitonner läuft kein Mensch davon!

100

Jagd nach Sibiriakenart

Nur jetzt kein Fehler! Wir rücken erst vor, wenn der »Gluhari« mit leisem Knappen und Schleifen sein G'setzl aufspielt und seine Aufmerksamkeit eifersüchtigen Nebenbuhlern gilt.

»Wieviel Hahnen bevölkern eigentlich Dein Revier?«, wollte ich von Nikolai wissen, der uns am Vormittag in Irkutsk abgeholt hatte. Die Runde lachte begeistert über die saftige Antwort des Sibiriaken: »Hunderte! Bei uns mußt du aufpassen, daß dir beim Anspringen nicht die Losung ins Gesicht bröselt!« Das laßt meine Sorge sein, dachte ich, wenigstens verstehen sich die Burschen aufs Sprücheklopfen!

Die lustige Gesellschaft, die uns gleich mit drei Geländewagen in der knapp 100 Kilometer entfernten Halbmillionenstadt abholte, genoß den unerwarteten Ausflug. Während der ersten Rast füllte Nikolai kleine Wodkagläser. Wir hatten nach einer mehrstündigen, regelrechten Rutschpartie auf den jetzt im Frühjahr auftauenden Schlammwegen endlich die ausgedehnte Moor- und Sumpfebene hinter uns gebracht. Ein willkommener Anlaß für die Sibiriaken, von der ersten Anhöhe herab, die guten Geister der sich bis zum Horizont ausdehnenden Bergtaiga versöhnlich zu stimmen. Jedesmal, ehe ein Glas Feuerwasser den Weg alles Irdischen ging, benetzten wir unseren Zeigefinger und entboten den Überirdischen Referenz. Ähnlich, wie sich gläubige Katholiken mit Weihwasser bekreuzigen, besprengten wir die Luft nach allen Himmelsrichtungen mit Wodka. Unsere Begleiter legten dabei den gleichen Ernst an den Tag, wie wir das gelegentlich – vor allem wenn wir uns alleine wähnen – gegenüber dem guten Sankt Hubertus tun: So ganz genau weiß keiner, was es mit diesen alten Überlieferungen letztlich auf sich hat!

Bei der kurzen, mit Speck und Brot verfeinerten Zeremonie, kamen wir uns menschlich schnell näher und genossen insbesondere die wohlwollende Gastfreundschaft von Nikolais Frau, einer stattlichen Person aus dem hier beheimateten Mongolenvolk der Burjäten. Der Revierleiter Nikolai trug, wie fast alle Männer aus dem gottverlassenen Nest Duchowstjuna, noch gut sichtbar jene Nummern-Tätowierung auf der Hand, mit der ihn Stalin, nebst Abertausenden von Schicksalsgenossen aus Weißrußland und der Ukraine, für die Verbannung ins menschenfeindliche Sibirien markieren ließ. Die unfreiwilligen ›Pioniere‹ brachten neben der überall sichtbaren Bau- und Wohnkultur – die typischen, mit Zierleisten und bunten Farben geschmückten, kleinen Holzhäuschen geben allerorts hiervon Zeugnis – vor allem einen ungeheuren Durchsetzungswillen, erstaunliche Lebensfreude und eine nicht zu überbietende Gastfreundschaft mit. Bereits während der kurzen Rast machte mich Nikolai mit der selbstbewußten Lebensphilosophie der Sibirier bekannt. »Tausend Kilometer sind für uns keine Entfernung und tausend Bäume längst kein Wald«, dozierte er, »tausend Rubel sind für einen Sibiriaken kein Geld und hundert Jahre noch kein Alter! Dreißig Grad sind keine Kälte, vierzig Prozent sind noch kein Wodka und fünfzig Frauen längst kein Harem!« Damit, so sein listiger Blick, wißt ihr, mit wem ihr es in den nächsten Tagen zu tun habt!

Fernab vom Schuß

Nikolai spürt, daß uns die in blasses Frühlingslicht getauchte, bis zu den fernen Gebirgen sanft ansteigende Taigalandschaft, die sich vom gewaltigen Jenissej bis jenseits der Steilküsten des Baikalsees erstreckt, fasziniert. Der wie Kulissen aufscheinende Wechsel von Flußtälern, Hochmooren und bewaldeten Höhenzügen wirkt vergessen und unberührt von jeder Zivilisation. Kein Wunder, daß die offen gegliederte Bergtaiga, meist aus Kiefern und Birken, zum anderen aus Büschen und Stauden bestehend und von zahllosen, im ersten Knospentrieb lindgrün aufleuchtenden Birkenwäldchen durchsetzt, einen idealen Lebensraum für die ökologisch hochsensiblen Rauhfußhühner bildet. Das Klima in Mittel- und Südsibirien gleicht mit minus fünf Grad während der Nacht und angenehmen Tagen bis 25 Grad im Frühjahr, dem unsrigen, wobei geschlossene Schneedecken bis eineinhalb Meter und Temperaturen bis zu minus 45 Grad im Winter keine Seltenheit sind. Dieser im Fernen Osten, am Pazifik endende Landstrich und dessen extreme Witterungsbedingungen – gelegentlich verschwindet der letzte Schnee erst Ende Mai, während der erste Neue schon wieder Anfang September fällt – verlangt von Mensch und Tier beachtliche Fähigkeiten zur Anpassung und Vorsorge. Wegen des Perma-Frostes – die Erde ist in einem Meter Tiefe ewig gefroren – gilt diese Region, trotz gewaltiger menschlicher und technischer Anstrengungen, nach wie vor als landwirtschaftliches Risikogebiet. Mißernten sind an der Tagesordnung. Hier wird nichts geschenkt. »Um uns kümmert sich keiner! Sibirier sind die freiesten Leute« lächelt Nikolai verschmitzt, »bei uns leidet allerdings auch niemand Not!«

Bald darauf nähern wir uns dem zwischen Flüssen und waldigen Hügeln eingebetteten Dörfchen

Duchowstjuna. Es besteht aus einem guten Dutzend, durch geschlossene Bretterzäune voneinander getrennten, sibirischen Holzhäusern mit jeweils eigenem Stall und Schuppen. Als wir die etwa 50 Meter breite, selbstverständlich unbefestigte ›Dorfstraße‹ entlangfahren, auf der sich in einem abenteuerlichen Durcheinander Schweine und Hunde, Hühner und Gänse sowie einige magere Kühe herumtreiben, haben wir den Eindruck, in Tolstojs alten Zeiten des vorigen Jahrhunderts gelandet zu sein. Beim Aussteigen vor Nikolais Haus sind wir im Nu von neugierigen Hunden und Dorfbewohnern umringt: Hierher hatte sich aus dem kapitalistischen Schlaraffenland noch nie ein Reisender verirrt! Das mißtrauische Benehmen der vierbeinigen Kläffer stand dabei in krassem Gegensatz zur freundlichen Begrüßung durch die Dörfler. Mir war sofort klar, daß die kräftigen Laikas – die wolfsspitzähnlichen, über ganz Rußland verbreiteten Jagdhunde vereinigen in sich die Aggressivität des Jagdterriers mit der Spursicherheit eines Schweißhundes – keineswegs nur für die offiziell geförderte Zobeljagd eingesetzt werden. Sicherlich wird bei privaten Pirschzügen der Sibiriaken manch Sibirisches Reh, mancher Isubra-Hirsch, gelegentlich auch ein Bär oder Elch durch diese spitzohrigen Racker zu Stand gehetzt und anschließend gestreckt.

Nikolai bestätigte später, als wir die wie ein Rollfeld breite Schlammstraße verließen und sein Haus betraten, recht anschaulich meine Vermutungen. Er führte mich in sein erstaunlich komfortables, mit dick gewebten Bildteppichen ausgelegtes kleines Wohnzimmer, verschloß gegen den Dolmetscher und meinen Freund Rafael, der aus Moskau mit angereist war, die Tür, gebot mir leise zu sein und zog dann den Diwan von der Wand. Mit ein paar Griffen schob er einige Kartons und getrocknete Felle beiseite und öffnete die versteckte Luke eines Kellerverlieses. Mit größter Selbstverständlichkeit angelte er einen in Ölpapier verpackten, nagelneuen Repetierer mit vierfachem Zielfernrohr hervor, zeigte mir lachend eine Packung der klassischen russischen 7.62 x 54 Jagdmunition und begann mit mir seelenruhig über legale und ›private‹ Jagd zu fachsimpeln: »Der Staat betrügt uns, wir revanchieren uns!« Das alles geschah vor Gorbatschows Perestroijka, wo es überall noch von Apparatschicks, Miliz und Denunzianten wimmelte. Wir waren selbst beim Verlassen von Irkutsk, sowie später an einer weiteren Straßensperre, von Polizei gestoppt und kontrolliert worden! Ansonsten galt hier noch die tiefe Solidarität einer eingeschworenen Dorfgemeinschaft und die alte Devise: »Der Himmel ist hoch und der Zar ist weit!«.

Hilfreiche Sibiriaken

Das dachte sich wohl auch unser recht linientreuer Dolmetscher, der verbotenerweise allerdings mit seinem kleinen Transistor laufend englischsprachige Sender hörte, und sich beim Begrüßungsschmaus derart meiner Williams-Birne hingab, daß mir am nächsten Morgen beinahe die für seine ›Rehabilitation‹ notwendigen Aspirin ausgegangen wären. Nebenbei bemerkt war der stramme Sergej nicht das einzige Opfer dieses grandiosen Abends, bei dem sich das ganze Dorf – wie weiß ich heute noch nicht – in Nikolais Hütte einfand, wobei jeder einen kulinarischen Beitrag leistete: der eine spendierte Apfelpüree oder Soleier, andere Essiggurken und Honig, oder Mandelkuchen, Geräuchertes mit frischem Bauernbrot, geröstete Zirbenkerne und Pilzsalat. Mittelpunkt dieser sibirischen ›Familienfeier‹ war natürlich der im russischen Reich bei jedem Mahl unverzichtbare Wodka, den wir auch hier aus den üblichen, vollen Zahnbechern tranken – trinken mußten! Die traditionell zwischen jedem »Nastarowije« fälligen Willkommens-Reden gewährten uns die meist einzige kurze Verschnaufpause zwischen »Prost!« und »Ex!«.

Erwähnenswert von diesem, zumindest in Sibirien für den Erfolg einer Jagd nicht unwichtigen Begrüßungsfest ist vielleicht das noch im nachhinein aufopfernde Engagement meiner Frau: Als sie lange nach Mitternacht überrascht feststellte, daß ich nicht mehr neben ihr schlief, schlich sie auf leisen Sohlen, mit einer Taschenlampe bewaffnet, durchs ganze Haus und fand mich, gottlob ziemlich schnell, vor Kälte und Frost schlotternd im Freien neben der Eingangstüre, schlafend auf der Hausbank; durch den wenig frostsicheren Schlafanzug nicht sonderlich gut vor dem Erfrieren geschützt. Nach einer Stunde heißem Fußbad und energischem ›Auftauen‹ am warmen Backsteinofen im Haus, hatte ich den mitternächtlichen Ausflug ins sibirische Freiland-WC insoweit wieder verkraftet, daß ich bis zum Frühstück erneut einsatzfähig war. Dasselbe konnte man übrigens, wie sich während des ganzen Tages zeigte – es war 1. Mai, Tag zum Faulenzen – nicht von allen behaupten. Selbstredend, daß ich durch dieses mitternächtliche Abenteuer bei den Sibiriaken ungemein an Hochachtung gewann. Für sie gilt nach wie vor: »Wer keinen Schnaps verträgt, soll Windeln waschen!«

Gegen Mittag brachte ich zwei Probeschüsse hinter mich. Die Deckung der 3.5 mm Schrot-Garbe, aus 35 Metern Entfernung auf ein hölzernes Scheunentor gesetzt – zur Auerhahnjagd ist nur die Flinte erlaubt, wobei ich durchaus einige Doppelnuller und Brennecke hätte mitnehmen sollen! – überzeugte die hartgesottenen Burschen ebenso wie die Tatsache, daß wir Kapitalisten am frühen Nachmittag, statt in der tellergroßen Waschschüssel, Toilette am kalten Fluß machten. Währenddessen zog sich mein zehnjähriger Sohn Alex mutterseelenallein auf eine dicht bewachsene, fast zwei Kilometer entfernte, vom Fluß umspülte Halbinsel zurück und versorgte sich am eigenen Lagerfeuer mit selbstgebratenen Kartoffeln. So hatte jeder seine Beschäftigung, und den Sibiriaken gefiel's. Am Abend kamen zwei jugendliche Rauhbeine aus der Taiga zurück und erzählten, daß sie gut zehn Kilometer flußabwärts, im dichten Taigawald Dutzende balzender Hahnen bestätigt haben. Morgen, gegen vier Uhr früh, bei völliger Dunkelheit und kaltem Wind, würden sie mich und Nikolai mit gesattelten Pferden zur Jagd erwarten. Bei dieser Vorgabe blieb der Abend natürlich alkoholfrei. Damit hatten wir Zeit zur Unterhaltung über Jagd und Leben in Sibirien. Am nächsten Tag endete die Lagerromantik für den Junior. Ein umsichtiger Jäger entdeckte während der Morgenpirsch, nahe des sibirischen ›Indianercamps‹ meines Sohnes, frische Spuren eines beachtlichen Bären, den vermutlich der verführerische Geruch gebratener Erdäpfel angelockt hatte. Ein anschaulicher Hinweis auf die Bären dieser Gegend, die jetzt, nach dem langen Winterschlaf, rastlos durch die Gegend streiften, um wieder Fett auf die Rippen zu bekommen.

Ansätze einer Rückbesinnung

»Zieh' warme, nicht raschelnde Kleidung an!« empfiehlt Nikolai, als wir uns am Abend, nach angeregtem Diskurs, verabschieden. Ich war voll Respekt vor dem, was diese Burschen alles von ihrer näheren und weiteren Heimat wußten. Vor allem vom Baikalsee – was übersetzt ›groß wie ein Meer‹ heißt –, über dessen Entstehung vor 20 Millionen Jahren es

ebensoviele interessante Theorien gibt wie beim ähnlich langen, auch über 1500 Meter tiefen Tanganjika-See in Ostafrika. Während Wissenschaftler von einem Erdriß sprechen – das Baikalgebiet gilt auch heute noch als Erdbebenregion, Häuser werden bebensicher auf Pfählen gebaut –, erzählt Wassili, daß der 640 Kilometer lange und 80 Kilometer breite, von 360 Flüssen gespeiste See, der ein Fünftel der Süßwasserreserve unseres Planeten darstellt, aus Ärger der Götter über die schon damals undankbaren Menschen entstand. Nach der Sage warfen sie einen riesigen Felsen auf die Erde, dessen Wucht das tiefe Becken des Baikalsee schlug. Das hochgeschleuderte Erdreich schuf anschließend die zerstückelte Insel-Landschaft Japans. Die Gastgeber erklärten mir beim Kurzbesuch des 1661 von Kosaken gegründeten Irkutsk dessen historischen Stadtkern mit seinen alten, bunten, ursprünglich westrussischen Holzhäusern, Kirchen und Residenzen. Sie erinnern noch heute an die reiche Händler- und Goldsucher-Vergangenheit der Stadt. Der Dolmetscher gab unumwunden zu, daß die gewaltige Industrialisierung der Region, vor allem die inzwischen für den See ökologisch als höchst bedenklich eingestufte Zellstoffverarbeitung, den Verantwortlichen große Sorgen bereitet. Als wir auf der Brücke des Angara-Flusses standen – der einzige, für die Strömung des Sees viel zu schwache Abfluß des Baikal –, beschwichtigte uns der Übersetzer dann allerdings mit dem Hinweis, daß im Wirtschaftsraum Irkutsk jährlich ein Zuwachs von 16 Millionen Kubikmeter Holz vorhanden sei und offiziell deshalb keine zu großen Befürchtungen wegen Raubbaus bestünden. Hoffentlich kommt nach den tropischen Regenwäldern jetzt nicht der sibirische, für das Welt-Ökosystem gleich bedeutsame Wald an die Reihe, dachte ich. Inzwischen wird mit Industrieabwässern rabiat gebremst, um den sich kaum noch regenerierenden Baikalsee, mit seiner herrlichen Fischwaid, seiner Vogelwelt und den dort noch lebenden Seehunden, vor dem Umkippen zu bewahren!

Die öffentlich-politische Rückbesinnung – Ansätze einer neuen ökologischen Moral? – insbesondere auch auf die nach wie vor starken Wildpopulationen ist während der letzten Jahre erstaunlich gut in Gang gekommen. Das gilt beispielsweise auch für das Birkwild, dessen Bestand durch Einsatz chemischer Waldschutzmittel bereits Mitte der achtziger Jahre als gefährdet galt. Der Auerhahn, dessen Vorkommen in Sibirien auf eine halbe Million geschätzt wird, scheint von diesen land- und forstwirtschaft-

Ritt durch die Frühlingstaiga. Die Baumbalz des Urhahns ist auch hier eineinhalb Stunden vor Sonnenaufgang vorbei. Die alten Raufer widmen sich dann bei der Bodenbalz ihren Hennen.

lichen Belastungen seines Lebensraumes weitgehend verschont geblieben zu sein. Nikolais Revier ist jedenfalls mit einigen Hundert Hahnen gut besetzt und unser Jagdtermin – die Balz geht vom 15. April bis 15. Mai – liegt goldrichtig. Ein letzter Blick in die sternenklare, kalte Nacht verspricht für morgen früh ideales ›Hochzeiter-Wetter‹. Bei diesen Aussichten läßt sich in Nikolais behaglicher Hütte gut dem nächsten Tag entgegenschlafen.

Argwöhnische Gesellen

Nachdem sich die brave Köchin Kwawa mit einem wohlmeinenden »Sa Fart! Viel Glück!«, dem alten Gruß der sibirischen Goldsucher und Jäger, nach kurzem Frühstück – ebenso wie meine Frau und Alex – wieder ins warme Bett zurückzog, ritten wir zu dritt in die stockdunkle Nacht hinaus. Es ist vier Uhr früh und wie vorhergesagt empfindlich kalt. Das dünn gefrorene Eis über den Pfützen der Dorfstraße zerbirst in der tiefen Stille laut klirrend und knirschend unter den Hufen der kräftig ausholenden Pferde. Irgendwo winselt ein Hund. Er weiß natürlich was jetzt läuft und wäre nur allzu gerne dabei. Ansonsten herrscht winterlich kalte Rauhreif-Stimmung. Unser Atem gefriert in der Luft.
Zunächst geht es geraume Zeit im Gänsemarsch das noch von Schneewehen gesäumte Flußufer entlang.

Dann reiten wir über die ersten Ausläufer der schon gestern beobachteten Hügelkette, in die überraschend dicht verfilzte Bergtaiga hinein. Wegen der noch überall versteckten Schneefelder und den trotz Dunkelheit gut erkennbaren, weiß leuchtenden Birken, kommen wir im Wirrwarr der ›hellen Taiga‹ gut voran. So nennen die Russen die lichte Baumvegetation zwischen Jenissej und dem Fernen Osten, während die endlosen Kiefern- und Fichtenwälder zwischen dem Ural und dem Jenissej als ›dunkle Taiga‹ bezeichnet werden. »Vorsicht!«, ermahnt mich der alte Sergej immer wieder. Er reitet, angetan mit einer mächtigen Zobelmütze und einem dicken schwarzen Lammfellmantel, knapp vor mir und erscheint, würdevoll aufrecht im Sattel sitzend, wie ein sibirischer Großfürst aus einem historischen Roman Dostojewskis. Es ist rührend, wie er sich bemüht, mich vor dicken, im Weg stehenden und in der Dunkelheit nicht erkennbaren Lärchen- und Birkenzweigen zu warnen. Dabei spurt er mit seinem großen schwarzen Pferd vorbildlich voraus, bricht nur selten in den morastigen, meist schon aperen Boden ein und hält besorgt Kontakt, während Nikolai als Scout den Weg durch die Dunkelheit der Taiga sucht, ohne je zurückzublicken.
An einer Blöße steigen wir ab, vertreten uns die leicht steif gewordenen Beine und warten auf die erste zarte Dämmerung. Nikolai deutet auf einen kleinen, vom Berg herab an uns vorbeischießenden Bach. Da geht's anschließend hoch! Wir horchen angestrengt in die Nacht hinaus. Dabei ist klar, daß die liebestollen Freier ihr aufregendes Morgengebet zunächst ganz leise und erst in den magischen Minuten zwischen Dunkelheit und allererstem fahlem Morgenlicht voll beginnen werden. Die Hahnen warten auf ihren meist am Vorabend schon besetzten Schlafbäumen vermutlich ebenso ungeduldig auf die Dämmerung wie wir Jäger.
Wir dürfen uns nicht den kleinsten Fehler leisten und werden erst vorrücken, wenn der erste ›Gluhari‹ mit leisem Knappen und Schleifen die Aufmerksamkeit seiner eifersüchtigen Nebenbuhler weckt. Erst wenn sie in den luftigen Balzgefilden von ihresgleichen abgelenkt sind und beginnen, die Streithanselei mit gleicher Münze heimzuzahlen, haben wir in der fast deckungslosen Taiga eine echte Chance, auf Schußnähe an die hellwachen, argwöhnischen Großvögel heranzukommen.
Ihrer Schlauheit und Vorsicht wegen, haben sich vermutlich die zum Ende des Tertiär von Sibirien nach Mitteleuropa vorgedrungenen, eigentlich recht

105

schwerfälligen Kurzstreckenflieger – vielleicht sollte man, insbesondere bei den Herren von ›flatternden Großseglern‹ sprechen – bis heute behaupten können. Die ältesten uns bekannten archäologischen Auerhahnfunde stammen aus dem Permafrost Ostsibiriens.

Unter jedem Tritt ein Quellchen

Gerade, als ich die Strategie zum Anspringen des balzenden Hahnes gedanklich nochmals durchspiele, stupst mich Nikolai an: Der Anstieg beginnt! Hoffentlich haben die beiden Jagdhelfer gestern mit ihrem abendlichen Verhörbericht nicht geflunkert! Da es im urwüchsigen Unterholz des im Wipfelbereich recht schütteren Taigawaldes nur mühsam bergauf geht, komme ich durch das ständige Übersteigen und Unterkriechen des wie Mikado-Stäbchen kreuz und quer zusammengebrochenen Bergwaldes schnell ins Schnaufen. Erst zu Fuß kriegt man mit, wie tückisch Gelände sein kann! Gut, daß ich meine gefütterten Gummistiefel trage, sonst hätte ich längst patschnasse Füße: »Unter jedem Tritt ein Quellchen springt ...« heißt es in einem Frühlingsgedicht, das auch hier paßt.

Es ist mühsam, dem mit weit ausholenden Schritten durch die Dunkelheit stapfenden Nikolai zu folgen. Ich muß ihm auch deshalb auf den Fersen bleiben, um in seinen Trittsiegeln den sowieso unvermeidbaren Geräuschpegel so niedrig wie möglich zu halten: Ein zertretenes Ästchen bleibt zertreten und verursacht keinen Lärm mehr!

Trotz der Schinderei drehen sich meine Gedanken ausschließlich um die nächste halbe Stunde Balzzauber, den schon viele beschrieben, aber nur jene voll begriffen haben, die ihn selbst erlebten. Dazu gehört auch das Wissen um die Höhen und Tiefen, die Jäger bei der Auerhahnpirsch schon durchlitten haben. Vielleicht hätte ich, trotz des schwächeren 20er Schrotlaufs, den Drilling mit dem lichtstarken Zielfernrohr einpacken sollen!, zweifle ich kurzfristig, schalte dann aber bewußt auf Optimismus: Wenn wir den verhörten Hahn jetzt fehlerlos anspringen, seine Balzarie vom ›Knappen‹, über den ›Triller‹ und den ›Hauptschlag‹ genau abwarten und ihm erst beim ›Schleifen‹ diszipliniert drei bis vier Schritte entgegenspringen, kommen wir schnell die notwendigen 25 bis 30 Schritt näher! Da ich die einzelnen Verse des Hahnen-G'setzl musikalisch wohl nie werde auseinanderhalten können, verlasse ich mich aufs Zählen: Nach der dritten Strophe, während des ›Schleifens‹ hört und sieht der ›Gluhari‹, wie ihn die Russen nennen, bekanntlich nichts. Da kommt man an ihn heran! Sofern man nicht zu früh startet oder mit dem letzten Sprung voll ins stumme Atemholen des Großvogels poltert und alles versiebt!

Nikolai verhofft immer wieder, zieht sogar seine dicke Fellmütze vom kahlen Haupt und lauscht in die unmerklich dahinschwindende Nacht hinaus: Die Wildnis schweigt! Noch! Wir rackern weiter voran. Dabei denke ich an die Sibirien-Geschichten Turgenjews sowie an die sibirischen Jagdabenteuer Kapherrs und deren einsame Pirschen auf Hahnen, Elch und Bär. Apropos Bär: Nicht auszuschließen, daß wir einem der immerhin 3000 das Baikalgebiet durchstreifenden ›Michail Iwanowitsch‹ mehr oder weniger nah begegnen! Da wären ein paar mit Posten geladene 12er in der Tasche nicht zu verachten, ärgere ich mich.

Nikolai bewegt sich jetzt nur noch in Zeitlupe. Wir stehen am Rande eines deutlich erkennbaren, mit Birken und Kiefern bestockten, nach Osten abfallenden Berghangs, laden unsere Gewehre und warten auf das erste zaghafte Locken. Noch besser wäre, wenn so ein schwarz-braun gesprenkelter Kämpfer geräuschvoll, am liebsten gleich über uns, einfallen und vermelden würde, sage ich mir. Wunschdenken!

Gluhari igraeti!

Da! Ganz in der Nähe ertönt ein leises, fast zaghaftes Schnackeln, gerade so als wenn man bei gespitztem Mund verhalten mit der Zunge schnalzt. »Gluhari igraeti! Der Auerhahn singt!« flüstert Nikolai mit aufmunterndem Lächeln und hat keine Ahnung, daß mir der Puls bereits in den Schläfen hämmert. Ehe wir auch nur einen Schritt tun können, meldet sich ein zweiter Hahn. Dann ein dritter und innerhalb von fünf Minuten ist die Wipfellandschaft von einem Dutzend oder mehr Balzarien erfüllt. So einzigartig dieses Erlebnis auch ist, so risikoreich wird es für uns. Eine solche Versammlung von Augen und Ohren hat die Wirkung eines hochempfindlichen Radarschirms! Die Gefahr, entdeckt zu werden und die Gesellschaft zu vergrämen, wächst. Doch Nikolai ist kein Zauderer! Er setzt alles auf eine Karte und springt – da sich der etwa 100 Meter entfernte, in einer zersausten Föhre balzende Hahn gerade schneidig einspielt – während des Schleifens mit ein paar mächtigen Sätzen nach vorn, ich hinterdrein. Geklappt! Der Balzspektakel geht ungestört weiter. Kein Hahn verschweigt, keiner reitet ab. Also voran!

Hoffentlich springen wir keinen halbreifen Schneider an!, fährt es mir durch den Kopf. Dieses Risiko kann man weder bei der Baum- noch bei der Bodenbalz des Auerhahns ganz ausschließen. Leider! Die altersbestimmende Rille im Oberschnabel läßt sich eben nicht so leicht zu Rate ziehen wie ›das Spiel‹, die mehr oder weniger tief gekrümmten, leierförmigen Stoßfedern des Birkhahns. Ich vertraue in diesem Fall auf Hubertus!

Da legt ›unser‹ Hahn erneut los, und wir hechten ihm, stets nach demselben Rezept – gedeckt durchs spärliche Unterholz – mit eleganten Ballerina-Sprüngen entgegen. Dabei kommen wir immer näher an den hohen, einzelstehenden Baum heran, dessen Krone sich allerdings noch völlig in der schwarzen Nacht auflöst. Zusammengesunken in der Hocke, trauen wir uns kaum zu schnaufen. Jetzt heißt es, den scheuen Urvogel über uns schnellstens zu orten und die beste Gasse für eine dichte Schrotgarbe zu finden. Die Musik um uns herum interessiert jetzt wenig. Aus Spiel wurde Ernst: Wer den anderen zuerst sieht, hat gewonnen! »Renn' sofort auf den beschossenen Hahn zu, wenn er durch die Zweige trudelt« hatte Nikolai zu Hause gewarnt, »laß ihn ja nicht auf die Füße kommen«. Das wird er nicht, dachte ich wild entschlossen und hoffte, bei dem nach wie vor fehlenden Büchsenlicht, bald das weiße Korn meiner 12er Flinte sehen zu können.

Beim nächsten ›Gebet‹ des Hahnes war klar, daß wir auf der verkehrten Seite des Baumes standen. Also: Die ersten drei Strophen der Balzarie und den Ansatz des ›Schleifens‹ abwarten, dann raus aus der Hocke! Dasselbe kurz darauf nochmals. Da deutet Nikolai, der neben mir kniet, unmerklich, doch in höchster Aufregung, in die Baumkrone. Meint er den leicht abgehobenen, dunklen Fleck, etwa 25 Meter über mir? Hat der Schatten nur deshalb eine so unnatürliche Größe, weil dort oben der Freier bereits mit weit aufgefächerter Schaufel prahlt? Als der Hahn sich erneut einspielt, horche ich mit geschlossenen Augen in den Baum hinauf: Kein Zweifel! Die Silhouette dort oben ist der Sänger! Oder bilde ich mir das ein, weil ich so das gerne hätte?

Inzwischen sind höchstens so fünf Minuten verstrichen. Viel Zeit für das Auge, allmählich durch die schwindende Nacht zu schauen, sich anzupassen, zu kombinieren und Umrisse herauszufiltern. Kniend, die Flinte voll im Anschlag, ziele ich eine ganze Weile – allmählich der Genickstarre nahe! – steil nach oben, voll konzentriert auf das schattenhaft schwarze Gebilde. Auch den verräterischen, weißen Flügelfleck, der einen idealen Anhalt abgäbe, sehe ich nicht! Und dann, während ich begeistert dem einzigartigen Orchester rings um mich lausche – ohne ›meinen‹ Hahn aus den Augen zu lassen – bestätigen sich plötzlich und untrüglich die scherenschnittartigen Umrisse des über mir balzenden Auerhahns: Er bewegt sich langsam, wie in Zeitlupe, auf seinem Ast, den Fächer prachtvoll gespreizt. Doch dann kriegt der ›Gluhari‹ unvermittelt einen langen Stingel und sichert mit nervös nickendem Kopf auf das ihm verdächtige, unten auf der Erde noch nie beobachtete, dunkle Etwas hinab. Während Nikolai noch aufgeregt »Streljat! Schießen!«, flüstert, reitet der gewichtigte Hochzeiter bereits auf der Schiene meiner Flinte, das perlweiße Korn voll auf seiner Brust. Noch ehe der im nächsten Augenblick aus dem Baum trudelnde, mit schlagendem Poltern durch die Zweige ins Nichts hinabstürzende Urhahn auf dem weichen Moosboden dumpf aufschlägt, bin ich schon über ihm. Unnötig! Das 3,25er Blei hatte auf die 20 Meter volle Wirkung. Sankt Hubertus kriegt seine Kerze!

Wie ›Hans im Glück‹

Mein erster Sibirien-Hahn! Und was für einer! Vor Begeisterung vergaß ich fast den guten Nikolai und die um uns plötzlich verstummten Nebenbuhler! Ich hielt den kantigen Kopf des herrlichen Vogels mit seinen feuerroten Balzrosen und den selbst bei diesem schwachen Licht blaugrün wie Email schimmernden Stingel in beiden Händen, strich über den struppigen Kehlbart und die mit harten Federn besetzten ›rauhen‹ Füße des Hahnes und befühlte seine tief eingegrabene Schnabelrille: Das war, was ich gesucht hatte!

Zu mehr Zwiesprache kam ich nicht. Plötzlich beugte sich Nikolai zu mir herab, gratulierte mit kurzem »Gutt!« und forderte mich völlig überraschend auf – dabei hielt er mir zwei Finger vor die Nase und sagte ständig »Gluhari« – einen weiteren Hahn aus den Wipfeln zu holen. Da ließ ich mich nicht lange zwingen! Feiern konnte ich später – so einmalig Auerhahn jagen werde ich vielleicht nie mehr in meinem Leben! Erstaunlich war, daß kein einziger Hahn das Weite gesucht oder sich überstellt hatte. Nach zwei, drei Minuten amüsierten sie sich weiter, als wäre nichts geschehen. Kurze Zeit später holte ich einen zweiten ›Sibirier‹ aus dem Wipfel einer mächtigen, alleinstehenden Birke und kam – um ehrlich zu sein – erst wieder zur Vernunft, als mir Nikolai voll Jagdeifer plötzlich mit drei (!) Fingern vor der Nase rumfuchtelte. Jetzt reichte es! Ich hatte mein Konto bei Gott überzogen! Dabei dachte ich nicht einmal ans Geld! Kaum lehnte ich ab, verschwand Nikolai mit meiner Flinte. Fünf Minuten später kehrte er mit gefiederter Beute zurück. Drei Hahnen in der kurzen Spanne zwischen Nacht und Dämmerung aus dem Taigawald geholt, das war Jagd nach Sibiriakenart!

Bald darauf berührten die über dem Baikal hochkommenden Sonnenstrahlen die Wipfel der knospenübersäten Lärchen und Birken mit dem zartrosa Licht des allmählich anbrechenden, noch im Morgenschleier liegenden Tages.

Nikolai klemmte sich zwei Hahnen unter die Arme und schritt, wie ›Hans im Glück‹ aus dem Märchen, zügig talwärts. Jetzt war er noch schneller drauf. Ich hatte arge Mühe, bepackt mit Puschka und Beute, ihm durch den Morast zu folgen. Als wir später meinen ersten Hahn mit 5,2 Kilo verwogen und im Vergleich zu den 4,1 und 4,3 Kilo der beiden anderen Hahnen, als echt kapital ansprachen, wurde verständlich, weshalb mir der Urhahn beim Rückmarsch so empfindlich die Arme langzog.

Erstaunlich war die unglaubliche Freude des alten Wassili. Lange bevor wir ihn überhaupt sahen, schrie er uns aus vollem Hals sein begeistertes »Choroscho! Bravo!« entgegen. Er erwartete uns lachend am Rande der Lichtung und gratulierte pausenlos mit nicht endenwollenden Glückwünschen. Dann wurde es Tag. Wir hockten auf dicken Satteldecken am Boden und feierten mit steinharten Wildäpfeln, eingelegten Gurken, etwas Salami und reichlich Wodka die erfolgreiche Pirsch, die Urvögel würdig

vor uns aufgebaut. Die Feier wurde durch den Heimritt nur unterbrochen! Am Mittag traf sich, nach dem Ritual des ersten Abends, das ganze Dorf erneut bei Nikolai. Wir feierten bis in die tiefe Nacht hinein. Das Fest war so ›schön‹ wie am Begrüßungstag. Mit der einzigen Ausnahme, daß mir meine Frau keinen mitternächtlichen Ausflug im Schlafanzug mehr zubilligte.

Am nächsten Morgen wurde der kleinere Hahn gestreift, den großen nahm ich ausgeweidet, aber im Kern, mit nach Hause. Dort stellte meine Frau, zum Leidwesen des Präparators, der ganz überrascht war, daß ich ihm diese Delikatesse von der Pfanne nahm, ein weiteres, privates Fest auf die Beine. Hauptgericht: Sibirisches Auerhahn-Ragout auf altbayrisch. Das schmeckte so einzigartig und war vermutlich ebensowenig wiederholbar wie unsere Reise zu Nikolai und seinem verlorenen Dorf in der sibirischen Taiga.

Morgengebet und Balzritual der sibirischen ›Gluhari‹ unterscheiden sich in nichts vom Liebeswerben ihrer europäischen Vettern.

108

Um Haaresbreite!

Plötzlich erstarrt der Tracker! Entsetzt schauen wir einer gut zehn Meter entfernten Elefantenkuh und ihrem Nachwuchs ins Auge. Sie scheint ebenso überrascht und erlaubt uns, rückwärts zu verduften. Warum sie nicht attackiert, bleibt ihr Geheimnis.

Der schwarze Game-Warden wollte es wissen! Seit gestern mittag sind wir gut fünfzig Elefanten auf den Fersen. Mehr als einmal hatte sich die Herde schier in Luft aufgelöst. Dann dauerte es oft bange Minuten, bis die Fährtensucher erneut mit den Fingern schnippten: »Hier geht's lang!«.

Trotz aller Schlauheit konnten uns die Kolosse bisher nicht abhängen. Irgend ein Zeichen verriet uns immer wieder ihre Anwesenheit. Entweder verletzte ein pendelnder Fuß die ausgedörrte Grasnarbe oder wir fanden einen kleinen, eben zermanschten Ast einer Akazie. Das eine Mal stießen wir auf frische, aufschlußreiche Dunghaufen, ein andermal gaben uns an einer Wasserstelle die tellerbreiten Trittsiegel der Giganten hochaktuelle Hinweise. Das wilde Durcheinander unzähliger Beinsäulen, wie getöpfert im Schlamm versteckter Tümpel oder wasserführender Rinnsale eingegraben, löste bei den Afrikanern stets aufgeregtes Palaver aus. Auch wir gerieten jedesmal in helle Aufregung.

Vor allem, wenn sich die ›Handschrift‹ des legendären Hundertpfünders, des alten Leitbullen dieser Herde darunter befand, von dessen Gerissenheit einheimische Bauern tief beeindruckt schon mehrfach sprachen. Kein Wunder, daß es bei jedem Spurentest stets nur eine bange Frage gab: »Ist der ›Big boss‹ dabei?« Und jedesmal, selbst nach eineinhalb Tagen hartnäckiger Verfolgung, kam vom rundköpfigen, immer gut aufgelegten und umsichtigen ›Chief tracker‹ die erlösende und trotzdem nervende Antwort: »Ja, aber die Herde ist einige Stunden voraus!«.

Trügerischer Schutz

Elefantenjagd, das hieß bereits zu Zeiten der Königin von Saba marschieren, hoffen und fluchen. Und erst heute! Natürlich hatten wir das einkalkuliert. Schließlich sind die alten, lehmgrauen Elfenbeinträger inzwischen so selten wie ein Ochsenkarren auf der Fifths Avenue. Schon mittelreife Einzelgänger werden heutzutage vom leisesten Hauch menschlicher Witterung oft so erschreckt, daß sie sich panikartig verkrümeln. Bereits der Verdacht unserer Nähe versetzt die Riesen in höchste Alarmbereitschaft. Sofort, wie auf Signal, gehen ihre Rüssel hoch, der tonnenschwere Verband lehmgrauer Gebirge rückt unverzüglich zusammen und wartet, daß sich der verhaßte, irgendwo versteckte Zweibeiner verrät. Wütendes Trompeten und das nervöse Fächeln der weitausgestellten Ohrsegel, die gelegentlich knallend gegen den Nacken schlagen und dann wie riesige Satellitenantennen wieder horchend vom mächtigen Schädel abstehen, bedeuten der Sippe und dem Menschen: »Vorsicht! Gefahr!«. Das hat sich so entwickelt, seit 1607 zum ersten Mal ein englischer Handelsreisender mit einer Feuerwaffe am Gambiafluß in Westafrika einen Elefanten streckte. Damit begann die rücksichtslose Bejagung der Dickhäuter durch Europäer und die Feindseligkeit zwischen Mensch und Jumbo.

Der Kampf zwischen David und Goliath – schwierig zu sagen »who is who« – wird heute durch vielfältige Veränderungen, insbesondere durch die steigende Lebensraumkonkurrenz zwischen einer explodierenden Bevölkerung und den Elefanten, aber auch durch rigorose Fleisch- und Elfenbeinwilderei, zunehmend komplizierter, vor allem auch gefährlicher. Gerade im letzten Jahrzehnt vor der Jahrtausendwende, und trotz weltweitem, leider oft planlosem Kampf zum Schutz der Elefanten, ist dies zu beklagen.

Daran ändert sich auch nichts, solange in den Wildnisregionen der Erde, wie etwa in meinem Jagdgebiet im Südwesten Äthiopiens, wo Hunger und verheerende Armut zum Alltag gehören, nichts zur Bewußtseinsänderung der Ortsansässigen in bezug auf ihre einzigartige Ressource ›Wildtier‹ unternommen wird. ›Ein hungriger Bauch hat keine Ohren‹, sagt ein afrikanisches Sprichwort. Vom erhobenen Zeigefinger schwärmerischer Naturschutzideologen aus Europa und den USA wird kaum jemand satt! Die Drittländer sprechen inzwischen mit Hinweis auf unsere blauäugigen Natur- und Wildschutzappelle: »Denkt doch bitte an die kommenden Generationen!«, zu Recht von ›Kulturimperialismus‹. Die Wilderei bekämpft man so nicht.

Diese Überlegungen spielten augenblicklich auch bei unserem Gespräch, mit dem von einem entbehrungsreichen Leben ausgezehrten Dorfältesten, eine Rolle. Er verriet uns den Einstand der über 50-köpfigen Elefantenherde erst, als ihm, neben dem selbstverständlich zu erwartenden Fleischberg, auch ein ordentlicher Betrag harter Devisen – die einzig überzeugende Eintrittskarte in die sonst kümmerliche Welt der Eingeborenen – zugesichert worden war. Meine offizielle, in Addis Abeba erstandene Lizenz auf einen Elefantenbullen interessierte hier überhaupt nicht. »Das Geld kassiert der Distriktgouverneur!«, meinte der Chief kühl. Dann lud er uns zu

110

Eine betagte Militärmaschine bringt uns mit zentnerschwerer Safariausrüstung von Addis Abeba in den Südwesten Äthiopiens.

frischen Papayas ein, stellte zwei Spurenleser ab und gab letzte Instruktionen. Erst jetzt waren die Einheimischen an unserem Vorhaben interessiert.

Am Nachmittag, ausgestattet mit dem Empfehlungsschreiben des in weitem Umkreis geachteten ›Local chief‹ – hoffentlich auch unterstützt vom Wohlwollen der von ihm beschworenen Geister –, verließen wir auf einem schmalen Saumpfad das armselige Dorf Richtung Süden, wo im fernen Dunst die große Elefantenherde stehen sollte, in ihrer Mitte ein ›very, very big bull‹.

Die Stimmung war bestens. Unsere Übereinkunft mit dem Dorf entsprach der üblichen Stammes-Mathematik: »Hier Wild, hier Geld!«

Die Fußpirsch führt im Gänsemarsch, auf meist ausgetretenen Hippowechseln, durch dichten Dschungel, vorbei an Flüssen und unzähligen Lagunen, tückischen Tümpeln und modrigen Gumpen. Einige Stunden später hält der Trupp plötzlich an. Elias, unser schwarzer Tracker, fuchtelt in höchster Aufregung auf eine sich breit vor uns öffnende, von dichtem Urwald bedeckte Flußbiegung hinab. Dort hatte sich zur Abenddämmerung, keine zwei Meilen entfernt, die gesuchte Dickhäutersippe eingestellt. Besitzt dieser Bursche Augen! Nun entdeckten auch wir durchs Glas die sich langsam bewegenden, grauen Schatten. Sie hoben sich fast silbrig gegen das dunkle Grün des Urwalds ab. Paulus, der weiße Führer, will kurz im letzten Abendlicht sogar noch den großen Bullen gesehen haben! Kein Wunder, daß meine Nerven zu flattern begannen.

Mit größter Umsicht, und um ja nichts zu vergrämen, wurde in einem Wäldchen ein Nachtlager ohne Feuerstelle errichtet. Das geschah gegen den energischen Einspruch der Schwarzen, die es für äußerst gefährlich hielten, das Camp direkt auf den stark benutzten Elefantenwechsel zu legen, welcher schnurstracks aus der Grasebene ins sumpfige Marschland führte. Nun, Paulus war der Boß. Er entschied, und hatte bald darauf alles versiebt!

Gefährlicher Spuk

Abgeschirmt durch ein dichtes Moskitonetz, schliefen wir beide auf hochbeinigen Faltpritschen unter freiem Himmel. Paulus unmittelbar neben mir. Eingehüllt vom milden Licht eines fast vollen Mondes und dem brandenden Gesumm ganzer Wolken blutgieriger Moskitos vor dem Netz, fiel ich schnell in einen kurzen Schlaf. Währenddessen trieben von der Flußniederung endlose Fetzen flacher Bodennebel herüber, es wurde bald ungemütlich frisch. Das Camp lag im geheimen Zauber einer von unzähligen Stimmen erfüllten, afrikanischen Nacht.

Plötzlich ein leises Knacken! Nochmals! Aufgeregt, die durchrepetierte Waffe in der Hand, weckte ich leise rufend meinen Nachbarn. Der sprang jedoch, wie von einem Skorpion geangelt, höchst geräuschvoll aus seiner Liegestatt, das Gewehr in der einen, eine gewaltige Stablampe in der anderen Hand. Und dann geschah das Unglaubliche! Selbst noch kaum im Bilde, doch gut gedeckt hinter einem mächtigen Baum, erlebe ich fassungslos ein Schauspiel, wie es höchstens dem alten Stanley mal widerfuhr: Keine zwanzig Meter entfernt, direkt auf dem Pfad, welcher durch unser Camp führt, scheint im Licht der Handlampe der Schädel einer gewaltigen Elefantenkuh auf! In der nächsten Sekunde peitscht eine Kugel durch die Nacht. Ein Warnschuß! Die Elefantendame wirft sich im Knall herum und stürmt, zusammen mit vielleicht dreißig weiteren Dickhäutern in wilder Panik und unter ungeheurem Spektakel durchs Wäldchen davon. Ein Spuk, wenngleich ein böser!

Diese Herde einzuholen wird uns mehr kosten als nur Schweiß!, verrieten die enttäuschten Blicke der Einheimischen. Jetzt war der Verband gewarnt. Er wird jede Minute nach seinen Verfolgern Ausschau halten! Die Tracker machten ihrer Verärgerung deutlich Luft! Paulus störte das nicht. Schließlich hatte er das Lager – diese zwar gutgemeinte, aber einfältige Sicht unterstelle ich ihm noch heute – heldenhaft vor einem ›Desaster‹ gerettet. Alles andere würde sich fügen! Tage später, nach bösem Lehrgeld, war es dann tatsächlich soweit. Fast!

Dummdreist

Während der letzten Rast vor dem heißersehnten Clinch – wie immer die Ruhe vor dem Sturm! – quatschten und gestikulierten die schwarzen Begleiter noch wilder drauflos als sonst. Ihre Aufregung übertrug sich umso stärker auf mich, als Paulus erzählte, die Burschen seien sicher, daß vor uns jener riesige, ihnen längst bekannte Elefant ziehe, dessen Stoßzähne sogar während des Gehens Spuren auf der Erde hinterließen. Nun, bekanntlich wandern Glück und Zufall oft gemeinsam, meist sogar im Huckepack! Also abwarten!

Wie überall, so galt auch hier die vielfach bestätigte Erkenntnis: Jäger wird man, indem man einer ist! Dem Geschehen voraus sein und sich ins Wild hineindenken, fortwährend alles in Frage stellen und trotzdem den roten Faden in der Hand behalten, Geduld und Entschlossenheit in der rechten Sekunde ins Spiel bringen, nötigenfalls auch kurzfristig verzichten können –, dies ist das Klavier, auf dem man spielen muß, will man Erfolg haben.

Dieser Dschungel bietet den Elefanten perfekte Deckung. Schwierig, hier unbemerkt an sie heranzukommen und sicher anzusprechen.

Die Idylle trügt. Hinter heiterer Gelassenheit verbirgt sich heutzutage oft verzweifelte Schicksalsergebenheit.

Der gute Paulus war – um im Bild zu bleiben – musikalisch alles andere als ein Wunderkind! Er war nur forsch, eher dummdreist!

Nicht von ungefähr wäre er einige Monate später, bei einer Löwennachsuche im Süden des Landes, fast selbst zur Beute geworden. Da der angeschweißte Löwe eines Amerikaners im dichten Uferdschungel des Omo untergetaucht war, telefonierte der umsichtige Berufsjäger einige Kollegen herbei, unter anderem auch Paulus. Eisenfresser wie immer, peilte er die Lage vermutlich schneller als seine drei Kollegen, nahm sich ein Herz, setzte sich auf die Schweißspur und meldete sich einige Minuten später – allerdings mit gellendem Geschrei aus dem Dschungel. Die eiligst aufgerückten Professionals retteten ihm zwar das Leben, doch sein bis dahin würdevoll aufrechter Gang ist seitdem durch böse Bißverletzungen an Schulter, Arm und Oberschenkel leicht vom Schicksal gebeugt. Er hatte aus unserem Elefantendebakel keinerlei Lehren gezogen! Auch bei Guides gibt es eben ›solche und solche‹!

Nach dem mitternächtlichen Elefantenbesuch näherten wir uns am nächsten Tag in aller Hergottsfrühe vorsichtig dem südlich vor uns liegenden, riesigen Sumpf- und Urwaldgebiet. Ich genoß den Bilderbuchmorgen! Im brusthohen Schilfgras glitzerten Millionen von Tauperlen in allen Farben des ersten Morgenlichts. Vom Fluß herauf ertönte das zufriedene Grunzen satter Flußpferde, während Käfer und Falter emsig durch die Luft schwirrten, und sich eine bunte Vogelwelt dem virtuosen Wettbewerb begeisterter Morgenarien hingab.

Die Jumbos flüchten

Auf breit gewalzten Wildwechseln verlassen wir nach kurzer Wegstrecke den schier undurchdringlichen Dschungel und finden uns plötzlich – mit pochendem Puls – in einem sich über uns gigantisch wölbenden, von mächtigen Baumkronen überdachten Dom. Getragen wird diese Natur-Kathedrale von Hunderten, dreißig bis vierzig Meter hoch in den Himmel ragenden Baumriesen, durch deren ausladendes Blätterdach ein zu hellen Strahlen gebündeltes Morgenlicht fällt. Es verzaubert den Luftraum über uns in eine schier übernatürliche

Märchenwelt. Doch zum Staunen bleibt wenig Zeit. Schon hören wir das Krachen und Bersten von Ästen und Zweigen, und den vielfältig dumpfen Widerhall der vielleicht dreihundert Meter entfernt im Dschungel hausenden Dickhäuter. Übel, wie sie den Wald niedermachen!

Zu dritt – ich habe jetzt nur noch Paulus und den Tracker bei mir – versuchen wir näherzukommen. Umgestürzte, morsche Baumriesen, Windbruch und endlose, aus dem Blätterdom fallende Lianen versperren uns den Weg, zwingen uns fortwährend, oft durch Tümpel und kleine Flußarme auszuweichen. Nach einigen Minuten sind wir naß bis zum Hosenboden. Plötzlich erstarrt der Tracker. Wir schauen voll Entsetzen einer höchstens zwanzig Meter von uns entfernt stehenden Elefantenkuh ins Auge. Sie scheint ebenso überrascht wie wir zu sein und erlaubt trotz dieser Nähe, und obwohl sie ein Junges dabei hat, daß wir uns rückwärts aus dem Staube machen. Warum sie nicht attackiert, bleibt ihr Geheimnis. Stattdessen trompetet sie höchst erregt und so ohrenbetäubend, daß der Urwald erbebt. Sofort einsetzendes Krachen zersplitternder Bäume verrät: Die Herde hat verstanden! Die Jumbos flüchten!

Eine knappe Stunde später drängt Paulus erneut zum Aufbruch, obwohl nicht nur ich vorschlage, der Herde mehr Zeit zur Beruhigung einzuräumen. Da sich der Urwaldgürtel vor uns kilometerweit erstreckt, besteht überhaupt kein Zweifel, später erneut auf die wandelnden Gebirge zu stoßen.

Gegen Mittag haben wir die Herde wieder eingeholt. Sie steht jetzt breit verteilt im dichtesten Urwald und hält Siesta. Von einem umgestürzten Baumriesen aus, der sich wegen seiner glitschigen Vermoosung nur schwer besteigen läßt, glasen wir einen vielleicht hundert Meter uns gegenüberliegenden, dunklen Bestand ab: Dort hat sich die Herde eingestellt! Da keiner eine Idee hat, wie an sie geräuschlos heranzukommen, vor allem wie der ›Big boss‹ inmitten seiner Herde, noch dazu bei diesem Dschungelfilz zu bejagen ist, warten wir in höchster Anspannung auf ›Meister Zufall‹. Am Spätnachmittag kommt allmählich wieder Bewegung auf. Wir beschließen, näher an den Trupp heranzurücken. Gebückt durch den Dschungel pirschend, kommen wir einem Dickhäuter einmal so nahe, daß ich plötzlich, keine zehn Meter seitlich im lichten Unterholz, eine seiner entspannt pendelnden Beinsäulen entdecke. Mir steht das Herz still! Jetzt reicht's!, sage ich mir entsetzt, wenn sich da der Wind dreht oder uns der geringste Fehler unterläuft – dann adieu, schöne Heimat.

Lagebesprechung. Paulus ist erneut anderer Meinung. Er will den Erfolg noch heute! Irgendwo hat er natürlich recht. Schließlich versäumt der Zauderer den Zuschlag! Trotzdem folge ich ihm fast widerwillig. Einerseits sehe auch ich die Riesenchance, die sich so schnell vielleicht nicht mehr bietet. Andererseits grenzt mir dieses Nachhängen auf eine hochnervöse Elefantenherde, noch dazu im undurchdringlichem Dschungel, irgendwo an Tollkühnheit! Aber, so tröste ich mich wieder, wer Pech haben soll, bricht sich selbst den eigenen Fingern der Nase! Jagdbegeisterung und ein gerüttelt Maß an Beutegier behalten schließlich die Oberhand. Fünf Minuten später ist dann allerdings schon alles wieder vorbei und das Fähnlein der drei Elefantenjäger nur knapp einer Katastrophe entgangen!

Blitzschnelle Attacke

Der Tracker stupst mich gerade an und deutet auf einen hünenhaften Elefanten, der, höchstens eine Steinwurfweite entfernt, eben breitseits frei wird. Irgendwo schimmert ein gewaltiger Stoßzahn durch den Busch. Zweige krachen, Holz zersplittert; der Bulle wirkt vertraut, nichts scheint ihn zu stören. Die Geräuschkulisse um uns verrät, daß die Herde sich weitverstreut im dicken Unterholz gütlich tut. Vom ersten Jagdfieber gebeutelt, rate ich Paulus nochmals, kurz abzuwarten. Bei einigem Glück müßte von dem vertraut vor uns bummelnden Koloß bald etwas mehr frei werden. Paulus ist wieder anderer Meinung. Er will noch näher ran. Die Waffen im Halbanschlag – ich trage meine im Wechsel mit einer 33 Gramm Voll- und Teilmantel geladene, schußbereite .458 Mauser verkrampft mit beiden Händen – kämpfen wir uns schrittweise durch den verwüsteten Verhau. Dann passiert's!

Ohne daß wir den Schädel oder das Blatt des angepirschten Dickhäuters noch freibekommen oder ihn überhaupt ansprechen können, bricht urplötzlich, ohne den geringsten Anlaß gegeben zu haben, zwanzig Meter rechts von mir, ein von uns allen übersehener Bulle hervor. Aufsteigend wie ein Turnierpferd, wird er halb frei und stürmt mit explosionsartiger Wucht, in entfesselter Wut schrill trompetend, auf uns zu. Um den vor mir im Weg stehenden Paulus aus dem Schußfeld zu bekommen,

Nichts Köstlicheres als diese eben ›erbeuteten‹, mit hellsüßem Honig vollgesogenen, Bienenwaben.

trete ich zwei schnelle Schritte zur Seite – jetzt nimmt das Verhängnis vollends seinen Lauf! –, verfange mich mit dem linken Fuß in einem Ast, verliere den Halt und stürze rückwärts zu Boden: der angreifende Dickhäuter, voll annehmend, höchstens zehn Meter entfernt!

Noch im Fallen – vielleicht aber auch schon im Liegen, genau bekomme ich das selbst heute nicht zusammen – reiße ich die Büchse mit dem schweren Geschoß hoch, finde durchs Zielfernrohr kurz, mehr schlecht als recht, den schon viel zu nahen Schädel und mache Dampf! Ich sehe noch heute genau vor mir, daß der lehmgraue Riese durch die Tonnenschubkraft des schweren Kalibers, wie von Geisterhand, im Ansturm gebremst wird und hinten leicht einknickt. Dabei wird er aus seiner Bahn gedrückt und dreht, ohne im geringsten zu zeichnen, fast rechtwinkelig ab.

Die Attacke war so schnell vorgetragen worden, daß weder für Überlegungen und Gefühle, noch für Angst oder Entsetzen Zeit war. Meine Reaktionen wurden ausschließlich von instinktiver Erfahrung und Reflexen bestimmt. Überlegtes Planen spielte nicht die geringste Rolle! Jean Pauls Meinung, daß der Furchtsame vor der Gefahr, der Feige in ihr und der Mutige nach ihr erschrickt, erwies sich auch diesmal als völlig abwegig. Eine Wortspielerei! Bei diesem Zusammenprall war weder für Feigheit noch für Fluchtgedanken Zeit oder Gelegenheit. Es war höchstens ein Test fürs Nervenkostüm!

Nachdem sich die momentane, an Erschöpfung grenzende Willenslähmung gelegt hatte und der Koloß trotz der vom Guide ebenfalls zu hastig abgefeuerten Kugel, gefolgt von der unter gewaltigem Geprassel mitstürmenden Herde, unseren Blicken entschwunden war, gab es keinen Zweifel: Der Bulle hatte die lausig plazierte Kugel – mein Tracker sah den Streifschuß am Scheitelansatz genau, es fand sich auch später kein Schweiß – wie einen Mückenstich weggesteckt. Diese Herde war endgültig verloren. »Die ziehen bis ans Ende des Omo«, resignierte der schwarze Tracker.

Interessant bleibt, daß mir das Bild des mit erhobenem Rüssel und weitabstehenden Ohren heranstürmenden, vorne hoch aufsteigenden Elefanten, sein In-die-Knie-gehen und Abdrehen nach dem Schuß, noch voll in Erinnerung ist, während ich weder nach dem Schuß noch später die geringste Vorstellung von der Größe seiner Stoßzähne besitze. Die hatte ich überhaupt nicht registriert! Ein Hinweis, daß im Falle echter Existenzbedrohung so etwas wie Trophäenqualität zur Nebensache wird!

Da eine Verfolgung null Erfolg versprach, der Elefant keinerlei lebensbedrohende Verletzung davontrug und mein Bedarf an Elfenbein und Draufgängertum zunächst gedeckt war – was sich allerdings bald und zu meiner Freude wieder änderte –, traten wir den mehrtägigen Rückmarsch an. Er war von einigen ungewöhnlichen Episoden und dem überraschenden Erfolg auf ein kapitales Hippo und einen braven Warzenkeiler gekrönt.

Verfranst – kopflos

Einmal hatten wir uns nach einer mehrstündigen, erfolglosen Rotbüffelpirsch so in der weglosen Wildnis verfranst, daß aus einem vorgesehenen, zweistündigen Heimweg ins Camp, neun Stunden wurden. Alles bei glühender Hitze und ohne irgendwelchen Proviant oder Trinkwasser dabei zu haben. Abhilfe schuf anfangs ein cleverer Bursche, der plötzlich vom Trupp ausscherte und zielstrebig auf einem einzelstehenden Baum zustrebte. Er rupfte sich einen besenartigen Bund dürrer Gräser, entzündete ihn und hangelte sich mit dieser qualmenden Fackel von Ast zu Ast den Stamm hoch. In der

Mitte des Baumes angekommen, stieß er über sich mit seinem Rauch- und Flammenwerfer in ein riesiges Astloch, erwehrte sich mit energischen Schlägen ganzer Bataillone wütender Bienen, und brach einen ganzen Arm voll saftiger Bienenwaben aus der verborgenen Schatzkammer. Der dünnflüssige, wasserfarbene Honig war die größte Köstlichkeit meines Lebens: zuerst ›tranken‹ und saugten wir den Nektar, anschließend kauten wir die filigranen Wachsplatten bis zum süßen Ende. Das löschte den Durst und stillte den Hunger – eine Labsal ohnegleichen! Nach weiteren fünf Stunden Irrmarsch durch modrig dumpfen Tropendschungel war die zu keinem Gespräch mehr fähige Mannschaft dann so erschöpft und durstig, daß wir uns unter Mißachtung primitivster Regeln und Einsichten, ohne Hemmungen in einen Tümpel warfen und dessen brackiges Wasser schlürften.

Wenn ich mich daran erinnere, daß wir dort ungeachtet aller Gefahren – welche unschwer an dem von Schalen und Hufen zertrampelten Ufer abzulesen waren – uns einfach mit dem Gesicht ins Wasser warfen, um den Durst zu löschen, dann greife ich mir noch heute an den Kopf!

Obwohl wir später, im Camp angekommen und so erschöpft, daß man uns die Schuhe ausziehen mußte, sofort mit allen zur Verfügung stehenden Medikamenten gegen diese selbstmörderische Entgleisung vorgingen, erscheint es mir im nachhinein wie ein Wunder, daß niemand ernsthaft erkrankte.

»Ein Guter hält's aus«, prostete ich bei frischem Dosenbier nicht nur einmal meinen Begleitern zu. Ich glaube wir hatten allen Grund auf die Gesundheit anzustoßen! Auch auf unser sonstiges, ausgesprochen gnädiges Glück! Bleibt nachzutragen, daß ein Freund, ein Jahr später im selben Gebiet, einen legendären Hundertpfünder streckte. Vielleicht meinen?!

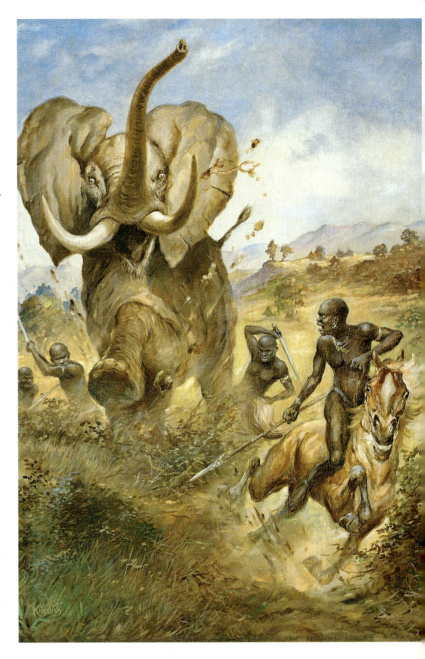

Wieviel Mut und Geschick verlangte es einst, sich dem heranstürmenden, wie ein Turnierpferd aufsteigenden, Elefanten zu nähern, ihm mit mächtigem Machetenhieb die Achillessehne zu zertrennen und ihn auf die Stelle zu bannen!

116

Zwischen Gelbmützen und Blauschafen

Mir ist die Entfernung auf den prächtigen Blauschaf-Widder zu weit, das Risiko, so nahe am Ziel alles zu verpatzen, einfach zu groß. Deshalb - schweren Herzens - zunächst Rückzug!

Die felsige Berglandschaft vor uns wirkt derart wild und zerklüftet, die gut hundert Meter tiefe Schlucht – eher ein gigantischer Riß durch das Felsmassiv – ist so eng und abweisend unheimlich, daß man unwillkürlich zögert, sich zu Pferd da überhaupt hineinzuwagen und sich nach oben durchzuzwängen. Doch die einmalige Gelegenheit auf einen braven Widder verdrängt am Schluß alle Bedenken, auch wenn die im Halbdunkel liegende Klamm einem Eingang zum Ort der ewigen Verdammnis gleicht. Der Ritt durch rutschiges Geröll, vorbei an zentnerschweren Felsquadern, über glitschige Moospolster hinweg und ständig gegen die zu Tal stürzenden Wasser des eiskalten Sturzbachs, führt zügig bergauf. Eingekeilt zwischen den steilen, im ewigen Dämmer liegenden Felswänden, rackern wir uns auf den Pferden, die immer öfter verschnaufen und bald patschnaß geschwitzt sind, durch diese finstere Welt. Jetzt müssen wir durch! Teilweise ist die Schlucht so eng, daß wir nicht einmal die Pferde wenden könnten. »Risiko ist die Bugwelle des Erfolgs«, ermutigte ich mich mit Carl Amery und versuchte gegen das aufkeimende Unbehagen mit ein paar guten Erinnerungen an die zurückliegenden Tage anzukämpfen. Wir waren aus Rußland gekommen.

Je schneller sich die Aeroflot-Maschine bei ihrem sieben Stunden Nonstop-Flug von Moskau dem Ziel Peking genähert hatte – in der überraschend komfortablen Ersten Klasse verging die Zeit buchstäblich ›im Fluge‹ –, desto mehr war unsere innere Spannung gestiegen. Und nicht nur wegen des anstehenden Jagdabenteuers.

China wird von uns ›Langnasen‹ – so nennen seine Menschen die Europäer –, nach wie vor mit einer rätselhaften Welt gleichgesetzt, in der sich Wissen und Phantasie zu einem eigenartig verschleierten, unscharfen Bild vereinen. Das Land ist zum Ende dieses Jahrtausends eben nicht nur Große Mauer, Mao Tsetung oder legendäre Seidenstraße. China ist viel mehr! Es besteht nicht nur aus gewaltigen Landschaften und Gebirgen wie dem Tien-Shan, der Wüste Gobi, der Inneren Mongolei oder Mandschurei, es besitzt nicht nur unermeßliche Kulturschätze, weltpolitischen Einfluß und Touristenattraktionen, wie etwa Tibet oder die Wüste Taklamakan. Das Riesenreich entwickelte sich seit Mitte der 70er Jahre unaufhaltsam zu einem weltweit geschätzten Touristen- und auch Jagdreiseland. 1992 zählte es über sechs Millionen Besucher. Eine stolze Bilanz. Dabei sind die allgemein touristischen Möglichkeiten längst nicht ausgereizt.

Schaumgebremster Aufbruch

Trotz der knappen Jagdzeit von nur zwei Wochen, hatten wir natürlich mit unserem Begleiter Wang Bing Xi den Besuch einer Reihe bedeutender Sehenswürdigkeiten ins Programm gepackt.
Neben der Pirsch auf Blauschaf (*Pseudois nayaur szechuanensis*) in der zentralchinesischen Provinz Qinghai, lag der besondere Kitzel dieser Reise auch im Wiedersehen mit einem Land, welches uns bereits Mitte der 70er Jahre – von Kanton im Süden bis hinauf nach Peking – fasziniert hatte. An Jagd wagte seinerzeit noch niemand zu denken!

Es war klar, daß uns diesmal nicht Hunderte schweigsamer, in blauen Drillich gesteckte, lächelnde Menschen mit pechschwarzem Einheitshaarschnitt ständig umzingeln und neugierig anstarren würden. Augenfällig war jedenfalls, wie sehr Peking in diesem Jahrzehnt sein Gesicht verändert und sich zu einem modernen, ungemein gepflegten ›San Francisco Asiens‹ gemausert hatte. Der wirtschaftliche und soziale Aufschwung war unübersehbar. »China ist ein großes Land, doch es ist derzeit noch sehr arm; damit China ein reiches Land werde«, prophezeite Mao schon 1955, »bedarf es eines Zeitraumes von mehreren Jahrzehnten«. Diese Weissagung scheint sich zu erfüllen. Die Versorgung der Menschen gilt inzwischen auch in den Großstädten als gesichert. Allerdings leben nach einem Bericht der ›China Daily‹ vom Oktober 1992, noch 85 Millionen Chinesen in Armut, 27 Millionen davon ohne das Lebensnotwendigste, insbesondere in den ärmsten, ländlichen Regionen. Eine Hauptursache für die oft beklagte Wilddieberei.

Die Städter kleiden sich inzwischen betont westlich, ihre Liebe zum Fahrrad ist jedoch, mangels Alternative, ungebrochen. Die unbekümmerte Stimmung auf den Straßen, in den Dörfern und in den Läden beruht offenkundig auf den überall anzutreffenden, vollen Regalen. Der Yüan ist hart und als Zahlungsmittel heiß begehrt, es lohnt sich wieder zu schuften. Welch ein Gegensatz zu Rußland, aus dem wir gerade kommen! Dort leben die Menschen nahezu ohne Vertrauen in den Staat und die eigene Zukunft. Während der erst zur Olympiade errichtete Moskauer Airport Sheremetjevo inzwischen verschmuddelt, sind der Flughafen Peking oder die chinesischen Ausländer-Hotels, welche während der letzten zehn Jahre, mit supereuropäischem Komfort und Service, wie Pilze aus dem Boden schossen,

Weltferne Wüstenstadt, dem unwirtlichen Klima abgetrotzt. Ein letzter Vorposten am Rande des Danghe Nan Shan-Gebirges.

blitzsauber und für jeden Touristen höchst attraktiv. Die Zoll- und Paßformalitäten in Peking dauerten vorgestern, trotz der in acht Tagen beginnenden Asien-Festspiele und erhöhter Sicherheitsvorkehrungen, nicht einmal zehn Minuten. Die von Herrn Wang bereits beantragte Waffen- und Munitionseinfuhr war reine Formsache. China empfängt heute seine Besucher als wahre Gäste, ist überall zu Diensten. Vor 13 Jahren trug einem Ausländer hier noch niemand den Koffer. Das hat sich geändert! Privatinitiative, Kleineigentum, gewerblicher und bäuerlicher Mittelstand sind inzwischen erlaubt, auch wenn gelegentlich gebremst wird. Der Erfolg ist auf Schritt und Tritt spürbar, wenngleich die Zügel nach der Studentenerhebung des Jahres 1989 auf dem Tienanmen-Platz augenblicklich wieder etwas angezogen scheinen. Der Übergang in allen Bereichen zum Privaten bleibt hiervon unberührt. Irgendwie, diese Erklärung drängt sich auf, scheint die ›reine Theorie‹ des auf Gemeinsinn und ›Teilen-Können‹ ausgelegten Kommunismus den stark ländlichen Lebensformen der chinesischen Gesellschaft und ihrer Großfamilien eher angemessen als europäisch geprägten Zivilisationen. Wer ein Leben lang geduldig und voll Rücksichtnahme gemeinsam mit einem Dutzend und mehr Familienmitgliedern aus nur einer Schüssel ißt, verspürt vermutlich weniger ›Futterneid‹ wie jemand, der egoistisch immer nur auf den eigenen vollen Teller pocht!
Am Flugplatz in Peking hatte uns Wang Bing Xi erwartet. »Jetzt ins Hotel gehen, duschen und essen«, lächelte er mit fernöstlicher Verbindlichkeit, hatte auch später alles im Griff und bewies mehr als einmal, daß chinesisches Tourismus-Management inzwischen jedem internationalen Vergleich standhält.

Die erste Etappe

Während des Abendessens im eleganten Kunlun-Hotel, in dessen ›One-Hour‹-Fotoservice ich gleich meine Filme der Sibirienjagd entwickeln ließ, wo uns Klimaanlage, TV mit sechs Programmen und stündlich aus USA überspielte Nachrichten angeboten wurden – das interessierte uns wegen der gerade schwelenden Krise um Kuweit –, wurde ausgiebig über die nächsten zwei Jagdwochen gesprochen. Dabei kamen wir zwangsläufig auf die 1989 in China verabschiedeten Natur- und Wildschutzbestimmungen. Danach soll auch im ›Reich der Mitte‹ bedrohten Wildarten, vor allem den etwa 20 Hirsch-, den 10 Wildschaf- und Steinbockarten landesweit als ›Kategorie I‹ und regional als ›Kategorie II‹, jetzt offiziell energisch Schutz gewährt werden. Herr Wang Bing Xi, der hauptsächlich Trekking durch Tibet bis nach Pakistan oder Indien organisiert, setzte uns ins Bild.
Am nächsten Vormittag war zunächst Sightseeing angesagt: Tienanmen-Platz, Mao-Mausoleum und Verbotene Stadt. Es war augenfällig, daß wegen der weltweit kritisierten Niederschlagung des Studentenaufstands weniger Touristen im Land waren; auch das große Defilee, vorbei an Maos Sarkophag, war stark zurückgegangen. Vor dreizehn Jahren standen, in endlosen Zehnerreihen aufgefädelt, tagtäglich bis zu 100000 Menschen stundenlang an, um dem großen Führer die letzte Referenz zu erweisen. Diesmal dauerte unser Besuch keine zehn Minuten. Statt dessen ließ jetzt auf dem ›Platz des Himmlischen Friedens‹ Jung und Alt in allen Farben leuchtende, selbstgebastelte Seidendrachen ins warme Herbstlüftchen steigen.
Am Spätnachmittag flogen wir in einer englischen Viscount – nach dem Bruch Chinas mit Stalin im Jahr 1960 wurde neben der eigenen Technologie sofort auch auf westliche gesetzt – ins 2000 Kilometer entfernte Lanzhou. Dort starteten wir im Allrad zur fünfstündigen Nachtfahrt durch eines der zahllosen, kahlen Lößgebirge, Richtung Xining, der Hauptstadt Qinghais. Wie gerädert fielen wir spät nach Mitternacht im Hotel ›Freundschaft‹ in die Federn. Die erste ›zivilisierte‹ Etappe war gemeistert.

Zum Besuch des weltberühmten, 1560 etwa dreißig Kilometer südlich von Xining errichteten Kumbum-Klosters – einem der geistigen Zentren des chinesischen Lamaismus – blieb jetzt keine Zeit. Die Besichtigung der Meditationshallen und Wohnhäuser lamaistischer Mönche und geistlicher Studenten sowie der Tempel und Pagoden mit ihren ›Drei Wundern‹ – den Blumenskulpturen aus gefrorener Butter, den kunstreichen Wandmalereien und den kostbaren Stickereien, welche inzwischen nur mit einigen hundert Mark ›Spende‹ je Aufnahme fotografiert werden dürfen –, wurde an das Ende unserer Reise verschoben. Um ehrlich zu sein, stand mir der Sinn im Augenblick auch mehr nach den bis zu 6000 Metern aufragenden Bergen des Kunlun und den wilden Vorgebirgen des tibetischen Hochplateaus! Dorthin, 600 Kilometer weit in den Süden Qinghais, wo die Quellgebiete des Yangtse, des Lancang und des legendären Gelben Flusses liegen, entlang deren Ufern und fruchtbaren Niederungen die antike Kultur Chinas entstand, waren jetzt meine Gedanken gerichtet.

Eine aufregende Zitterpartie

Eingepfercht in einen japanischen, mit Gepäck und Ausrüstung, insbesondere mit Mineralwasser bis zum Dach vollgepfropften Allrad kamen wir trotz der meist überfüllten Straßen zügig voran. Überall herrschte Geschäftigkeit. Es wurde gerade Getreide und Obst geerntet. Wer eine Sichel schwingen, einen Korb tragen oder Kornähren binden konnte – die Maschine gilt nach wie vor als kostspieliger Arbeitsplatzvernichter! –, werkelte in den teilweise nur ›handtuchgroßen‹ Äckern und Terrassen. In diesem nicht sonderlich begünstigten Landstrich, wo nicht, wie etwa im reichen Südosten Chinas, drei- bis viermal Reis, Weizen oder Kartoffeln im Jahr geerntet werden können, wird der Lebensunterhalt noch hart verdient, jede Kuh notfalls einzeln an der kleinsten Grasnarbe geweidet.

Auf halben Weg, wo das Ackerland in das nomadische Steppenland übergeht, erblicken wir, von einer sanften, mit einem legendären Tempel gekrönten Anhöhe, gegen Mittag in der Ferne die silbrig blitzenden Wasser des gut hundert Kilometer langen und halb so breiten Kokonor-Sees. Der sagenumwobene ›grüne See‹, wie er bei den Mongolen heißt – er liegt wie ein riesiger Kristallspiegel in das flache Weideland gebettet –, gilt als einer der größten Salzwasserseen Asiens und ist seit Urzeiten eine traditionelle Begegnungsstätte tibetischer und mongolischer Nomaden. Je mehr wir uns von Xining entfernen, desto rückständiger – fast mittelalterlich – erscheinen Landschaft, Dörfer und Menschen. Zu beiden Seiten der erst vor einigen Jahren als Hauptverbindung nach Lhasa ausgebauten Südroute der alten Seidenstraße überraschen uns ständig neue

Zur Erinnerung. Gruppenbild mit Damen, in knapp 4000 Metern Höhe.

Der Kokonor-See, Nomadentreff seit grauer Vorzeit.

Bilder und Begegnungen. Überall finden sich Spuren des jahrhundertealten Kampfes seßhafter Siedler und Bauern gegen Gebirge, Wüsten und reißende Flüsse. Weit ausgedehnte, oft bis auf die Grundmauern verfallene, wie eh und je aus Lehm- und Strohgemisch gebaute, noch bewohnte Siedlungen wechseln sich mit blühenden Oasen ab. Wo künstliche Bewässerung die eigentlich recht fruchtbare Erde tränkt, arbeiten leistungsstarke, moderne Landwirtschaftskombinate. Sie entstanden meist während des in den 60er Jahren von Mao verkündeten »Großen Sprungs nach vorne«, wobei die seinerzeit hochgesteckten Produktionsziele erst allmählich, vor allem durch die zur Privatinitiative ermunterten Kleinbauern erfüllt werden.

Diese tüchtigen Landbewohner hausen nach wie vor in ihren schmalbrüstigen Lehmhütten und Hinterhöfen, jedes Anwesen möglichst mit einer meterhohen Mauer gegen die Außenwelt abgeschirmt. Selbst um Mitternacht, im Schein zittriger Straßenlaternen, sind die bienenfleißigen Dörfler noch am rackern, um sich mit genügend Vorräten gegen den eisigen Winter zu rüsten. Allerorts sammeln Frauen und Kinder Beeren, Pilze und Früchte. Getrocknetes Grünzeug ist die Grundlage der auf Gedünstetes und auf Suppen ausgelegten, ebenso schmackhaften wie bekömmlichen, chinesischen Küche.

Immer wieder erstaunt uns der Einfallsreichtum der Landbevölkerung. So werfen die Kleinbauern einfach ihre geschnittenen Getreidebündel oder Maiskolben zum Drusch auf die Straße vor ihrem Haus und nutzen die zwangsläufig darüberfahrenden Autos als kostenlose Dreschflegel. Mehr als einmal mußte unser Fahrer voll bremsen, um nicht in die im Weg liegenden, halbmeterdicken, ›schwimmenden‹ Getreidebüschel zu sausen. Das kümmert die gegenüber Technik und Motorisierung gleichgültigen ›Wegelagerer‹ ebensowenig wie jedes noch so energische Hupen. Man weiß, daß der chinesische Autofahrer weiß, daß ein Chinese sich davon niemals beeindrucken läßt! Ein nach europäischem Verkehrsverständnis disziplinierter Fahrer fiele hier von einer Ohnmacht in die andere! Bei dieser aufregenden Zitterpartie blieben wir zwangsläufig munter. Einmal rettete uns nur pure Geistesgegenwart, daß wir nicht mit Karacho auf eine vermutlich kurz vorher um einen halben Meter abgesunkene, unterspülte Brücke rasten. Obwohl wir trotz vierzehn Stunden Fahrt und nur zweimaligem kurzem Beinevertreten kein Auge zutaten, verlief die Fahrt wie ein guter Krimi: aufregend bis zum Schluß!

Ab dem frühen Nachmittag begegneten uns immer häufiger tibetische und mongolische Nomaden mit ihren schier endlosen Herden. Die Weidewirtschaft Qinghais umfaßt heute über 80 Millionen Tiere, davon 15 Millionen Yaks. Ein Drittel des gesamten Weltvorkommens dieser genügsamen, zentralasiatischen Hochgebirgsrinder lebt hier.

Wie selten bei einer Reise zuvor, hielten wir fortwährend an, um vor allem die malerisch gekleideten, lässig auf Pferden oder Yaks sitzenden Hirten zu knipsen. Sie posierten mit sichtlichem Vergnügen und ohne jede Scheu. Ganz im Gegensatz zu den wenig kontaktfreudigen, muslimischen Hue-Chinesen, bei denen die Männer auffällig weiße Käppis und die Frauen feine Netzschleierhauben aus Samt auf dem Haupt tragen. Zum Straßenbild gehörten gleichfalls die robusten Dreirad-Mehrzwecktraktoren mit ihren wackeligen Easy-Rider-Lenkern, die im Augenblick gerade ganze Gebirge gedroschenen Strohs durch die Gegend kutschierten. In Anlehnung an die sonderbaren, von Mulis gezogenen Einachser-Gespanne im südlichen Afrika, welche man dort humorvoll als ›Ovambo-Porsche‹ bezeichnet, nannten wir diese Stahlrosse – auch aus aktuellem Anlaß! – ›China-Trabi‹.

Die frühgeschichtliche Verwandtschaft dieser tibetischen Schönheiten mit den Indios Südamerikas ist offenkundig.

121

Basislager mit Meisterkoch

Kurz vor Anbruch der Dämmerung, nachdem zwei Drittel der Wegstrecke heil durchstanden waren, verließen wir in Gulin die Hauptverkehrsader Xining – Lhasa. Wie allerorts in diesen Nestern waren zum Feierabend auch hier Billardtische im Freien aufgestellt, umringt von aufgeregt gestikulierenden Spielern. Überall luden armselige ›Restaurants‹, mit in ungelenken Schriftzügen auf weißen oder schwarzen Fahnen angepriesenen Menüs, zum Abendessen. Jetzt begann die abenteuerlichste Strecke der Reise.

Der nur dürftig befestigte Weg wand sich zunächst entlang eines kilometerbreiten Flußtals, durch dessen Bett sich eine Woche später, nach Tagen heftiger Dauerregen, unvorstellbare Massen ziegelroter Fluten wälzten. Im Augenblick stand es kurz vor dem Austrocknen. Dann wurde es richtig spannend: Auf der ersten Anhöhe deuteten unsere Begleiter in Richtung eines in Wolken gehüllten, gewaltigen Bergmassivs. Irgendwo dort in der Ferne, am gleichnamigen Fluß, lag das 55000 Hektar große Jagdgebiet Delong! Mit Einbruch der Nacht begann es zu regnen. Um auf dem lehmig schmierigen Feldweg über die Vorberge ins felsige Gebirge zu kommen, bedurfte es aller Fahrkunst. Immer wieder mußten wir durch bis zu den Radkästen heraufreichende Gebirgsbäche. Halsbrecherisch! Die Rutschpartie kostet uns drei weitere Stunden. Endlich, lange nach Mitternacht, scheint am Ende einer die Bergkette durchschneidenden, breiten Schlucht Licht auf. Die Luft ist merklich dünner geworden: Wir sind immerhin 3800 Meter über dem Meer! Kurz darauf beleuchten die Scheinwerfer sechs weiße Rundzelte. Mongolische Jurten. Unser Camp. Hocherfreut hören wir, daß der zur Begrüßung in blütenreiner ›Dienstuniform‹ angetretene Koch, nachdem man weit draußen die Lichtkegel des Jeeps entdeckte, sofort seinen Ofen angeworfen hatte.

Der immer gut aufgelegte Zhon Ling und seine bis zur Abschiedsmahlzeit lukullische Küche bleiben vermutlich auch deshalb in allerbester Erinnerung, weil wir, im Vergleich zur Versorgung in Sibirien vor einer Woche, bei ihm das wahre Paradies hatten. Seine Nudeln und Maultaschen, die fintenreichen Gemüsesuppen und leckeren Nachtische, vor allem aber seine Fleisch- und Fischgerichte süß-sauer, bleiben unvergeßlich. Zhon kochte so großartig auf – immer heiß, bestens gewürzt und abwechslungs-

›Hausgemachte‹ Spaghetti. Diese hohe Kunst aus dem ›Reich der Mitte‹ brachte Marco-Polo schon vor 600 Jahren nach Europa.

reich –, daß wir zu wahren Fans chinesischer Kochkunst wurden. Es setzte immer wieder in Erstaunen, wie der ›Chef de Cuisine‹ auf seinen zwei mickrigen Gaskochern bis zu zehn verschiedene Gerichte auf einmal herzauberte, oder eigene Spaghetti ›al dente‹ fabrizierte. Dabei warf er eine selbstgeknetete, armdicke Teigstange bis zu zwanzigmal, in immer größeren Abständen von einer Hand in die andere, durch die Luft. Solange, bis sich die Teigrolle selbst in zwanzig bis dreißig meterlange Spaghettifäden zerlegte. Bei ihm konnte man die vom Venezianer Marco Polo schon vor achthundert Jahren den Italienern mitgebrachte und von diesen zu vielgerühmten Gaumenfreuden weiterentwickelte Kunst chinesischer Teigwarenfertigung hautnah miterleben.

Die erste Nacht in der geräumigen, vom Yakdung-Kanonenofen angenehm aufgeheizten Jurte war ausgesprochen gemütlich. Das von allen nomadisierenden Völkern Zentralasiens benutzte Rundzelt gewährleistet ein Leben und Überleben in jedem extremen heißen und kalten Klima. Es stand sogar ein Stromaggregat zur Verfügung. Obwohl der bis in den Morgen hinein heftig gegen die Jurte prasselnde Regen und ein durchs Tal pfeifender Wind wenig Gutes versprachen, schliefen wir mit angenehmen Gedanken schnell ein. Hier ließ es sich leben!

Nachdem eine der drei heiratsfähigen Töchter des mongolischen Campleiters Jin Cai – die Mädchen

Im Dienste der Mönche. Dem aufmerksamen Tibeter entgeht nichts.

hörten auf die exotischen Namen Baxio Ying, He Quing Yu und Jing San –, uns schon vor Morgengrauen mit einem freundlichen »Zao Shang Hao! Guten Morgen!« geweckt, in unserer Jurte Feuer gemacht und einen Kessel für heißes Wasser aufgesetzt hatte, ließen wir es sachte angehen. Obwohl das Atmen anfangs etwas schwer fiel, die dünne Luft außerdem unangenehm feucht und schwer war, befanden wir uns schnell in Aufbruchstimmung. Die wurde von den Chinesen so früh am Morgen aber noch nicht geteilt!

Erst am Nachmittag war Reitunterricht und Pferdeappell. Mit den kleinen, ebenso ausdauernden wie widerspenstigen Gäulen der Mongolen hatte ich schon vor Jahren bei der Argali-Jagd im Hohen Altai Bekanntschaft gemacht. Es lief ab wie seinerzeit, als ich nur mit Hilfe des legendären, inzwischen bei seinen Ahnen versammelten Jagdführers Tata in den Sattel kam. Angenehm war, daß die chinesischen Pferde mit bequemeren Ledersätteln geritten wurden, während Tatas Renner noch mit ›echten‹ Mongolensätteln – sprich: giebeliges Holzgestell mit ein paar Decken drauf – gebändigt werden mußten. Gottlob hatten auch die mongolischen Begleiter, welche schließlich ja ›im Sattel geboren‹ werden, anfangs mit diesen etwas störrischen Vierbeinern ihre liebe Not. Nachdem die Pferde erfreulicherweise aber bald erkannten, daß auch mit Greenhorns nicht nach Belieben umzuspringen ist, verließen wir frohgemut, unter dem wohlmeinenden Zuspruch der Lagermannschaft, das Camp.

Zunächst ging es gemächlich den reißenden Delong hinauf, dessen jenseitiges Ufer von einigen hundert Meter hohen, senkrecht aufragenden Felswänden begrenzt war. Bei Hochwasser würde sich, das war klar, der Fluß rasend schnell zum Strom ausweiten und auch die Ebene, in der das Camp stand, überfluten. Also Augen und Ohren auf! Zentnerschwere, verloren um uns in der Bergsteppe verstreute Gesteinsbrocken ließen ahnen, was in diesem baum- und strauchlosen Gebirge, das kaum einen Tropfen Regen bindet, besonders während der Schneeschmelze los ist. Diese düstere Ahnung bestätigte sich ein paar Tage später und bewirkte, daß plötzlich sogar unsere Rückreise und der fest gebuchte Heimflug in Frage standen: »Mit des Geschickes Mächten, ist kein ewiger Bund zu flechten!«

Shijang, chang Jiao!

Der erste ›Schnüffel‹-Ausritt, hinauf zu den gut drei Reitstunden entfernten, über viertausend Meter hohen Berggipfeln, wurde zum Vergnügen. Alex' und mein Bammel waren unbegründet! Die Pferde fügten sich gottlob schnell in ihr Schicksal. Nachdem die Sättel nachgezurrt, die ersten Furten des reißenden Delong mit bis zum Hals der Pferde hinauf hochgezogenen Beinen durchquert waren und zwei Probeschüsse im Schwarzen saßen, lief alles wie geschmiert. Der zunächst etwas verschlossene Jin Cai, Chef und Guide dieser Jagd, ritt währenddessen unbeirrt, ohne sich jemals umzusehen, voraus. »Die sollen zeigen, was sie auf dem Kasten haben!«, hieß das. Seine beiden Jäger Ga-Zhe und Jiamcen bildeten die Nachhut. Ga-Zhe, ein jugendlicher Draufgänger, war nach dem Einschießen eine Zeitlang etwas kleinlaut, um nicht zu sagen ›groggy‹. Er hatte sich bei dem von mir vehement erbettelten Probeschuß zu nahe an die rasante 7 mm Remington Magnum herangewagt und postwendend Bekanntschaft mit dem Zielfernrohr gemacht. Inzwischen trug er das geschwollene Auge und den tiefblauen Schnitt über der Nasenwurzel sogar mit verhaltenem Stolz, vor allem nachdem ich ihm meine eigenen, schon vor Jahren ›in Würde‹ erstandenen Narben gezeigt hatte. Nach dieser Erfahrung hielt er mein Kaliber für eine Wunder-Medizin!

Am Scheitel der letzten Vorberge, kurz vor dem Auftritt in die langgezogene Flanke der von uns angesteuerten Bergkette, bricht die Nachmittagssonne durch. Jetzt erstrahlen die in gleißendes Licht getauchten Hochalmen, bis hinauf zu den höchsten Felsgipfeln, in fast unwirklich leuchtendem Gelbgrün. Die scheinbar nackte Bergwelt schimmert, als sei sie mit einem mächtigen Mantel aus feinstem Velour überzogen.

Bei der nächsten Rast kommt Bewegung in unsere Begleiter! Sie fuchteln in die vor uns liegende, bogenförmige Felswand und zählen mir auf ihre ganz besondere Weise gestenreich vor – die Mongolen beginnen mit dem Zeigefinger und deuten sinnigerweise die Fünf erst zum Schluß mit dem Daumen an –, daß dort drüben fünf Blauschafe stehen. Nachdem ich auf knapp achthundert Meter Entfernung, selbst mit meinem starken Glas nichts ausmachen kann, bleibe ich skeptisch. Außerdem verschnupft mich, daß die mühselige Belehrung vom Vormittag, Wild mit der Technik meines Spektivs anzusprechen, ohne Wirkung blieb: Jagdchef Jin Cai hatte das ihm anvertraute Fernrohr überhaupt nicht mitgenommen! Nach der anschließenden, nicht gerade gemächlichen Fehlpirsch und meinem späteren, unübersehbar großen ›Zeigefinger‹, fiel der Groschen: Das Spektiv war von nun an dabei! Im übrigen fragte ich mich, wer garantiert eigentlich, daß meine am Vormittag anhand von Skizzen und Fotos klar festgelegte Hornmaß-Mindestvorgabe: »Chang Jiao! – Nur großes Blauschafhorn!«, nicht ebenfalls dem halsstarrigen Gutdünken der Nomaden zum Opfer fällt?

Also aufgepaßt! Wie meist in Fällen schlechten Gewissens oder verkrampfter Besserwisserei, schaltete auch Jing Cai auf Durchzug. Er bestieg sein Pferd und meinte nur mehrmals kopfnickend: »Shijang! Blauschafe!«. »Gut, dort stehen Schafe! Warten wir ab, was sie auf dem Haupt tragen!«, antwortete ich aus Höflichkeit, ohne jedoch zu kuschen.

Langsam und stetig geht es bergauf. Zu Pferd, ein Klacks! Wenn ich da an meine beiden Blauschaf-Expeditionen in das 1200 Meilen weiter südlich von hier gelegene Jagdgebiet in Nordost-Nepal denke! Damals mußte ich mich, gemeinsam mit meinen beiden Freunden tagelang zu Fuß durch die Vorberge des über 8000 Meter hohen Kanchenjunga schinden und anschließend täglich, von dem in 3500 Meter gelegenen Basislager, zu den oft bis auf 4600 Metern ziehenden Rams hinauf. Dagegen war dies jetzt ein Spaziergang! Hoffentlich, unkte ich,

Der Große Panda, Wappentier des WWF. Trotz weltweiter Anstrengungen ist sein Überleben, durch Lebensraumvernichtung und Wilderei, nach wie vor stärkstens bedroht.

bestrafen mich die hier obwaltenden Götter deshalb nicht mit einer mageren Trophäe! Nun, damals in Nepal, wurde ich bei meiner Jagd auf das bis zu einem Fünftel stärkere Himalaya-Blauschaf, dem ›Pseudois nayaur‹ – 1933 erstmals von Hodgson beschrieben – als Lohn für die erduldete Marter mit einer Weltrekord-Doublette entschädigt!

Angenehme Erinnerungen auf dem Weg zu den eben bestätigten China-Blauschafen über uns. Wie leise vermutet, schoben wir bald darauf eine volle Pleite. Eigenartigerweise war ich nicht einmal sonderlich überrascht! Nach einer Stunde hatten wir, keine 150 Meter freistehend von uns entfernt und in bester Schußposition, vier vor sich hindösende, wie befürchtet, leider nur halbstarke Widder im Glas.

124

Arglos, jung und unerfahren – wenig berauschend! Alex machte aus dem Mißerfolg das Beste. Er pirschte sich auf allen Vieren bis knapp fünfzig Meter an die ›Bharal‹ – wie das Wild im Englischen bezeichnet wird – heran und ›schoß‹ in einer großartigen Berglandschaft ein paar einmalige Aufnahmen des bis heute wenig bekannten ›Pseudois nayaur szechuanensis‹. Übrigens gilt das Blauschaf, mit Tahr (*Hemitragus*) und Mähnenspringer (*Ammotragus*), als Trugschaf, halb Schaf (*Ovis*), und halb Ziege (*Capra*). Entwicklungsgeschichtlich entstammen die Schaf- und Ziegenartigen dem Altpliozän Chinas, ihr Alter geht auf 10 Millionen Jahre zurück. Wir jagten also in einer Welt, in der die Wiege der Wildschafe und Wildziegen stand! Heute sind die Bergjagden auf die weltweit jeweils etwa ein Dutzend legal jagdbaren Wildschafe und Steinböcke hochgefragt!

Wie ein Heer von Ameisen

Keine zehn Minuten später, nachdem wir den üblichen Liter ›Pflicht‹-Wasser hinuntergewürgt hatten – um der ab 3200 Meter drohenden Höhenkrankheit und Dehydration des Körpers gut vorzubeugen, muß man ständig trinken und prüfen, ob die Harnfarbe sich nicht gefährlich ins Tiefgelb oder gar Orange verändert – hob es uns buchstäblich aus den Sätteln! Vor uns zogen weit über hundert Blauschafe durch ein schmales, flaches Tal! Junge und alte, kunterbunt, ohne Rang und Ordnung, dazwischen die Widder. Weit aufgefächert ästen die vorsichtigen Bergbewohner, wie ein Heer von Ameisen und keine zweihundert Meter unter uns, langsam vertraut über eine karge Hochweide hinweg.

Die nächste halbe Stunde Wildbeobachtung und die Fotos, welche ich trotz des in der Abenddämmerung schnell schwindenden Lichts noch knipsen konnte, entschädigten reichlich für die vorherige Enttäuschung. Welcher Fremde hatte je eine solche Ansammlung chinesischer Blauschafe gesehen oder sogar fotografiert?

Jetzt war mir eher glaubhaft, daß das 55000 Hektar große Delong-Naturreservat, neben etwa 800 Rot- und 300 Weißlippen-Hirschen, zirka 20000 Mongolischen Gazellen, 600 Tibet-Argalis, neben seinen Wölfen, Bären, Luchsen und Schneeleoparden sowie dem seltenen Moschustier, tatsächlich auch die mit gewissem Stolz von den Chinesen aufgeführten 8000 Bharal beheimatet. Der Wildbestand bewies, daß in dieser unzugänglichen Einsamkeit, die immer wieder beklagte Wilddieberei – wer erwischt wird, verliert neben dem Wildbret seine Waffe und Ausrüstung und muß den dreifachen Wildbretpreis blechen – kaum stattfindet. Hier heraufzukommen kostet vermutlich mehr Benzin als aus dem Fleisch zu erlösen ist! Ungeachtet dessen tauchten im Camp immer wieder, teils zu Fuß oder auf Yaks und Pferden, tibetische Nomaden auf, deren Herkunft und Wanderziel allen ein Rätsel blieb.

Am Abend, nach saurem Schweinefleisch mit Paprika, Reistörtchen mit Rosinen und verschiedenen Suppen, später bei einem gepflegten Lanzhou-Bier – der nach alter deutscher Tradition in Tsingtau gebraute Gerstensaft schmeckt nicht besser! – wird solange Tacheles geredet, bis allen klar ist, daß ich unter fünfzig Zentimetern Hornlänge keinen Finger krummache und sich mein Trinkgeld am Trophäenergebnis orientieren wird. ›Geschenke überzeugen Menschen und Götter!‹. Hoffentlich auch Chinesen! Die gegenwärtige Höchstmarke mit fünfundfünfzig Zentimetern Schlauchlänge im SCI Record-Book konnte bei diesem Wildbestand Meßlatte sein!

Am zweiten Tag reiten wir schon früh los. Trotz aller Anstrengungen – unterstützt von meinem Spektiv, das uns eine Reihe kräfteraubender Fehlpirschen erspart –, stoßen wir bis zum Abend auf

Kunterbuntes Riesenrudel chinesischer Blauschafe. Vergleichbar einem Heer von weißen Ameisen.

kein bejagbares Widderrudel. Viel ›Weibervolk‹ mit ›jungem Gemüse‹, die alten Schlaumeier halten sich bedeckt. Dabei wächst bei jedem Ansprechmanöver die persönliche Erfahrung mit diesem Wild, welches im Vergleich zu seinem im Himalaya Nepals und Bhutans lebenden Vetter, sowohl nach Körpergröße wie Hornmaß – wobei das China-Bharal weiter auslegt! – um 10 bis 20% geringer ist. Sein braunes Fellkleid und die schwarz abgesetzte Gesichtsmaske, die schwarze Brust und die schwarzbraun gestreiften Läufe wirken heller, die schwarze, an der Bauchunterseite verlaufende Bänderung ist kürzer. Im Gegensatz zum Himalaya Bharal erscheint das nordtibetische Blauschaf hellgetönter, eher steingrau. Die Stirnwehr unterscheidet sich neben geringerer Länge und schwächerem Umfang auch dadurch, daß die Hornenden beim China-Blauschaf in einer nach oben gezogenen Kurve münden und nicht gestreckt auslaufen. Eine ausgesprochen elegante Trophäe! Wenn sie nur schon mein wäre! Es kann soviel danebengehen – gerade in einem deckungslosen Gebirge wie diesem!

Schließlich bewohnt dieses anpassungsfähige Bergwild überall – sei es in Nepal, Ladakh oder Bhutan, in den Grenzgebieten zur damaligen UdSSR, zum indischen Kaschmir oder zu Pakistan –, auch hier im Kunlun-Massiv Höhen zwischen 3400 bis 5200 Metern. Dort ist die Welt arg wetterwendisch, die Luft verdammt dünn!

Als Zaungast der Gelbmützen

Die Nachricht des Tages brachte meine Frau ins Camp. Sie war den ganzen Tag lang mit Wang Bing Xi und dem aus der Gegend stammenden Thai Rang Duo Jie, der eigens für Notfälle abgestellt war – ein sogenannter ›Barfuß-Doktor‹ mit gehobener Sanitäterausbildung – zu Pferd in den im Osten aufragenden Bergen unterwegs gewesen. Dabei konnte sie endlich wieder ihrer Leidenschaft frönen, die Zügel sausen zu lassen und im Galopp die weite Steppe durchmessen. Höhepunkt ihres Ausflugs war der überraschende Besuch eines nach sechsjähriger Bauzeit, erst vor zwei Jahren, fertiggestellten Lama-Klosters, welches losgelöst von aller Zivilisation, heute den kulturellen Mittelpunkt der tibetischen Hirtenvölker dieser weltfernen Gegend bildet. Das Kloster, eine kleine politische Wiedergutmachung – von jeweils zehn buddhistischen Tempelanlagen im südlich gelegenen, seit 1952 von den Chinesen besetzten Tibet, sind neun zerstört! –, wurde von Spenden gläubiger Nomaden errichtet. »Freiwillige Gaben gelten nach der Lehre Buddhas als Ausdruck hoher spiritueller Charakterbildung«, erklärte lächelnd der Abt des Klosters.

Obwohl unangemeldet, wurde die Besuchergruppe von den ›Huang-Jiao‹-Mönchen des lamaistischen ›Gelbmützen‹-Ordens, der sich vor fünfhundert Jahren von der verweltlichten, inzwischen bedeutungslos gewordenen Sekte der ›Rotmützen‹-Lamas abspaltete – was der beschlagene Wang Bing Xi sofort mit der Reformation Luthers verglich! –, äußerst herzlich empfangen. Beim Abschied vereinbarte man für die nächsten Tage erneut einen Besuch. Meine Frau, sicherlich der erste Europäer in diesem Kloster namens ›Goli‹, erhielt gemeinsam mit ihren chinesischen Begleitern Zutritt in alle Räume, selbst zum Innersten des Tempels. Die Großzügigkeit, ungehindert alles fotografieren zu können, war einmalig. »Solche Selbstlosigkeit wird in Zukunft sicherlich eingeschränkt, wenn nicht gar untersagt«, meinte Wang Bing Xi und brachte die erwähnte ›Spendenpraxis‹ des berühmten Kumbum-Klosters in Erinnerung. Nahe dieses größten buddhistischen Klosters auf chinesischem Boden – in Kumbum wirken gegenwärtig über 600 mongolische und tibetische Mönche – wurde übrigens das religiöse Oberhaupt, der noch im Exil lebende Dalai Lama, geboren.

Selbstredend, daß wir einen Besuch dieses heiligen Ortes einplanten. Aber, alle Sittenrichter mögen dem schlichten Jägergemüt verzeihen, mir ging es zunächst ums Blauschaf! Schlägt das Wetter um – als Vorwarnung lag nach der zweiten Nacht bereits Neuschnee auf den Bergspitzen – dann war das eigentliche Ziel meiner Reise gefährdet. Schnee oder Vereisung auf diesen teilweise sechzig bis siebzig Grad steilen Geröllhängen, die sich bis knapp 6000 Meter hinaufziehen, bedeuten mit Sicherheit ›Jagd vorbei‹.

Der nächste Tag fiel als Jagdtag buchstäblich ins Wasser. Wir wurden vom Wetter bei Gott nicht verwöhnt! Nach den schweren Regenfällen der Nacht schwollen der Delong und seine Nebenflüsse sofort derart an, daß sie für einen Pirschritt in die nördlichen Gebirgszüge unpassierbar wurden. Was lag näher, als sich den Geländewagen zu schnappen und dem Lama-Kloster einen Besuch abzustatten.

Überragt von weithin sichtbaren, buntbemalten Ornament-Giebeln, eingebettet in mehrere, von

Nahe den Wolken, auf knapp 5000 Metern Höhe: Dünne Luft, doch dicke Schnecken!

Unerwartete Begegnung mit dem »Lebenden Buddha« des entlegenen Nomadenklosters. Wir waren seine ersten europäischen Gäste.

rechteckigen Lehmmauern geschützte Vor- und Innenhöfe, erblickten wir das Kloster schon von ferne. Zur Abwehr böser Geister umrahmten die Anlage unzählige, bis in die Berge hinein aufgestellte Gebetsfahnen. Etwas seitlich davon duckten sich kleine Erdhütten ins Gelände; Wohn- und Arbeitsstätten hier lebender Tibeter, denen die Versorgung des Klosters und der oft viele Tagesmärsche weit anreisenden Pilgernomaden obliegt. Die Mönche sind sichtlich erfreut über den erneuten Besuch aus dem ihnen unbekannten Europa. Sie laden uns ins Gästehaus im Vorhof des Klosters und verköstigen uns mit Buttertee, Gebäck und Reiswein. Während des Gesprächs mit den Mönchen – sie verstehen kein Chinesisch, der ›Doktor‹ übersetzt ihr Tibetisch zuerst Herrn Wang, der es dann ins Deutsche dolmetscht – erfahren wir, daß die Mönche ihre Religion hier inzwischen weitgehend unabhängig vom Staat ausüben dürfen. Ihr Lebensunterhalt und der Betrieb des Klosters werden aus Spenden der Gläubigen bestritten. »Die Klöster sind reich«, erklärt Wang Bing Xi, »viele Nomaden vererben ihnen ihr gesamtes Vermögen«. Die Gastgeber erzählen, daß sie mit Zelten viele Jahre von Nomadenstamm zu Nomadenstamm gezogen waren, bis sie endlich mit den angesammelten Spenden den Bau ihres Klosters beginnen konnten.

Allmählich füllt sich der kleine Raum mit Neugierigen. Malerisch gewandete Männer, den gold- oder silberziselierten Dolch, teils sichtbar, teils verdeckt unterm Umhang, mustern uns mit großem Interesse. Von Wind und Sturm gegerbte hagere Gesichter, selbstbewußt, distanziert, zugleich voll Gastfreundschaft und Offenheit. Sie erinnern an frühe Fotografien Sven Hedins.

›Om mani padme hum‹

Nach kurzem Begrüßungszeremoniell begeben wir uns in den Gebetsmühlen-Rundgang, der um die innere Tempelanlage führt. Nachdem wir die in endloser Reihung aufgestellten Gebetsräder mit ihren bunt bemalten Glöckchen, unter dem segenspendenden Gebet der Mönche, ›Om mani padme hum‹, in Richtung Erdumdrehung durchschritten und bewegt haben, sind wir würdig, strumpfsocken das Tempelinnere zu betreten. Über eine steile Treppe gelangen wir ins fahl ausgeleuchtete Obergeschoß und kommen aus dem Staunen nicht heraus.

Grell bemalte Statuen, an den Rückwänden des Säulengangs gruppiert, beschreiben den Lebensweg Buddhas, dessen Gestalt überlebensgroß in der Mitte des Tempels thront. Bereitwillig zeigt man uns, zunächst hinter Seidenvorhängen verdeckte, großflächige, den Betrachter durch ihre Symbolik und schillernde Buntfarbigkeit aufwühlende Wandbilder. Einheimische Künstler haben sie in alter Tradition in Schichten von innen heraus gemalt: zuerst das Skelett, dann die Haut und am Schluß die alle Geheimnisse wieder verbergende, festliche Gewandung. Man läßt uns ungeniert alles, selbst den Opfertisch, die Öllämpchen, den Räucheraltar und die Gebetsteppiche fotografieren. Auf unsere Bitte hin nehmen die Mönche sogar auf ihren am Boden ausgebreiteten Meditationspolstern Platz. Dabei beobachten sie uns aufmerksam, sind völlig gelassen, ohne jede Eile und Begehr. Uns selbst erscheint der Besuch wie die Reise auf einer Zeitmaschine, zurück in vergessene Sphären. Die heiligen Männer spüren, daß uns die in sich ruhende Welt und ihre selbstverständliche Religiosität beeindrucken.

Plötzlich erheben sich die Kuttenträger. Der ›Lebende Buddha‹ des Klosters betritt den Raum. In einen goldfarbenen Mantel mit überlangen Ärmeln, die seine Hände völlig bedecken, gehüllt, begrüßt uns der höchstens achtzehnjährige, auserwählte Mönch mit kurzem scheuen Lächeln und bleibt dann, sichtbar unberührt von Zeit und Umgebung, abseits stehen, bis wir uns verabschieden. Der ›Lebende Buddha‹, gemäß der Religion des Lamaismus – sie ist eine Mischung aus buddhistischer Denkweise, prunkvollem Zeremoniell und einem alles überlagernden Dämonen- und Zauberglauben – wurde von den ›Gelbmützen‹-Mönchen bereits als Kleinkind auserkoren. Nach der Lehre der ›Gelben Kirche‹ und ihrer geheimnisvollen Riten und Glaubenswahrheiten ging das Überirdische des zuletzt verblichenen Klosterabtes unversehrt in ein neugeborenes Kind über. Die im letzten Blick des sterbenden Kirchenmannes gewiesene Richtung zeigt den Mönchen die Gegend seiner gerade in Gestalt eines dort neugeborenen Kindes vollzogenen Wiedergeburt an. In der Regel werden – selbstverständlich unter großer Befürwortung der Eltern – eine ganze Reihe neugeborener Knaben dieses Landstrichs für längstens drei Jahre ins Kloster geholt, anschließend der Würdigste auserwählt und endgültig zum ›Lebenden Buddha‹ des Klosters bestimmt. Dies bleibt er bis zu seinem Tode.

Die dpa meldet übrigens im September 1992, daß die Regierung in Peking erstmals seit Gründung der Volksrepublik 1949 die Inthronisation eines ›Lebenden Buddha‹ auch in Tibet wieder genehmigt hat. »Mit O'kying Chilai«, so dpa weiter, »wurde der Sohn eines tibetischen Hirten aus der Region Qinghai als Reinkarnation des 16. Garmaha für den ›heiligen Thron‹ auserwählt«.

Wang Bing Xi entpuppte sich als exzellenter Kenner der religiösen Traditionen seiner Heimat. Ihm war zu verdanken, daß wir uns nicht an der bunten Oberfläche der komplizierten Lehre des tibetischen Buddhismus verfingen. Trotzdem wurde uns bald bewußt, daß sich dem europäischen Besucher diese Welt wohl nie ganz eröffnen wird.

Als wir nach gut zwei Stunden die wohlwollenden, frommen Männer verließen, hatten wir das Gefühl, schon jetzt habe sich die weite Reise gelohnt. Ein Jammer, aus purem Jagdeifer eine solche Gelegenheit zu verschlafen! Interessanterweise trat für einen Augenblick selbst die bisher so hoch angesiedelte Blauschaf-Pirsch in den Hintergrund. Ausgelöst wohl auch durch die erstaunliche Erfahrung, daß es tatsächlich noch eine Welt des selbstverständlichen Verzichts gibt, in der Denken und Tun glaubwürdig Hand in Hand gehen. Ein erstes Zipfelchen fernöstlicher Offenbarung? »Wer in Glaubenssachen den Verstand befragt, kriegt unchristliche Antworten«. Diesen wohlmeinenden Rat Wilhelm Buschs nahmen wir uns sicherheitshalber zu Herzen.

Die Gelbmützen-Mönche geben uns bereitwillig einen kleinen Einblick in ihre entrückte, geistliche Welt.

Eine fotographische Kostbarkeit! Blauschafwidder in ihrer kargen Welt, auf 5000 Meter Höhe.

Während der Rückfahrt ins Camp, als starker Regen einsetzt und die morgige Jagd erneut in Frage stellt, hatte uns der Alltag schnell wieder eingeholt. Die Schafjagd geriet wiederum in den Mittelpunkt aller Überlegungen und bestätigte den klugen Ortega y Gasset: »Nur das Überflüssige braucht der Mensch notwendig!«.

Während des Abendessens, bei dem wir uns – wie vom ersten Tag an – wacker mit den ›Kuai Zi‹, den Eßstäbchen, in Gemüse und Fleisch, selbst bei Pilzen und Erbsen behaupteten, drehte sich wieder alles um die Jägerei. Hoffentlich stimmten die gutherzigen Gebete der Mönche den uns offensichtlich übelgesonnenen Wettergott etwas gnädiger!

Jagd gegen die Zeit

Der heutige Morgen hatte uns den bisher einzigen, dafür aber schönsten Sonnenaufgang beschert. Ein Tag für ›Glücksritter‹. Wir waren kaum eine halbe Stunde unterwegs und längst noch nicht am Fuße der westlich von uns im Dunst liegenden Bergkette angelangt, als die Mongolen plötzlich die Zügel strafften: Halt! Spektiv raus! In der tief gefurchten, sich einige Kilometer zu den höchsten Gipfeln hochwindenden, eingangs schon erwähnten Schlucht ästen, weit verstreut auf den Hochalmen, ein gutes Dutzend Blauschafrudel. Unglaublich! Der Anblick dieses Wildreichtums verschlug einem die Sprache. Jetzt wurden Strategiepläne geschmiedet. Wie ist an eine solche Anhäufung wachsamer Wildschafe überhaupt heranzukommen?

Der Canyon, mit seinen zu beiden Seiten steilen Felswänden, ist mancherorts so eng, daß man sich nur im Gänsemarsch und mit hochgezogenen Beinen durchzwängen kann. Wenn jetzt, in den Grashängen, Hunderte Meter über uns Gestein abgeht oder umherziehende Schafe Geröll lostreten und Steinschlag auslösen, dann ›Gute Nacht, Jakob!‹, dachte ich mehr als einmal.

Während wir schon bald auf verwitterte Hornschläuche, vermutlich durch Raubwild oder Lawinen zu Tode gekommener Blauschafe, stoßen, eröffnen sich weiter oben viele zerklüftete Nebentäler, die den Blick in die Hochalmregionen freigeben. Die mongolischen Begleiter achten überhaupt nicht auf den Wind. Sie scheren sich keinen Pfifferling, als wir uns teilweise auf Schußnähe an kleineren Schafrudeln vorbeimogeln. Dabei sprechen sie mit freiem Auge an, schütteln höchstens enttäuscht den Kopf: »Shang Jiao!«, was soviel wie »Kein großes Schaf!« heißt, und rackern sich mit mir weiter bergauf. Inzwischen ist es zehn Uhr vormittags. In den nächsten zwei Stunden entscheidet sich die Jagd: Ruhen die wachsamen Wildschafe erst mal ganz oben in den warmen Steinfeldern, beschützt von einigen aufmerksamen Wachposten, dann ist an Herankommen kaum mehr zu denken. Das wird eine Jagd gegen die Zeit!

Immer öfter müssen jetzt die Pferde geführt werden. Ich bin heilfroh, einigermaßen mithalten zu können. Einmal ist ein felsiger Abriß so steil und durch seinen ewigen Schatten so rutschig, daß wir ihn auf allen Vieren durchqueren und die Pferde einzeln von den Begleitjägern darüber hinweggezogen werden müssen. »Dou shan!«, deutet Chef Jin Cai mit entsprechender Bewegung an und ich pflichte ihm bei: Verflucht steil und gefährlich! Gottseidank spielt das Wetter nicht verrückt. Dieser Tag zeigt sich von seiner besten Seite. Schließlich erreichen wir das kilometerbreite Hochplateau, umrahmt von einem Kranz eher harmlos wirkender Bergketten. In den weitverzweigten Seitentälern stehen – wie in einem gewaltigen Freigehege – vier bis fünf Rudel Wildschafe. Die Pferde werden an Vorder- und Hinterfuß gehobbelt und aneinandergeseilt. Die 7 mm Remington Magnum ist unterladen. Jetzt geht es um die Wurst!

Wiederum ist es Ga-Zhe, der mit freiem Auge den verlockendsten Trupp herausfischt und mit Jagdchef Jin Cai entscheidet: Wir gehen ein etwa 500 Meter entfernt im vegetationslosen Geröll äsendes Rudel von vielleicht 30 Bharal an. Unser Augenmerk gilt der Handvoll außergewöhnlich starker Widder, die in seiner Mitte tagträumen. Ein Endurteil ist bei dieser Distanz und trotz des ausgezeichneten 30x60 Spektivs, insbesondere wegen der in der Vormittagshitze unangenehm flirrenden, dünnen Luft, von hier noch nicht möglich.

Als ich aus alter Pirscherfahrung zu mehr Vorsicht rate, winken die Mongolen geringschätzig ab: »Die kriegen uns nicht mit, keine Angst!«. Kurz darauf steigen wir in einen zum Rudel führenden, felsigen Kamin ein und versuchen aus dieser Deckung heraus näher, vielleicht sogar über das Wild zu kommen. Es geht nur sehr langsam – furchtbar langsam – voran. Knapp 5000 Meter Höhe! Weiter oben lebt sowieso kaum mehr Wild! Jetzt ist auch mit Verbissenheit nicht viel mehr aus den schon etwas bejahrten Gastjägerbeinen herauszuholen. Andererseits bin ich diesmal mit mir selbst recht zufrieden. Das regelmäßige – nicht gerade übermäßige! – Training, insbesondere der Beinmuskulatur, zeigt Wirkung. Nichts ist deprimierender, als kurz vor dem Ziel nur noch aus Rasten und Schnaufen zu bestehen.

Geschafft! In jeder Hinsicht!

Trotzdem geht's zielstrebig aufwärts. Inzwischen ist klar, daß die augenfällige Gelassenheit der kaum mit Vorsicht pirschenden Mongolen nichts mit Sorglosigkeit zu tun hat. Im Gegenteil. Die Burschen wissen, daß dieses Wild wenig – wenn überhaupt – bejagt ist und weder vor Pferd noch Mensch in Panik gerät. Diese Erkenntnis ist ebenso erstaunlich wie die Beobachtung, daß Schafe und Widder friedlich – ganz im Gegensatz zu anderen Regionen, und obwohl die Brunft erst im Oktober stattfindet – vermischt und nicht nach Herren und übriger Mischpoke getrennt zusammenstehen. Vermutlich ist, bei der enormen Wilddichte in dieser Region und ihrem begrenzten Nahrungsangebot, ein abgeschiedenes Altherren-Dasein überhaupt nicht möglich. Weiter oben wagt Ga-Zhe den ersten, jetzt allerdings ungemein vorsichtigen Blick aus unserem ›Schützengraben‹. Aufgeregt winkt er mich heran. Den Parka in der einen, die Mauser 66 in der anderen Hand, robbe ich zu ihm vor. Im Gegenhang, aber noch mindestens vierhundert Meter entfernt, äst der gesuchte Verband. Es fällt bei dieser Entfernung nach wie vor schwer, die starken Widder – und aus diesen wiederum den Boß – herauszufiltern. Ich lehne kurzerhand ab, von hier aus zu schießen. Mir ist diese Distanz einfach zu weit, das Risiko, so nahe am Ziel alles zu verpatzen, zu groß. Deshalb Rückzug! Den Begleitjägern macht es überhaupt nichts aus, daß wir eine weitere halbe Stunde opfern, um näher heranzukommen. Hier ›des lieben Friedens willen‹ geschossen zu haben, wäre mit Sicherheit falsch gewesen!

Unmittelbar am Kamm des Berges kriechen wir an den Rand der kleinen Schlucht und haben, keine zweihundert Meter vor uns, fast alles, was ein Jägerherz begehrt: Das gemischte Herren-Damen-Kränzchen steht nach wie vor – scheinbar unschlüssig – im Geröll, gerade so, als überlege es sich das weitere Tagesprogramm.

Obwohl mich Jin Cai mit aufgeregtem Gezische zum Schuß drängt, nehme ich mir Zeit zum Ansprechen. Allerdings nur für einen kurzen Augenblick! Der stärkste Widder steht beherrschend in der Mitte der Versammlung! So etwas an Hornlänge habe ich nicht mal erträumt! Unwillkürlich fällt mir Tanja Blixen ein, die in einem ihrer Afrika-Bücher schreibt: »Wenn ein Mensch Freude findet an einer schönen Melodie und will sie nicht lernen, an einer schönen Frau und will sie nicht besitzen, an einem kapitalen Stück Wild und will es nicht schießen – dann hat er kein Menschenherz!«.

Der Hornkreisträger bietet, halbschräg vor mir stehend und gedankenverloren in den brockenübersäten Kessel hinabdösend, seine Schulter. Knappe zweihundert Meter! Kein Seitenwind!, buchstabiere ich mein Ballistik-ABC durch. Im Einatmen – wobei mir das Herz nicht nur wegen der dünnen Luft bis zum Hals schlägt – taucht das Vierer-Absehen von oben ins Blatt. Im Knall meiner Büchse versinkt der Widder im Strudel der entsetzt in alle Winde zerstiebenden Sippe. Jagd vorbei! Freude und Wehmut halten sich die Waage. Zunächst bin ich nichts als geschafft!

Doch bald darauf hocke ich, mit mir und der Welt im Reinen, gelassen und von allem Druck entbunden im Schotter und fiebere dem Augenblick entgegen, wo ich den Hauptschmuck mit beiden Händen umfassen und mein Weidmannsheil voll genießen kann.

Nach arger Schinderei durch die Schlucht tauchen die Jäger mit dem Widder auf. Eine Prachttrophäe! Es tut der Freude keinen Abbruch, als sie mir mit betrübten Minen anzeigen, daß das linke Horn bis hin zum Auslaufschwung abgebrochen ist. Das sind ehrliche Narben, Offenbarungen, denke ich unbeeindruckt, Geheimnisse aus dem Leben eines alten Haudegens, der in dieser rauhen Welt sicherlich manchen Kampf mit mordlustigen Reißzähnen und mißgünstigen Nebenbuhlern zu bestehen hatte. Ich bin froh, daß ich beim blitzschnellen Ansprechen nur das mir zugewandte Horn erfaßt hatte – der Gedanke, auch einen Blick auf das Gegenstück zu werfen, war mit überhaupt nicht gekommen! –, sonst hätte ich vielleicht doch noch gefackelt. Denn, und das war später im Camp die eigentliche Sensation, mein Widder war etwa fünfzehn Jahre alt und sein verbliebenes ganzes Horn immerhin eine Handbreit länger als das des ›amtierenden‹ Weltrekordlers!

Überraschung am Fluß

Für den Heimweg nahmen wir uns ebensoviel Zeit wie für die Abschiedsfeier, welche der Koch mit großem Pomp auf die Beine stellte. Nachdem die Jagd erfolgreich beendet war, konnten wir diese Bergwelt am nächsten Tag mit gutem Gewissen verlassen und die restlichen Tage für Sightseeing und erholsame Zerstreuung nutzen. Doch später am Abend, gerade als die Gläser zum Abschied erhoben und Geschenke verteilt wurden, begann ein solch infernalisches Gewitter auf uns niederzutrommeln, daß der Regen sogar durch das Dach des Küchenzeltes drang und unser Fest vorzeitig beendete. Von bösen Ahnungen geplagt, fand ich keinen Schlaf. Hoffentlich zerstört uns der Delong, welchen wir bei der Rückfahrt viermal mit dem Geländewagen zu durchkreuzen haben, nicht alle Abreisepläne!, zwirmte ich.

Wie befürchtet – und bei dieser von schlechtem Wetter gebeutelten Reise eigentlich nicht anders erwartet – regnete es den ganzen nächsten Tag. An Abfahrt war nicht zu denken! Der Aufenthalt wurde zur Nervensache. Wir kontrollierten stündlich die Ufer des um einen knappen Meter gestiegenen Flusses und waren voll Zweifel, ob wir, selbst wenn der Regen über Nacht aufhörte, am nächsten Tag die lehmbraune Flut passieren konnten.

»Traurig blickt der Pessimist auf das was schiefgegangen ist, der Optimist jedoch blickt heiter, und stiefelt voller Hoffnung weiter«, trösteten wir uns mit Wilhelm Busch, und drückten weiterhin die Daumen.

Bereits am frühen Morgen standen wir mit vollgepacktem Geländewagen – ein vorsintflutlicher Lkw als ›Nothelfer‹ war mit von der Partie – an der ersten Furt. Trotz aller Versuche, mit Steinewerfen Untiefen auszuloten, selbst mit gutem Zureden an die Fahrer und aller Flucherei, kamen wir nicht über den Fluß. Das ganze erinnerte fatal an eine ähnliche Lage im Mittel-Altai der Mongolei, wo der forsche Fahrer mit Hurra durch ein gleich tosendes Hochwasser preschen wollte. Inmitten des Flusses erstickte ihm der stotternde Motor und das Gefährt trieb schaukelnd flußabwärts. Eine halbe Stunde später schaute nur noch das halbe Planenverdeck aus dem Wasser. Damals fehlte wenig und das hirnlose Manöver hätte einen bösen Ausgang genommen! Das sollte sich hier nicht wiederholen!

Gerade als Wang Bing Xi zur Umkehr aufforderte, tauchte völlig überraschend am jenseitigen Ufer des gurgelnden Flusses, wie aus dem Nichts heraus, eine illustre Sippe tibetischer Nomaden auf; teils auf Pferden, teils auf Yaks reitend, in ihrem Gefolge ›Kind und Kegel‹. Natürlich waren wir höchst gespannt, wie diese wilden Gesellen mit ihren Familien und der ganzen, in Kisten und Säcken auf Tragtieren verzurrten Habe durch diesen reißenden Fluß kommen würden. Die unerwartete Begegnung mit dieser sehr exotischen

Malerisch! Die Nomaden tauchten plötzlich auf, nahmen die günstigste Furt, und verschwanden bald darauf wieder in der endlosen Steppe. Es war wie ein Spuk!

Truppe geriet zu einem Schauspiel ohnegleichen! Der Anführer des Trosses, bekleidet mit grüner Schirmmütze, Sonnenbrille und langer Perlenkette über dickem Schaffellmantel, preschte sofort bis in die Mitte des Flusses. Als das Wasser fast den Sattel berührte, wendete er seinen Hengst und sprengte für einen neuen Test an anderer Stelle in die Fluten. Er wiederholte das Spiel einige Male, bis er eine unter der dreckigbraunen Strömung verborgene Furt entdeckte, auf der er ›Katz' und Maus‹ sicher ans andere Ufer führen konnte. Es war abenteuerlich: Frauen in bunten Gewändern, geschmückt mit silbergetriebenen Spangen und Gehängen, die Kinder in grellfarbenen, bunten Mänteln, ein Junge mit einer Soldatenmütze auf dem Kopf, meist in Körben auf die Pferde geschnürt. Alte Frauen wurden auf Gäulen von jungen Männern mit Bedacht durchs Wasser geleitet. Die Nachhut bildete eine stolze Reiterin mit überdimensionaler, orangeleuchtender Fuchsmütze auf dem Haupt – mittelalterlich! Wenig später entstieg die wilde Schar, keine fünfzig Meter entfernt und ohne irgendeine Regung den Fluten. Die Tibeter würdigten uns kaum eines Blickes und verschwanden mit ihren Yaks so schnell wie sie aufgetaucht waren. Es glich einem Spuk! Die unerwartete Begegnung mit diesen nomadisierenden Menschen, welche nichts als ihren Mut, einen unbeugsamen Freiheitswillen und ihr bißchen Hab und Gut besitzen, veranschaulichte, welche Kraft und welch ungebrochenes Selbstbewußtsein in diesen zentralasiatischen Völkern, getragen von ihrer großen Vergangenheit, noch heute steckt. Trotz der beschwerlichen Anreise werden Gastjagden in diese weltfernen Gegenden in Zukunft zwangsläufig an Anziehungskraft gewinnen!

Zum Reisen gehört Geduld

Kleinlaut und nicht gerade stolz auf die Errungenschaften unserer Technik fuhren wir ins Camp zurück. Wir blieben einen weiteren Tag und entkamen auch dann nur mit Müh' und Not unserem Geschick. Vollbepackt mit abenteuerlichen Eindrücken, aufgewühlt von einzigartigen Erlebnissen und mit einer Trophäe im Gepäck, die ihresgleichen sucht, ließ sich trotzdem alles leicht ertragen! Außerdem waren Ärger und Beschwernisse, Enttäuschungen und Schinderei wie immer schnell vergessen. »Zum Reisen gehört Geduld, Mut, guter Humor, und daß man sich nicht niederschlagen lasse«, schrieb Knigge um die Jahrhundertwende auch den Auslandsjägern ins Stammbuch.
Zurück blieben Erinnerungen an große und kleine Freuden, an exotische Speisen, an große Gastlichkeit, an denkwürdige Jagdtage und kameradschaftliche Freunde.
»Wenn wir Schweine haben«, prophezeite Wang Bing Xi beim Abschied und setzte unbeabsichtigt »Schweine« mit »Glück« gleich, »dann werden wir noch viele Jagdgäste hier begrüßen!«.
Jawohl, dachte ich, und blätterte insgeheim bereits in meinem Terminkalender des nächsten Jahres.

Herbstpirsch im Bernsteinland

Bereits Kaiser Nero entsandte Expeditionen ins Bernsteinland, um in den Besitz des »Sonnensteines Bernstein« zu kommen. Heute lockt das Baltikum durch seine reiche Wildbahn.

»Der ›Zock‹ fällt, wenn Sie pünktlich sind!«, tönte der Vorsitzende des Jagdclubs, dessen 8000 Hektar Revier südlich der Hauptstadt Tallin wegen seiner braven Rehböcke, hoch im Kurs steht. Platz vier und sieben bei der gesamtbaltischen Trophäenschau 1989 im litauischen Vilnius sprechen schließlich für sich! Trotzdem war mir diese flotte Prognose nicht ganz geheuer. »Lockt ihr die Rehböcke mit einer Banane aus dem Wald?«, fragte ich den Estländer voll Skepsis. Insbesondere, nachdem er mir treuherzig erklärte, den ›auf die Minute genauen‹, abendlichen Austritt des ›Zock‹ seit über zwei Wochen täglich beobachtet zu haben! Ein reifer Bock, erfahren und gerissen, übervorsichtig, und ›seit Wochen täglich‹ beaugapfelt, das reimt sich nicht!, dachte ich und fühlte mich plötzlich an eine noch gewagtere Theorie erinnert, die mir am Vortag aufgetischt worden war.

Auf Tauschmärkten, wie hier in Vilnius, versorgt sich die Bevölkerung mit dem Lebensnotwendigsten.

Berechtigte Zweifel

Bin ich bei dieser Reise nach Estland an jagdliche Märchenerzähler geraten? Vermutlich. Hatte nicht der Jagdleiter des gestern inspizierten Elch-, Sauen- und Rehbockreviers – immerhin unter gläubiger Zustimmung einheimischer Grünröcke – seelenruhig behauptet, daß das Wild Estlands zweimal im Jahr von Süden nach Norden auf Wanderschaft geht, um sich an der Ostseeküste den dort übermäßig in den Pflanzen gespeicherten Kalk anzufuttern. Daß damit teilweise eine bis zu 500 Kilometer lange, geheimnisvolle Tierprozession – ähnlich jener kurz vor dem Auslaufen der Arche Noah – verbunden sein müßte, störte den gestandenen Oberjäger ebensowenig wie der Schlußakkord seiner eigenwilligen Mär: Danach soll das Wild die zehn Kilometer vom Ufer entfernte, 400 qkm große Insel Saaremaa sogar schwimmend in seinen halbjährigen Rundkurs einbeziehen. Die Antwort auf meine Frage, wann denn der nächste Wildmarathon stattfinde, war ebenso aufschlußreich wie die mit Bierernst abgegebenen Erklärungen in einem dritten Revier, während der Betrachtung eines mit viel zu jungen, frischen Rehbockgehörnen gefüllten Plastikeimers. Während man im ersten Fall die nicht gerade hohe Wilddichte brühwarm damit erklärte, daß jetzt das Wild auf Wanderung sei, rechtfertigte der Jungbock-Killer seinen ungezügelten Schießeifer mit einer fast übernatürlichen Story: »Wenn du den ersten Bock, den dir der liebe Gott während der Jagd anbietet, verschmähst, dann wird deine Undankbarkeit auf viele Jahre hinaus mit geringem Jagdglück bestraft!« Das heißt, schieß, was das Zeug hält! Kein Wunder, daß ich am Vorabend meiner Abreise auf die Einladung zum ›Bananen-Zock‹ – der Name läßt sich wegen seiner Nähe zu ›Bock‹ leichter behalten als das russische ›Kasule‹! – mit nicht gerade überschwenglicher Begeisterung nachkam. Noch dazu, da von einem alten, also gewieften Bock die Rede war! Da es aus einem tiefgrauen, trostlosen Himmel gerade zu nieseln begann, als mich der Gastgeber an einem endlosen, von Mischwald umstandenen Luzernefeld zum Alleingang absetzte, wuchs mein Unbehagen. Ich sollte nur den ›Kapital-Zock‹ inmitten des Feldes dort abfangen, wo zwei völlig verwilderte Birnbäume standen. So einfach war das!

Die Szene hatte starke Ähnlichkeit mit einem Schwarzwildansitz vor einem Jahr. Während es hier um eine höchst fragwürdige Pirsch auf einen ›altbekannten‹ Rehbock aus dem Schutz von zwei Birnbäumen heraus ging, sollte ich seinerzeit in Litauen, ebenfalls in der Dämmerung, nahe von Klaipeda, dem alten Memel, im Zentrum eines vielleicht 25 Hektar großen Haferschlages auf anwechselnde Sauen aus den angrenzenden Au- und Moorwäldern warten. Das Angebot schien genauso zweifelhaft, da ebenfalls von ›ständig beobachteten‹ dreißig und mehr Schwarzkitteln gesprochen wurde. Damals

Entlang der baltischen Ostseeküste gehört das Storchennest zu fast jedem kleinen Gehöft.

pirschte ich auf Geheiß, kurz vor Anbruch des Abends und ohne meinen Begleiter, einem etwa vier Meter über den Boden ragenden Holzgerüst entgegen, das sich als wüst zusammengenageltes Leitergestell, ohne Deckung und Verkleidung, entpuppte! Wenn der heutige Ansitz allerdings nur annähernd so viel bringt, dachte ich kurz vor den Birnbäumen – immerhin hatten Alex und ich damals in knapp zwei Stunden über 70 Sauen um uns gehabt, teilweise keine fünf Meter entfernt – dann stimmt der Laden! Also, trotz leiser Skepsis, Ohren steif halten! Nach fünf Minuten waren die sympathischen Esten meinen Blicken entschwunden. Vor mir lag ein zunächst höchst fragwürdiges Vergnügen: Ein alter Bock und ›auf die Minute genau‹! Lächerlich! Als ich nach den ersten paar hundert Metern, im fast kniehohen Klee, mit patschnasser Hose und glucksendem Schuhwerk, zu einem Routine-Abglasen anhielt, stand mir allerdings fast das Herz still! Halluzination im Regen, oder sehe ich tatsächlich ein graues Gesicht über zwei – jawohl zwei! – hellen, gleich großen Kehlflecken? Kein Zweifel! Der halbschräg, vielleicht 350 Meter entfernt am Waldrand durch den Regenschleier erkennbare, auffällig weiße Fleck ist der Grind eines starken Stücks Rehwild! Sollte das der ›Bananen‹-Bock sein, dann habe ich mich bisher wie ein Anfänger benommen!, ärgere ich mich und gehe sofort in die Hocke. In Zeitlupe, in bravem Gegenwind, schinde ich mich voran. Alle zehn Meter nach dem scheinbar dösenden Bock – als den ich ihn endgültig anspreche – schielend, schleiche ich Richtung Birnbäume. Hoffentlich kriegt mich der Bursche zu guter Letzt nicht noch mit! Morgen früh muß ich in Tallin sein, gegen Mittag geht mein Flug, rechne ich und tauche kurz darauf in die Deckung der zwei Obstbäume ein. Die erste Runde geht an mich!

Kurze Kontrolle: Der Graukopf steht wie festgenagelt auf seinem Platz. Er träumt in die Abenddämmerung hinein und genießt vermutlich die laue Himmelsdusche. Mensch hat der Bock auf!, jubelte ich innerlich. Die gut handbreit über Luser ragende, spannenlange Vereckung des Gehörns ließ keine Zweifel: Das war der Bananen-Zock! Nicht zu fassen, pünktlich wie ein Wecker: Es ist zehn nach fünf! Hoffentlich kommt der Racker bei seiner Abendpromenade, auf die er sich allmählich zu begeben scheint, etwas näher! Als ich mich gerade frage, ob ich aus den Birnbäumen heraus überhaupt anstreichen und maßnehmen kann, wirft der Sechser plötzlich auf und sichert herüber. Der Wind? Himmelvater, hilf! Jedenfalls hatten die tüchtigen Esten nicht geflunkert.

Mir bleibt jetzt eine halbe Stunde Büchsenlicht, und morgen abend bin ich sicher daheim!

Freiheit für ›Baltia‹

Inzwischen war ich fast eine Woche in Estland. Bei der aufmerksamen Betreuung in den überwiegend gut gepflegten Revieren, sowie der Aufgeschlossenheit und dem Sachverstand der Jagdführer und ihrer Chefs, fühlte ich mich beinahe wie zu Hause. So schmeckt einem Gast die Jagd!

Dieser Erkundungstrip ähnelte meinem Besuch in Litauen vor einem Jahr. Inzwischen gelang beiden Ländern, ebenso wie Lettland, dem dritten baltischen Staat, die politische Abkopplung vom sowjetischen Zwangsregime und der ersehnte Einstieg zur parlamentarischen Demokratie. Die große Aufbruchsstimmung, die noch vor Jahresfrist das ganze Baltikum durchzog, ist inzwischen allerdings etwas abgeflaut. Wie sehr die Demokratie bei den großen wirtschaftlichen Engpässen gefestigt ist, muß sich jetzt zeigen. War das 1991 in Vilnius aufregend und bedrückend, als ich gegen Mitternacht zu dem von Patrioten bewachten, durch wüste Betonbarrieren gegen einen sowjetischen Panzerangriff geschützten, teils zugemauerten

Parlament ging und die unheimliche, über der Stadt liegende Spannung hautnah miterlebte. Die historische Menschenkette vom 23. August 1989, die über 600 Kilometer lang das Baltikum von der litauischen Hauptstadt Vilnius bis zum estnischen Tallin verband, ist schon fast vergessen. Die Balten waren die ersten, die sich unter Gorbatschows Perestrojika von der alten UdSSR gelöst und ihre Freiheit und Unabhängigkeit erkämpft hatten. Erstaunlich und zugleich angenehm war damals wie heute, daß sich die Balten jedweder Vorhaltungen wegen der Verschacherung ihrer Völker durch den sogenannten Nicht-Angriffs-Pakt Deutschlands mit der Sowjetunion enthielten, obwohl der Coup zwischen Ribbentrop und Molotow die Auslöschung der baltischen Staaten legitimiert und deren Einverleibung ins russische Imperium besiegelt hatte.

Die in Osteuropa nicht überall gleiche Zurückhaltung entspricht der sprichwörtlichen Gastfreundschaft der Balten sowie ihrem gesunden Lebenssinn. Auf der Grundlage ihrer alten Traditionen und einer stürmischen Vergangenheit – die baltischen Republiken wurden in ihrer Geschichte mehrmals von Dänen und Russen, von den Deutschen, den Polen und Schweden überrollt – erhielten sie sich ihre Identität, ungeachtet jahrhundertealter Fremdherrschaft. Trotz aller ethnischen und kulturellen Eigenheiten, bestehen zwischen den baltischen Völkern viele Gemeinsamkeiten und aktuelle, nahezu identische, wirtschaftliche Probleme. Die zahlreichen fremden Einflüsse schufen zwangsläufig ein hohes Maß an Bildung und Kultur, vor allem auch an wirtschaftlicher Flexibilität sowie eine ungemein starke Bindung an die heimatliche Natur. Dieses Lebensgefühl, bestimmt von einer wechselreichen Geschichte, einer ländlich-bürgerlichen Lebensart und einer uns vertrauten Landschaft, bewirken, zusammen mit einzigartigem Wildvorkommen, guter Jagdorganisation und gewissenhafter Betreuung, daß sich besonders der deutsche Jagdgast wohlfühlt. Das hat auch allgemein-historische Gründe.

»700 Jahre lang waren deutsche Adelige, Ritter und Kaufleute in Lettland und Estland die führende Schicht«, schreibt Klemens Ludwig, »... namhafte deutsche Priester, Lehrer oder Schriftsteller haben einen wichtigen Beitrag zum Erhalt der traditionellen Kultur geleistet. Große Persönlichkeiten, wie Johann-Gottfried Herder, sind bis heute im Baltikum hoch geachtet«.

Wie überall im Ostblock, spürt man vor allem an baulichen Entgleisungen und Umweltschäden noch

Braver, europäischer Stangenelch aus Lettland.

die Folgen einer schweren Vergangenheit. Sie werden allmählich erfaßt und wohl erst in Jahrzehnten beseitigt sein. Neben der Tatsache, daß man noch, bzw. wieder, Deutsch oder Englisch spricht und sich um Fremdsprachen bemüht – ein weiterer Grund für das zunehmende Interesse auch der Jagdtouristen am Baltikum –, fühlt man sich in vertraute Mittelgebirgs- und Heidelandschaften versetzt. Jagdtouristischer Vorreiter war Litauen; gefolgt von Lettland, welches erst 1992 auf der ›Hitliste‹ der Auslandsjäger erscheint und bis heute noch im Schatten von Estland steht. Kein Wunder, daß Litauen, insbesondere auch wegen seiner Erreichbarkeit per PKW und der günstigen Fähranbindung an Deutschland und Finnland, schnell zum ›Ungarn des Baltikums‹ aufstieg.

Ungeachtet von den augenblicklich schwierigen sozialen, politischen und wirtschaftlichen Folgen der bisherigen Abhängigkeit von Moskau – die Marktchancen der baltischen Staaten liegen meines Erachtens auch zukünftig mehr im Osten als im Westen! –, wird inzwischen die touristische Nutzung der natürlichen Schönheiten des Landes – und seiner Wildbahn! – mit gutem Erfolg vorangetrieben. Ein wichtiger Schritt für das freie ›Baltia‹, wie die Griechen und Römer in der Antike das im Norden Europas gelegene ›Bernsteinland‹ bezeichneten. Schon vor einem Jahr war die Waffeneinfuhr beim litauischen Zoll, ebenso wie diesmal in Tallin, höchst angenehm, reinste Formsache.

Wie weit sich die politische Abnabelung von Rußland bereits vollzog, zeigte sich bei meiner Ankunft. Das wie vor einem Jahr für Litauen vom russischen Konsulat in München ausgestellte, estische Visum, wurde in Tallin nur mit Erstaunen registriert und nicht mehr anerkannt. Die gleichzeitige Erteilung einer estischen Einreiseerlaubnis im Airport, für 12 US-Dollar, war anschließend ebenso problemlos wie alle übrigen Formalitäten. Das schmeckt dem Jäger, der endlich seine Ruhe will!

Inseljagd auf Saaremaa

Der Direktflug mit der deutschen ›Kranich-Linie‹ dauerte gut zwei Stunden. Bald nach der Landung verließen wir die Hauptstadt Tallin – das ehemalige Reval, wo heute ein Drittel der 1,5 Mio. Menschen der Republik wohnt – Richtung Ostsee, um mit der Autofähre nach Saaremaa, der mit 400 qkm größten der 1500 Inseln Estlands überzusetzen. Dort sollen sich, nach Informationen jagdtouristischer ›Buschtrommeln‹, einige der besten Rehbock- und Schwarzwildgründe des ganzen Baltikums befinden. Während der Überfahrt auf dem Oberdeck der stündlich verkehrenden Fähre genoß ich die leichte Brise des milden Ostseeklimas und den in einer Porzellantasse servierten Tee. Die Tasse in dieser wahrhaft schlichten Umgebung ist ein Beispiel für die Lebenskultur der Balten und ihres oft an Manie grenzenden Sauberkeitsfimmels. ›Wenn eine Hausfrau aus der Ukraine ihr Haus bereits neu tüncht‹, sagt man, ›seift eine Estin erst die Fassaden ab‹.

Nach kurzer Autofahrt durch einen angenehmen Spätseptember-Nachmittag – das Baltikum zeichnet sich durch kühle Sommer und milde Winter aus – erreichten wir auf holprigen Feldwegen ein zum Jagdhaus umgebautes, uraltes Bauerngehöft. Der englischsprechende, einem kanadischen Trapper nicht unähnliche Eigentümer, der fünf Jagdreviere auf der 40000 Einwohner zählenden Insel Saaremaa betreut, machte es erfrischend kurz: Morgen früh Revierbesichtigung! Vielleicht geht etwas auf Rehbock, auf Elch oder Keiler!

Während der morgendlichen Revierfahrt durch ausgedehnte Kiefern- und Laubbaumwälder, vorbei an riesigen, von tiefen Entwässerungsgräben durchzogenen Äckern und Wiesen, alles durchsetzt mit zahllosen Feldgehölzen und von Heidekraut überzogenen Sumpf- und Hochmooren, wurde klar, daß dies ein Reh- und Sauenparadies war! Bereits nach den ersten zehn Minuten hielt der junge, mit einem furchterregend schwarzen Vollbart posierende Jagdführer an und deutete auf große dunkle Schatten, die sich schemenhaft gegen die wahllos in den Feldern liegenden, riesigen Heuballen abhoben: Wir zählten sechs Elche, darunter zwei schwache Stangenträger. Kaum hatte ich kopfschüttelnd abgelehnt, da hielt der Bursche erneut an. Neben einer schnurgeraden Hecke mannshoher Thujen und Eiben äste ein an seinem Muffelfleck deutlich erkennbarer, weit über Luser aufhabender Rehbock. Ein jugendlicher Prahlhans! Dich träfe ich gerne in zwei Jahren wieder!, dachte ich gerade, als wir ausstiegen. Allmählich wurde es Tag. Wir erreichten einen arg verwilderten Graben und pirschten einige Kilometer lang zwischen riesigen Wiesen und einem schütteren, mit dichtem Unterholz durchsetzten Laub- und Kiefernwald entlang. Kaum glaublich, daß es im Zeitalter totaler landwirtschaftlicher Nutzung noch so ein Pirschrevier gibt!

Hier mußt du sicherlich freihändig schießen, überlegte ich vorsorglich, als wir an frischen Rehlagern, breiten Wechseln und Plätzstellen vorbei, langsam den Graben entlangpirschten. Weit draußen in der Feldflur ästen mehrere Stück Rehwild; es war leider noch zu duster um sie anzusprechen. Da der »Schwarzbart« kein einziges Mal anhielt, war klar, daß er einer ihm bekannten Bühne zustrebte. Wir überquerten mehrmals den Wassergraben und

Für diesen Recken lohnte es sich in Litauen zu jagen.

postierten uns bald am Rande einer durch Windwurf offenen, von junger Verbuschung bedeckten, quadratkilometergroßen Waldschneise. Phantastisch! Wenn da nichts geht, dann gibt's hier keine Böcke! Allmählich kam eine fahle Morgensonne über dem Festland hoch und verhalf uns zu einem ersten Überblick: Überall, bis hin zum fernen, vom Bodennebel verschleierten Waldrand, äste Rehwild. Ich zählte über ein Dutzend Häupter. Offen blieb, ob auch jagdbare Böcke darunter waren. Doch da enthob uns eine überraschende Bewegung aller Sorgen. Die im Kleefeld äsenden Stücke gerade im Glas, schien mir plötzlich, als hätte ich seitlich, im toten Winkel zu mir, einen schattenartigen Huscher wahrgenommen! Der am Boden vor sich hindösende Jagdbegleiter – er mußte um 8.00 Uhr wieder zu seinem Job in die Fabrik – hob nach einem leichten Schubs nur die Schultern: Er hatte nichts mitbekommen! Ich bat ihn, ruhig sitzen zu bleiben und schlich, gebückt wie ein Irokese im Stummfilm, alleine den Graben entlang. Die einschüssige 7x65 R, mit dem braven Kupferhohlspitz-Geschoß, fest umklammert. Völlig klar, daß es in diesem offenen Gelände flott gehen mußte! Außerdem hatte ich nur diesen zweiten Tag meines Estland-Trips, um hier ›abzusahnen‹.

Erst der Bock, dann die Kultur

Und Hubertus meinte es gut! Ich hatte noch keine zehn Schritte getan, da preschte aus dem offenen Schlag ein Stück durch den Graben und verhoffte abrupt auf der Wiese. Ein Schmalreh, stärker wie jeder Bock daheim! Es wartete auf seinen Gespons – keine hundert Schritt entfernt!
Die nächsten Minuten, das weiß jeder Jäger, gehören zum Aufregendsten was eine Jagd bietet: Kommt die ganze Sippe? Kommt der Bock alleine? Wie hat er auf? Ist er jagdbar? Vor allem: Komme ich zurecht!?
Im nächsten Augenblick gewahre ich einen zweiten roten Wischer! Das Glas bestätigt: Bock! Der paßt! Da sich das Duo mit Heißhunger dem Frühstück widmet, gelingt es mir, lautlos in den Graben zu rutschen. Ich finde, gottlob, sofort eine offene Gasse als Schußfeld. Kaum ist der Knall der rasanten Kugel verhallt und der Recke im Klee versunken, steht der im Schuß endlich hoch gewordene Vollbart neben mir. »Getroffen?«, fragt er voll Tatendrang. Wie stets nach dem Schuß, löst sich die Spannung erst am gestreckten Wild. Meine Freude wird noch größer, als ich den Hauptschmuck des mindestens 25 Kilo schweren Bocks durch meine Hände gleiten lasse. Das knorrige, mit einem fast zehn Zentimeter langen Vordersproß bewehrte Sechsergehörn ist eine kleine Feier wert. Noch dazu, wo dies der letzte von 25 genehmigten Abschüssen dieses Jahres war. Daß der Bock nicht ganz an den kapitalen Recken herankommt, den ich im Vorjahr in Litauen mitten aus einem Maisschlag holte, tut der Freude keinen Abbruch. Wenigstens lag dieser Sechser im Feuer, während ich seinerzeit mit zwei Begleitern eine halbe Stunde lang durch den Mais kriechen mußte, um den Roten dann höchstens zehn Meter vom Anschuß entfernt, verendet in Besitz zu nehmen.
Nach diesem Waidmannsheil ließ ich mich gerne überreden, den Nachmittag zur Besichtigung weiterer Reviere, insbesondere der kulturellen und historischen Sehenswürdigkeiten zu ›opfern‹. »Erst Bock, dann Kultur,« hieß meine schon am Vorabend verkündete, zugegeben etwas rüde Devise.
Im nachhinein gestehe ich gerne, daß die Ausbeute dieser ›Kultur‹-Pirsch in nichts dem Erlebnis der Morgenpirsch nachstand! Man wird eben auch als Jäger älter und ›klüger‹. Die Werteskala verschiebt sich. Hoffentlich nicht zu schnell!
Zunächst besuchten wir in Kuressaare, der Hauptstadt Saaremaas, den nach wie vor kläglichen Obst- und Gemüsemarkt, wo sich eine lange Schlange vor dem einzigen Frisch-Fisch-Stand drängte, und versorgten uns mit einigen Kilo Äpfeln für die nächsten Tage. Nach einem Spaziergang um die alte Festung wurde in Kaali der etwa 20 Meter tiefe und 100 Meter breite Krater besichtigt, den vor über 10000 Jahren ein 6-10000 Tonnen schwerer Meteorit geschlagen hatte.
Auf der Rückfahrt bestiegen wir kurz eine sich ächzend im Wind drehende, noch immer grobes Korn mahlende Windmühle aus dem 12. Jahrhundert, und waren pünktlich zur Abendpirsch zurück im Jagdhaus.
Auf dem Weg ins Revier versperrte uns kurzfristig ein Traktor, in der doppelten Größe eines Panzers, den Weg: Ein inzwischen landwirtschaftlich genutztes Überbleibsel der Russen, die hier mit diesem Monster ihre mobilen Raketen-Abschußrampen durch die Gegend schleppten. Während der nächsten Stunde warteten wir, gedeckt durch riesige, an den Feldwegen abgelagerte, walzenförmige Heuballen und gepiesackt von Myriaden aggressiver

Diese Tafel in der estnischen Hauptstadt Tallin erinnert an deren Zerstörung durch die Rote Armee zum Ende des 2. Weltkriegs.

Elchfliegen, auf das Austreten des Wildes. Die kleinen Peiniger, mit ihren nach oben gestellten, gläsernen Flügeln und dem schwarzen, flachen Körper, ähneln fliegenden Zecken. Sie verhalten sich auch so. Wenngleich sie nicht beißen, verlangen sie von uns allerhand Nerven und Disziplin, die wir an diesem Abend allerdings umsonst aufbringen. Wir beobachten in der letzten Dämmerung zwar eine Bache mit einer Handvoll Frischlingen und zwei Elchkühe mit je einem Kalb sowie einen kapitalen Stangenelch-Bullen. Gemäß meiner inzwischen gefestigten Theorie, nur noch das zu strecken, was ich an der Wand oder in der Pfanne haben möchte, verzichte ich aber zum Mißfallen des Jägers: Ihm käme ein Frischling oder ein Bulle mit gut 300 Kilo Wildbret natürlich gelegen. Ich halte mich auch deshalb zurück, weil ich insgeheim auf einen klotzigen Bassen oder einen knuffigen Rehbock hoffe. Könnte ja sein ...! Daß mich die herbstliche Abendstimmung und der großartige Anblick dennoch begeisterten, nahm man mir zu Hause erst nach dem dritten Glas Wodka ab. »Inzwischen sind auch wir für Produktivität!«, meinte der Gastgeber etwas anzüglich, »aber Sie machten auf Sozialismus: Arbeit ohne Resultat!«. Auch recht, dachte ich und war mit meinem braven Erinnerungs-Sechser vollauf zufrieden. Mit Abschußerfüllung bin ich zu Hause genug beschäftigt, dafür bin ich nicht verreist!

Kein Bluff!

Am nächsten Tag verlassen wir auf der Fähre die Insel Richtung Festland und gehen in Virtsu leicht nachdenklich von Bord. Auf der Fähre umlagerte eine Horde einheimischer Skinheads einen Polizeiwagen, hinter dessen vergitterten Fenstern zwei grimassenschneidende, glatzköpfige Jugendliche eine makabre Show abzogen. Auch hier erste Ausuferungen der wiedererlangten Freiheit? Parallelen zur Randale Rechtsradikaler im Herbst '92 bei uns? Rechtsradikalismus, ein internationaler Bazillus, oder nur jugendliche Kraftmeierei?

Gegen Mittag erreichten wir das alt-ehrwürdige Tallin, reservierten im stramm hochpreisigen ›Palace‹ meine Übernachtung für die Rückkehr in drei Tagen und verließen in der Dämmerung die Hauptstadt Richtung Süden.

Die nächsten Tage trieben wir uns in verschiedenen Revieren des Landes herum, genossen die Gastfreundschaft der Esten und die herrlichen Landschaften des gegen Süden hin hügeligen, mit unzähligen Wäldern, Fluß-, See- und Moorlandschaften gegliederten Landes. Wir sahen in der kurzen Zeit und trotz der nur flüchtigen Besuche viel Wild, insbesondere viele Enten und Gänse. Das Land gleicht auch diesbezüglich Litauen, wenngleich dessen beachtliche Hirschvorkommen fehlen. Trotzdem ist klar: Estland hat als Jagdland Zukunft!

Und dann saß ich in der Dämmerung des letzten Abends, bei Nieselregen, inmitten eines endlosen Luzernefeldes – unter den schon erwähnten zwei Birnbäumen – und sah plötzlich meine ›Felle‹ davonschwimmen. Der als ›Bananen-Bock‹ angesprochene Graukopf war erkennbar mißtrauisch geworden und sicherte unentwegt, sichtlich nervös zu mir herüber. Ich habe überhaupt kein Rezept und warte, ausgesetzt dem Wechselbad zwischen Zaudern und Zupacken, ab. Am Waldrand kommt Nebel hoch. Der dünne Regen läßt nach, die Sicht wird schlechter.

Wenn du dich jetzt nicht am Riemen reißt, dann fährst du ohne ›Bananen-Bock‹ nach Hause, treibe ich mich an und nehme, am Knie aufgestützt, Maß. Reiß' dich zusammen, sage ich mir erneut. Dann rastet der Stecher ein und das Vierer-Absehen saugt sich am Trägeransatz fest. Spitz auf mich zustehend, macht der Graukopf jetzt überraschend einen Schritt zur Seite und kriegt erneut einen langen Träger! Jetzt oder nie! Noch ehe Knall und Kugelschlag verebbt sind, macht der beschossene Bock sechs bis acht Schritt schnurgerade auf mich zu – ganz so, als hätte der Schub des neun Gramm-Geschosses für ihn keine Wirkung. Er verharrt eine ewig lange Sekunde und sinkt dann langsam, fast in Zeitlupe vorne ein. Er kämpft bis zum letzten Atemzug, obwohl seine Uhr endgültig abgelaufen ist!

Als ich wenig später am gestreckten Bock stand, mußte ich, auch im Hinblick auf die Güte der Trophäe, eingestehen: Die Gastgeber hatten nicht geblufft! Außerdem war Estland vom Odium münchhausenscher Fabulierkunst befreit! Die

letzten Zweifel waren beseitigt: Der Bock war, wie vorhergesagt, pünktlich auf der Bühne gewesen! Und gut auf hatte er auch! Kein Wunder, daß ich plötzlich gar nicht mehr sicher war, ob der jährliche Wildmarathon durch Estland nicht auch eher der Wirklichkeit als der blühenden Phantasie estischer Jäger entsprach. Egal. Auch Jäger haben das Recht, manchmal etwas gutgläubig zu sein! Woher sonst sollte unser einzigartiges Jägerlatein kommen?

Das komfortable Forst- und Gästehaus am Memelbogen in Litauen. Hier erwarten den Jagdgast starke Rothirsche.

Gottverdammte Warterei

Die letzten Augenblicke bis zum Anblick des verfolgten Wildes sind der eigentliche Höhepunkt, vielleicht sogar der tiefste Antrieb jeder Pirsch. Dann kommt die Herausforderung: Mal sehen, wer wen überlistet!

Ein Doppeljubiläum: Meine fünfzehnte Asienjagd galt meinem fünfzehnten Wildschaf! So wenigstens war es gedacht. Doch, ›Der Mensch denkt, Gott lenkt!‹.

Jetzt sitzen wir schon sieben volle Tage an einem der namenlosen, nordsibirischen Tundra-Seen und beten, daß in die düster verhangene Bergwelt endlich Leben kommt und der bleierne Wolkenhimmel aufreißt. Das war wieder jenes unberechenbar wetterwendische, mir nicht unbekannte Sibirien! April mitten im August, obwohl es eine idealere Jagdzeit in dieser weltfernen Gegend kaum gibt. Eigentlich sollten Regen und schlechtes Wetter eine Ausnahme, die Tage bis 25 Grad warm, die Nächte höchstens um den Gefrierpunkt sein. Das nordostsibirische Bergland mit seinem extremen Kontinentalklima – eisigen Wintern folgen schwül heiße Sommer – zeigt sich jetzt in buntesten Farben, und die entsetzliche Mückenplage des Frühlings und Hochsommers ist fast vorbei. Langsam versinkt das endlose Berg- und Tundraland, ähnlich wie der Hohe Norden Alaskas und Kanadas, wieder in jene atemlose Stille, die entsteht, wenn alle Geschöpfe, die in den Süden entfliehen können, Land und Gewässer verlassen haben und nur jene zurückbleiben, welche täglich den Einbruch von sieben Monaten Kälte, Frost und Schnee erwarten. Herrliche Pirschtage für den Jäger, wenn sich Braunbär und Murmel ihr Winterlager richten und den lieben langen Tag Feist anfuttern, während Karibu und Elch in die milderen, windgeschützten Täler ziehen. Dorthin, wo selbst bei zwei Metern Schnee noch Flechten, Weichholz und Altgras aus dem gefrorenen Boden zu schlagen sind; immer auf der Hut vor gierigen Wölfen und sonstigem Gesindel.

Und jenseits dieser entrückten Welt, hoch oben auf den kahlgehobelten, baumlosen Bergalmen, nahe den von Gletschern bedeckten Dreitausendern, wo nur noch Fels, verwitterter Basalt und Granit die Hänge bedecken, nimmt das Leben auch jetzt einen von aller Unbill unberührten Gang. Nahe den Wolken ertönt der weithin vernehmbare Schrei des mächtigen Adlers, laut untermalt vom dumpfen »Kollgg-kollgg« der scharfsichtigen Kolkraben. Gleichzeitig kassieren entlang den langsam vereisenden Moorseen die braunschwarzen, eichelhäherverwandten ›Soika‹ – nach Temperament und Charakter ein Ebenbild der aus Alaska bekannten ›Camp-Robber‹ – aufgeregt keckernd alles ab, was nicht niet- und nagelfest ist. In ihrem Gefolge befindet sich der schwarz-weiß gesprenkelte, taubengroße Tannenhäher, den man hier Zedernvogel nennt. Und jenseits jeglicher Vegetation, dort wo Wolken und Sonne schier die Erde berühren, in den endlosen, meist sanft ansteigenden Schüttkegelgebirgen Nordostsibiriens, bieten, fast verschlafen, stoisch und unnahbar, die trutzigen Wildschafe allem Ungemach die Stirn. Sibirische Schneeschafe, die Erfüllung vieler Bergjägerträume! »Vermutlich sind es... die meist spektakulären Landschaften«, folgert Raul Valdez, und »die mächtigen, anmutig symmetrisch gedrehten Hörner der reifen Widder, die die Wildschafe mit einer fast mystischen Aura umgeben«.

Zwangsaufenthalt

Doch was nützt alle Schwärmerei, wenn die Bergwidder irgendwo meilenweit entfernt in den Bergen und zu Fuß unerreichbar stehen, während wir zum Herumhocken an einem gottverlassenen Gebirgssee verdammt sind. Bitter, wenn dann auch noch die Verpflegung, selbst die Kartoffeln, zur Neige gehen und einem die Gräten der selbstgefangenen Weißfische allmählich aus der Nase kommen. Unsere Begleiter haben sich inzwischen zwei volle Holzfässer Fische gefangen, die sie als Wintervorrat eingepökelt mit nach Hause nehmen. Die nähere Umgebung, insbesondere das Seeufer, war schnell ausgeforscht. Außer einigen kalten Karibufährten, wenig Aufregendes; keine anderem Spur von Großwild. Da zerbröseln Abenteuerlust und Jägermoral. »Fünf Jahre Perestroika, und was hat sich geändert?«, pulvere ich innerlich angefressen auf meinen Begleiter und Dolmetscher aus Moskau, ein, »außer, daß die Hotels noch teurer, die Chicken noch blasser und die Aeroflot noch unzuverlässiger wurden«. Daß dieses Gestichle sinnlos war, bestätigte Volodis Schulterzucken: »Was kann ich dazu sagen?«.

Wir saßen fest. Der überfällige Hubschrauber, welcher uns ins Außencamp hochbringen sollte, stand vermutlich anderswo im Großeinsatz. Uns schien man im knapp 100 km entfernten Chandyga vorerst abgeschrieben zu haben. Abenteuerlich! Es gibt keinen Ausweg. Die einzige Straße, die von der 1632 als Pelzhandelsplatz gegründeten Provinzhauptstadt Jakutsk nach Magadan, 1200 km durch Berge und Tundra, führt – die Verbindung wurde, wie so vieles in Sibirien, unter mörderischem Einsatz Tausender politischer Sträflinge während der Stalinzeit gebaut – verläuft zwei Tagesmärsche weiter südlich. Da bleibt notgedrungen viel Zeit, sich in Geduld zu üben und aus dem Zwangsaufenthalt das Beste zu machen. Meist hocken wir in oder vor unseren Ein-Mann Armeezelten, lesen, leuchten zum hundertsten Mal – umsonst – mit dem Glas die Berghänge nach Wild ab, studieren das Spiel der Fische oder jagen Mücken am Rande des Holzfeuers, an dem wir uns wärmen, anräuchern lassen und den selbst mitgebrachten Pulver-Kaffee schlürfen.

Insgesamt empfinden wir diesen Zwangsaufenthalt – insbesondere wenn mal die Sonne durchbricht – trotzdem als Vergnügen. Es ist erholsam, in dieser beispiellosen Einsamkeit den Tag zu verbummeln und frei durchzuatmen. Dabei kommen einem immer wieder die vielen Hunderttausend nach Jakutien Deportierten in den Sinn. Sie wurden bis Ende der 60er Jahre nach Chandyga – ihren Städtenamen ›Blutiger Fluß‹ prägten die Gepeinigten – verschleppt, um diese Republik mit ihren unschätzbaren Gold-, Diamanten-, Kohle- und Erzvorkommen – Jakutien ist nach Südafrika der zweitgrößte Diamantenproduzent der Erde – zur vermutlich reichsten Provinz der Russischen Föderation zu machen. Gedanken an diese schreckliche Vergangenheit sind auch heutzutage heilsam!

Die beiden Begleitjäger, bis jetzt eher ›Campboys‹, erklären uns anhand der von mir noch zu Hause beschafften, original (!) russischen Fliegerkarten, Struktur, Nutzung und Besiedelung dieses 7000 Kilometer von Moskau entfernten Landes, insbesondere seine Wildvorkommen. Sind das Dimensionen! Jakutien ist, im Vergleich zu ganz Sibirien, dessen 10 Millionen Quadratkilometer von 40 Millionen Menschen bewohnt werden, mit seinen 3 Millionen Quadratkilometern zwölfmal so groß wie die Bundesrepublik. Dabei besiedeln es nur eine Million Menschen. Ein Drittel davon sind meist nomadisierende Jakuten und Eveny. Neu ist für alle der Jagdtourismus, dem man sich seit 1989 in kleinen Schritten nähert. Die Umwandlung der bisherigen Erwerbs- und Produktionsjagd der einstigen UdSSR in ein modernes, devisenbringendes Jagd- und Tourismus-Management ist nicht leicht. Insbesondere bei der nach wie vor weitverbreiteten Wilddieberei und unausrottbaren Speziwirtschaft.

Und in diesem wahrhaft weltvergessenen Landstrich ziehen, von allen Zeitläufen und jedem Wechsel der Natur scheinbar unbeeindruckt, die bisher kaum bekannten Sibirischen Wildschafe ihre Bahn. Sie werden bei einer sieben Monate lang verschneiten Landschaft, unweit des Kältepols der Erde mit minus 70 Grad im Januar und Februar, zu Recht als ›Schnee‹-Schafe bezeichnet. Bis zu zwei Zentner schwer, im Winter durch ein dichtes, fast langhaariges Fellkleid geschützt, wirkt das *Ovis nivicola* im Vergleich zum artverwandten Dallschaf Alaskas eher schwerfällig. In Wahrheit ist es ungemein wendig, ausdauernd und hellwach; es stellt jedenfalls mit seinen vier Unterarten (*Ovis nivicola lydekkeri; O.n. borealis; O.n. kamtschatki* und *O.n. alleni*) eine der letzten großen, jagdlichen Herausforderungen der Erde dar.

Im übrigen hat sich an der Aussage des britischen Zoologen Richard Lydekker aus dem Jahr 1912 in bezug auf Erkenntnis und Schwierigkeit wissenschaftlicher Systematisierung der Wildschafe kaum etwas geändert. Sein Bekenntnis im damals aufsehenerregenden Buch ›The Wild Oxen, Sheep and Goats of all Lands‹, daß »... im Hinblick auf die Unvollständigkeit unseres Wissens über die Wildschafe... hauptsächlich in Zentralasien ... unsere Forschungsarbeit erst am Anfang ist«, gilt, wie aktuelle Gelehrtenkontroversen zeigen, nach wie vor.

Zwei auf einen Streich

Natürlich wußte ich, daß mein Vorhaben, im Verlauf einer Reise zwei verschiedene Trophäen in zwei verschiedenen Ländern ›auf einen Streich‹ zu strekken, vermessen war. Neben jägerischem Appetit spielte – wie stets bei solchen Vorhaben – natürlich auch etwas Ehrgeiz mit: Eingefleischte Schafjäger gelten nicht umsonst als ein Haufen, den leicht der Hafer sticht! Außerdem, und das ist nicht nur die Meinung des führenden Wildschafforschers Raul Valdez, fasziniert kein Wild den Jäger heutzutage so, wie die schneckenbewehrten Widder der Erde.

Gepackt vom ›Schaffieber‹, ließ ich mich diesmal auf eine Jagdreise ein, deren Turbulenz kaum zu ahnen war. »Gut geplant, müssen in einer Parforce-Tour von drei Wochen das Sibirische Schneeschaf in Jakutien *u n d* das Chinesische Blauschaf in Südwest-China doch zu packen sein!«, ermutigte ich mich selbst.

Verführt von einer, wie auch Valdez schwärmt, ›fast überirdischen, romantischen Faszination‹ der Wildschafe, verkannte ich allerdings die zentralasiatischen Gebirgsmassive und die scheinbar so perfekte Flugplanung. Alles Sinnen galt meinem 14. und 15. Wildschaf, da war kein Platz für Skepsis!

Urwüchsiges Zeltcamp in der Taiga Jakutiens. Die sibirischen Kapitalelche stehen alaskanischen in nichts nach.

Den ersten Dämpfer erhielten wir – nach Zwischenlandung in Jakutsk – als wir eine Stunde später im gottverlassenen Flugplatz von Chandyga die kleine Yak 40 verließen: Am Vortag war, mit sieben Insassen an Bord, im Werchojansker-Gebirge einer der beiden in dieser Gegend eingesetzten Mi 88-Hubschrauber bei Nebel gegen ein Bergmassiv gekracht. Die Stimmung am Airport war entsprechend: Eine solche Katastrophe, und nun auch noch die ersten deutschen Jagdgäste zum Weiterflug ins Jagdgebiet! Das sorgte für Aufregung.

Die Folge war, daß wir einige Stunden neben dem Rollfeld saßen und einen Kilometer Fußmarsch zum ›Stillen Örtchen‹ hatten. Hier war die Welt buchstäblich mit Brettern vernagelt, scheinbar das Ende der Zivilisation. Einerseits. Andererseits, der Beginn einer aufregenden Schneeschafjagd. Ihr, besser dem legendären *Ovis nivicola borealis*, einem Juwel unter den freilebenden Wildtieren Nordsibiriens, erstmals in moderner Zeit 1976 von den Amerikanern Richard und Art Carlsberg, mit höchster sowjetischer Genehmigung, erpirscht, galt aller Aufwand. Es tat der Herausforderung keinen Abbruch, daß bereits im Vorjahr einige Amerikaner Erfolg auf dieses Wild hatten. Mich tröstete, daß ich statt dessen 1987 im Russischen Pamir auf Marco Polo-Schaf – der Nr. 1 der Wildschafe –, als erster auf dem Treppchen stand. Auch wenn diese Seite der Jagd gern als Schnickschnack abgetan wird, ganz so belanglos – siehe das Gezerre um den kapitalen Grenzbock – ist dieser fast sportliche Nebeneffekt natürlich nicht. Konkurrenz und Brotneid zwickt auch Jäger, selbst wenn sie dies ungern kundtun! Es erstaunt – sofern man es nicht als kleinkariert bezeichnen will –, wie selten sich Jäger oftmals am Jagderlebnis eines anderen erfreuen können!

Verplemperte Zeit

Derartige Geplänkel sind mir im Augenblick allerdings völlig egal. Ich will für die verbliebenen drei Tage endlich ein Außencamp, die rauhe Luft der sibirischen Berge schnuppern und die gedrungenen, gegenüber den nordamerikanischen Schafen etwas kurzläufigeren aber nicht minder aufmerksamen, Schneeschafe zumindest sehen.

Selbst wenn, wie behauptet wird, »ein Vergnügen erwarten, auch ein Vergnügen ist«, und meine Begleiter ständig in Optimismus machen – nach fünf Tagen herumlottern sitze ich jetzt auf Kohlen! Mich interessiert kaum, daß der Bruder Schah Rezas Mitte der 70er Jahre zwanzig Tage lang ganz Jakutien per Hubschrauber durchforstete, um schließlich einen reifen Widder mit 114 Zenti-

Nach diesem Waidmannsheil war aller Ärger schnell vergessen, meine Wünsche erfüllt.

Die Schnee- und Eiswelt der Karibus. Der kapitale Geweihträger bildet, wie meist, die Nachhut.

144

metern Schneckenlänge zu erbeuten. Trotzdem werde ich mich an dieser Marke orientieren, verbiß ich mich.

Zu erwähnen ist, daß Art Carlsberg einige Jahre später im Kaukasus bei der Jagd auf Tur abstürzte und der Bruder des Schah bei der Steinbockjagd im Elbursgebirge im Kleinflugzeug verunglückte. Ein bemerkenswerter Zufall!

Inzwischen ist auch unser Ausflug an die majestätische Lena, an deren Ufern gewaltige, zu Flößen verschnürte Baumstammgebirge auf das nächste Hochwasser warten – vorsichtig umschifft von den Ausflugsdampfern Richtung Jakutsk –, nur noch Erinnerung. Die 200000 Einwohner-Hauptstadt Jakutsk feierte übrigens gerade Städtepartnerschaft mit dem alaskanischen Fairbanks.

»Hoffentlich komme ich heuer noch zu Schuß!«, unkte ich gerade beim Frühstück, als hoch über uns ein Hubschrauber auftauchte. »Endlich! Jetzt geht's auf zu den Rams!«, frohlockten wir.

Wer beschreibt die Wut und die bayerischen Flüche – ihren Inhalt erahnen unsere Gastgeber nur an Mimik und am Tonfall – als Minuten später klar ist, daß der Propellervogel ein anderes ›Nest‹ ansteuert. Zwei Stunden später regnete es wieder. »Jeder genießt die gebuchte ›Weltpremiere‹ auf seine Weise«, frotzelte Alex.

Als am achten Morgen, obwohl die Wolken noch immer bedenklich in den Berggipfeln hängen, endlich doch noch ein ›Aeroflot-Taxi‹ mit laufendem Rotor knapp über dem wabberigen Tundraboden ›parkt‹ und die für eine überraschende Abholung sowieso jeden Morgen neu gepackte Ausrüstung endlich im Hubschraubers verschwindet, sind wir erleichtert. Was schert es uns, daß inzwischen die Visa abgelaufen und der Jumbo der China-Air – was schon etwas bedauerlicher ist – um Mitternacht Moskau, Richtung Peking, ohne uns verließ. Zunächst will ich meinen Widder!

Die Preisfrage war: Ist bei dieser vermiesten Jagd und nur einem halben Tag überhaupt noch etwas zu retten? Meine Begleiter schweigen sich aus. Sie hatten, schlicht gesagt, selbst keine Ahnung. Ich schwor indessen, gegen mein Mißgeschick bis ›zur letzten Patrone‹ anzukämpfen. Wer wußte, ob ich je wieder in diese gottverdammte Gegend kommen würde! Später, als das, insbesondere aus der Luft recht romantisch anzusehende, in herrliche Herbstfarben getauchte Zeltlager unseren Blicken entschwunden war und uns wildromantische, meist sanft ansteigende, von tiefen Schluchten zerfurchte Gebirgs-

145

züge fesselten, kamen schnell neue Jagdbegeisterung und Hoffnung auf. Vielleicht klappte es doch noch! Erfahrungsgemäß muß man sich beim Jagen immer wieder grüne Luftschlösser bauen!

Geschlagen und ausgetrickst

Bald darauf übertrug sich unsere Stimmung auch auf die Begleiter. Sie überwanden die spürbare Apathie und versuchten ihr schlechtes Gewissen durch besondere Dienstbeflissenheit zu entlasten. Man lud uns zur Beobachtung in die Helicopterkanzel, öffnete Seitenfenster zum Fotografieren und meldete jede kleinste Neuigkeit. Plötzlich, inzwischen gut fünfzig Kilometer vom Camp entfernt – zu Fuß nie und nimmer zu erreichen! –, entdeckten wir entlang den in ›Indian Summer‹-Farben leuchtenden, spärlich mit Kiefern und Weiden bestandenen Flußtälern einige südwärts wandernde Karibuherden. Und dann erscholl der lange erwartete Ruf ›Baran‹! So nennen die Russen ihre Wildschafe.
Der schwere Turbo-Hubschrauber, in dem selbst Rinder und Pferde transportiert werden können, bringt uns sofort – sicherlich gegen alle Vorschriften der Jagd und der Fliegerei – in immer waghalsigeren Manövern ganz nahe an das verstreut in den Hängen und auf Hochalmen äsende Bergwild heran.
Endlich sind wir in der Welt der Schneeschafe! Ständig begegnen uns neue Rudel; insbesondere starke, von den Schafen und Lämmern völlig getrennt ziehende Herrenclubs. Kurz darauf taucht, aufgeschreckt und vom Gedröhn des Rotors vermutlich neugierig geworden, über dem schmalen Kamm eines Bergrückens ein Dreiertrupp stolzer Kreishornträger auf. Deutlich, wie ein Scherenschnitt, hoben sie sich gegen den trüben Horizont ab. Die wuchtigsten Widder, denen wir bisher begegneten! Auch die schlauesten: Ehe wir maßnehmen, uns ein Urteil bilden oder gar eine Entscheidung treffen können, tauchen sie in den Gegenhang zurück. Freunde, lächle ich, wir schauen euch gleich zwischen die Lauscher! Der Helikopter umkreist sofort das mächtige Massiv. Nichts! Trotz größter Aufmerksamkeit und wahrhaft strategischer Überlegenheit bleiben die drei Widder in der deckungslosen, wild zerklüfteten Schlucht unauffindbar, verloren! Kein Wunder, denn dieses Wild, getarnt durch sein graubraunes Haarkleid, verschmilzt förmlich mit dem Gestein. Geschlagen und ausgetrickst, dreht der Hubschrauber ab. Die Suche geht weiter. Das dichte Geflecht der unter uns zu beobachtenden, tief ausgetretenen Wechsel verrät, daß sich hier ständig Wildschafe rumtreiben. Hätte ich doch nur zwei Tage für ein kleines Spike-Camp! Diesen gerissenen Burschen bliebe ich auf den Fersen. Aber das ist Wunschdenken. Ich habe nur drei lächerliche Stunden. Das rechtfertigt nach einer Woche unverschuldetem Rumhocken den Helikopter!
Wenn das nur gutgeht. Schließlich ist gerade im Hohen Norden Großwild dünn gesät und ungemein wachsam. In dieser öden Region, die sich auch Wolf und Bär, Luchs und Adler teilen, setzen die Natur und ihr spärliches Nahrungsangebot insbesondere den Wildschafen enge Entwicklungsgrenzen. »Bei derart geringer Wilddichte, ohne Pferd, Boot und ausreichend Zeit, braucht der Jäger ›Luftunterstützung‹, sonst geht überhaupt nichts!«, beruhigt mich der Guide im Hinblick auf die bei Gott nicht ganz nach meinen Vorstellungen ablaufende Jagd. Kein Wunder, daß man diese Wildschafe bis vor kurzem nur vom Hörensagen kannte!
Inzwischen läuft die Zeit davon. Das diesige Wetter hat sich zwar stabilisiert, gelegentlich kommt sogar die Sonne durch, doch der Hubschrauber muß bald zurück. »Beim nächsten Trupp reifer Widder will ich abgesetzt werden!«, rufe ich Volodi zu, der meinen Wunsch den Piloten mitteilt. Ich verlasse mich jetzt lieber auf eigene Initiative. Vor allem brauche ich jede kostbare Minute, um diese schlauen ›Berg-Sibirier‹ anzugehen.
Ohne daß ich Wild bemerkte, geht der Hubschrauber auf einer kaum hausgroßen Bergkuppe nieder. Bei laufendem Rotor stolpern wir die Einstiegtreppe hinab, springen den letzten Meter und legen uns, ausgestattet mit dem Notwendigsten, flach auf den Boden. Sofort, keine fünf Meter (!) von uns entfernt, zieht der orangefarbene Vogel gleich senkrecht nach oben ab: Wir haben drei Stunden Zeit! Der Wettlauf mit ›Majestät Zufall‹ und dem eigenen Geschick beginnt. Eigentlich Schwachsinn!
Natürlich bin ich voll Zweifel. Welche Widder haben die Russen hier angepeilt? Alte, junge? Wo stehen sie? Bei diesem Höllenspektakel – die Sturmböen des Rotors und die aufheulenden Turbinen fegten sogar mein Fernglas von der Kuppe – sind sie vermutlich längst über alle Berge! Juri, ein junger und gewiefter Schafjäger, deutet in das gegenüberliegende Gebirgsmassiv. Er spricht von vier starken ›Baran‹, die er – auf der anderen Seite der Mi 88 sitzend – sogar fotografieren konnte.

Erwartungsgemäß sind die Rams inzwischen auf und davon. Großes Rätselraten: Nahmen sie den Paß quer durch die Wand? Zogen sie durch die tiefe Schlucht, die ins jenseitige Felsmassiv mündet? Oder – das nehme ich fast an – sind die Burschen steil nach oben, über den Grat hinweg, im abseitigen Gegenhang verschwunden? Ich vermute das und beharre auf dieser Version. »Für die Widder war das der kürzeste Weg um zu verduften«, überzeuge ich Juri und Alex. Ich weiß, daß die Verantwortung für Erfolg oder Niederlage damit bei mir liegt. Es war wie seinerzeit in Ägypten. Die Beduinen wollten die Nacht in einer Felshöhle verbringen. Ich ahnte, daß sich die – bis zu meiner Pirsch hier als ausgerottet geltenden – Nubischen Steinböcke, nur nachts an die Wasserstelle wagen würden. Ich blieb über Nacht draußen und fing die vorsichtigen Widder beim Rückwechsel ab. Die Taktik ging voll auf!

Richtig kalkuliert

Der Helicopter ist schnell unseren Blicken entschwunden. Endlich umgibt uns jene beispiellose Stille und Einsamkeit, welche Bergjagd für mich über jede andere stellt. Juri und ich wollen die Schafe alleine angehen. Als ich merke, daß Alex enttäuscht ist, gehört er zum Team. Zu dritt steigen wir in die Bergkette ein. Alex trägt meine Puschka. Ich habe, ehrlich gesagt, nichts dagegen. Hoffentlich habe ich richtig kalkuliert!

Jäger können ermessen, wie einem in dieser Lage zumute ist. Einen reifen Widder in einer Hauruck-Pirsch von nur wenigen Stunden auszumachen und auf Schußnähe heranzukommen, grenzt an Narretei. Doch mir bleibt keine andere Wahl!

Die alte Erfahrung, daß einem während der ersten hundert Schritte der Berg meist wesentlich höher und steiler vorkommt als er in Wirklichkeit ist, mache ich auch jetzt wieder. Die wilde, wie nach einer Dynamitsprengung, von Felsbrocken übersäte Bergflanke ist bald durchquert. An das von hellgelb bis grün und blau-schwarz leuchtende, oft völlig von Flechten überzogene und bei jedem Schritt abrutschende Geröll haben wir uns schnell gewöhnt. Die Tritte werden sicherer, das Tempo steigt. Nach der ersten Viertelstunde, angestachelt von ständig frischer Losung und einer am Weg liegenden, von Frost und Sonne längst verwitterten Fallwild-Schnecke, gelangen wir auf den quer im Hang nach oben führenden Hauptwechsel. Kurz darauf stehe ich, allmählich nach Luft ringend – wobei auch meine jugendlichen Begleiter ordentlich hecheln –, buchstäblich am Wendepunkt dieser Jagd: Hier hat, deutlich erkennbar, kurz vorher Wild den Steig überfallen – vermutlich die vier Widder! Auch Juris eifriges Nicken bestätigt meinen Riecher. »Nach Dutzenden von Wildschafpirschen entwickelt sich zwangsläufig so etwas wie ein Widder-Instinkt!«, erwidere ich höchst zufrieden.

Die nächsten paar hundert Meter dünken eine Ewigkeit. Was wird sich im Gegenhang zeigen? Der eigenartige Reiz, nach klassischem Bergjäger-Rezept von oben über die Schafe heranzukommen und damit die besseren Karten zu haben, ist jetzt mindestens so stark wie die Lust auf einen Schuß und eine Trophäe.

Knapp unterhalb des Kammes, wo neben einem klobigen Felssattel der Wildwechsel in ein noch tieferes, verdecktes Kar abfällt, zwingen wir uns zu einer kurzen Verschnaufpause. Drei 7 mm Remington Magnum werden einrepetiert, der Wind geprüft und für gut befunden. Mit wahrhaft gemischten Gefühlen, langsam, Zentimeter um Zentimeter, nähern wir uns – Alex verspricht sich Klasse-Fotos – dem Scheitel zwischen ›hüben und drüben‹. Auf allen Vieren spähen wir, verstohlen wie Diebe und auf alles gefaßt, durchs Geröll. Kein Haar von den Widdern! Nur nicht die Nerven verlieren. Schließlich haben wir noch keine völlig freie Sicht. Wir müssen näher an den Abgrund heran! Schweißgebadet, die Mütze vorsichtshalber tief in der Stirn gezogen, den Janker als Deckung vor mir zusammengerollt, eröffnet sich uns plötzlich eine unbeschreibliche Vogelschau in den Bergkessel. Sie erinnert mich an viele spannende Jagden auf Wildschafe und Steinböcke in aller Welt. Der feine Unterschied ist, daß ich bisher nie derart brutal gegen die Uhr kämpfen mußte!

Instinkt gegen Intelligenz

Was man nicht erlaufen kann, kann man oft erschleichen, jubelte ich innerlich, als wir jenseits der steil abfallenden Wand, in knapp 500 Metern Entfernung, folgsam hintereinander wie nach strengem Protokoll, vier Widder aus der Schlucht in den Nordhang hochschlendern sehen. Sie lassen sich unendlich viel Zeit. Verhoffen hier, rupfen dort, und – das ist eine sensationelle Dreingabe –

kämpfen gelegentlich miteinander, daß es nur so kracht. Vorbrunft-Geplänkel!

Mensch, haben wir ein Glück! Wenn sich die Racker weiterhin so viel Zeit lassen und nicht aus irgendeinem Grund verrückt spielen, dann kann ich sie in den nächsten zehn Minuten, keinen Büchsenschuß von uns entfernt, abfangen. Aber Beeilung und höchste Vorsicht!

Bergjagd ist, das weiß, wer sich je einen Gipfel oder eine Gams ›vornahm‹, gleichbedeutend mit persönlicher Überwindung. Ein steter Wettstreit der eigenen Kondition und des jägerischen Spürsinns mit den hellwachen Sinnen einer diesbezüglich weit überlegenen Kreatur. Instinkt, Geländekenntnis und Sensibilität des verfolgten Wildes sind die eigentlich große Herausforderung der Bergjagerei! Sie zwingen den Nimrod unbarmherzig die Zähne zusammenzubeißen und sich nach jedem Absetzmanöver des Wildes querfeldein dorthin zu schinden, wo weder Steig noch Markierung den weiteren Jagdverlauf ahnen lassen. Hierin unterscheidet sich die Bergjagd ganz wesentlich vom Bergwandern oder Trekking. Das Wild bestimmt die Route!

Die letzten Augenblicke bis zur Begegnung mit dem verfolgten Wild sind der eigentliche Höhepunkt, vielleicht sogar der tiefste Antrieb jeder Pirsch. »Es geht nicht darum, den Hasen zu besitzen, sondern ihn gejagt zu haben«, wußte Plinius bereits vor zwei Jahrtausenden. Mal sehen, wer wen überlistet!

Schon richten wir uns ein. Die Spannung steigt. Alex lauert hinter mir mit schußbereitem Tele. Juri liegt einen halben Meter vor uns flach im Geröll und signalisiert mit nach rückwärts gestreckter Hand: Nicht rühren, sie kommen!

Ich weiß, daß in dieser deckungslosen Lage ›Sehen und Schießen‹ eins sein müssen, sonst sind die Schneckenträger über alle Berge! Während ich noch jede denkbare Strategie durchspiele – entschlossen, alles auf eine Karte zu setzen, hier brauche ich keine Nachhilfe mehr –, alarmiert uns Juri mit aufgeregten Handzeichen: Jetzt! Da taucht auch schon, keine fünfzig Schritt links von uns, langsam, wie in Zeitlupe, das erste Schneckenrad auf. Zu jung!, fährt es mir durch den Kopf, vorher hatte ich einen wuchtigeren Brocken im Spektiv!. Im gleichen Augenblick tritt der Gesuchte auf den Plan, wird im Trägeransatz frei, äugt zu mir her und ist sofort im Bild! Jedem bleibt nur die Schrecksekunde – und ich bin schneller! Kniend freihändig, in der Hast ein wenig weit hinten und etwas riskant hoch angetragen, stoppt die 11,3 Gramm Teilmantel den Recken nach drei kurzen Fluchten. Es hat geklappt! Das war Weihnachten und Geburtstag in einem! Ein Wunder, und was für eins! Im Geröll liegt ein reifer Klasse-Widder mit wuchtig knuffigen, stark dem amerikanischen Bighorn ähnlichen, etwa einen Meter weit ausgedrehten Hornschläuchen.

Acht Tage Däumchendrehen, Meutern und Hoffen hatten sich doch noch gelohnt! Es war wie immer: Sitzt die Kugel am rechten Fleck und stellt sich der Erfolg, trotz aller Heimsuchungen und Unannehmlichkeiten, schließlich doch noch ein, gibt es keine Klagen. Wehe aber, wenn der Lauf blank blieb!

Am nächsten Tag erreichten wir hundemüde Moskau. Die sich aus unserer Verspätung ergebende Ochsentour zur Visaverlängerung, zur Besänftigung der seit zwei Tagen in Peking vergeblich und ohne Nachricht auf uns wartenden chinesischen Jagdveranstalter, vor allem die Flugumplanung, waren schneller erledigt als befürchtet. Insbesondere, weil die Lufthansa in Moskau ungemein hilfreich war. Dickes Lob und Grund genug, im Verlauf der zweitägigen ›Rekultivierung‹ in Moskau, auf sie und unsere jakutischen Jagdfreunde mehr als nur eine Flasche zu leeren. Leider gelang es uns trotz allen Bemühens nicht ganz, die sibirische Zwangsernährung mit Weißfisch durch entsprechende Mengen Kaviar auszugleichen. Aber, um ehrlich zu sein, viel fehlte nicht!

Plötzlich hatten wir die beiden ›Sibirier‹ im Visier. Nur der Fotograf kam zum ›Schuß‹!

Zu Hause verwurzelt, fasziniert von der Welt

Die Zeit tröpfelt dahin. Allmählich nähert sich das Gewitter und schiebt eine eigenartig bleierne Stille vor sich her. Da tut sich heute nichts mehr!, dachte ich und legte - gottlob! - noch weitere zehn Minuten zu.

Vermutlich hat keiner recht! Weder der grüne Lokal-Patriot, der nur tapfer die Fahne des heimischen Waidwerks schwingt, noch der von Fernweh getriebene Auslandsjäger, der jagdliche Erfüllung ausschließlich in entlegensten Regionen der Erde für möglich hält. Jedem dieser beiden Extremisten entgeht etwas. Gesunde Verwurzelung in der heimatlichen Jagd kann die bestorganisierte Safari nicht ersetzen. Erlebnisse und Erfahrungen aus diesen zwei Jagd-Welten sind grundsätzlich verschiedener Natur. Beide beeinflussen zwar Herz und Verstand des Jägers – sind letztlich aber nur bedingt vergleichbar! Dieser Streit ist – so unbeirrbar ihn mancher Brauskopf auch führen mag – nicht auflösbar, die Ursachen und Motive sind zu unterschiedlich, oft zu spleenig und windmacherisch. Die Jagd in bekannten Gefilden zu Hause verläuft eben anders als eine Auslands-Safari auf unbekanntes Wild in fremder Umgebung. Der eigentliche Unterschied liegt darin, daß man bei der Jagd jenseits des eigenen Landes nie, zu Hause jedoch fast ausnahmslos, ohne einen Begleiter jagt. An den ortskundigen Jagdführer im Ausland – meist schnell ein Kamerad, nur selten ein Aufpasser! – gewöhnt man sich. Allerdings zwingt einen die Jagd mit diesem ›Zeugen‹ ständig zu Disziplin und verhindert flinke Ausreden sowie phantasievolle Flunkerei. Ein vielfach förderliches Training! Die Kontroverse ›Für oder Gegen‹ erscheint deshalb so müßig wie das Maulgefecht selbsternannter Experten über die größere Schönheit und Leidenschaftlichkeit einer blonden oder dunkelhaarigen Frau. Schnelle Urteile geraten eben leicht zu Vorurteilen, wenn ›mangels Gelegenheit‹ notwendige Vergleichserfahrung fehlt.

Gerade bei der Jagd in fernen, oft unbekannten Landschaften oder extremen Gebirgs- und Wildnisregionen zählt allzuoft solide, persönliche Erfahrung, welche vielleicht auf einen heimlichen Knopfbock, einen rucksenden Tauber oder den durchs Gelände flitzenden Hasen erworben wurde. Sicher ansprechen, die Büchse einigermaßen sauber führen und Sitzfleisch sowie Beharrlichkeit, Disziplin und Verzicht einbringen, ist bei einer oft von Unwägbarkeiten und Überraschungen bestimmten Auslandspirsch in der Regel auch schon der Schlüssel zum Erfolg. Ein tüchtiger Waidmann daheim ist fast ausnahmslos auch ein erfolgreicher Grünrock jenseits seines eigenen Reviers! Wer zu Hause gern patzt, versagt meist auch in der Fremde; selbst dann, wenn der Guide wahre Wunder vollbringt. Obwohl einem die heimatliche Jagd durchaus die weite Welt ersetzen kann – die weite Welt ersetzt einem die heimische Jagd nie! –, bleibt wegen der ungeahnten Möglichkeiten der Auslandsjagd andererseits unbestreitbar, daß ›wer nur zum eigenen Fenster hinausschaut, keine Ahnung von der Welt hat‹.

Echte Jagd ist immer und überall aufregend und spannend, voll Erlebnis und Überraschung. Vorrangig ist, daß man sich am großen Privileg, heutzutage noch Jäger sein zu können, jeden Tag und überall wo man ist, neu begeistert und sich von den vielen Kleinigkeiten der Jagd anspornen läßt – selbst wenn der Lauf blank bleibt! Der Reiz allen jagdlichen Tuns liegt letztlich im ständigen Überraschtwerden und Eingebundensein ins Geflecht jahrhundertealter Tradition. Vor allem in heimatlichen Gefilden! Daß die Ausbildung zum Jäger bei uns mehr als dornenreich ist, hat sich herumgesprochen!

Erinnerungen an einzigartige Bergjagden in aller Welt.

Verwurzelt im heimatlichen Revier

Es war fast wie vor 30 Jahren: Die Jagdgenossen kamen gut gelaunt, ›in Schale und Krawatte‹, zum traditionellen Jägerball, die ›bessere Hälfte‹ im Arm. Das ganze Wirtshaus roch nach Schweinsbraten und nach frischen Dax'n, mit denen wir den Saal dekoriert hatten. Die langen Tische sind mit blitzsauberem Leinen gedeckt und die Musikanten stimmen ihre Klarinetten und Trompeten.
Derweil werden vom Jagdpächter die Wald- und Grundbesitzer des Reviers, seine Mitjäger und Ehrentreiber begrüßt. Man wechselt ein paar Freundlichkeiten, schimpft über das Wetter und die EG, und sucht sich ein bequemes Platzerl. Alles ist scheinbar wie vor 30 Jahren – leider nur scheinbar! Viele vertraute Gesichter, meist gute Freunde, fehlen inzwischen. Neue sind im Laufe der Jahre hinzugekommen. Der Felber ist immer noch Jagdvorsteher. 1965, bei der ersten Jagdvergabe regierte noch der alte Bürgermeister die zwischenzeitlich durch Gemeindegebietsreform größere und zwangsläufig anonymere Gemeinde. Er liegt inzwischen ebenso auf dem Gottesacker wie der alte Käsmaier Jakl, der mir bei der ersten Vergabe vor fast 30 Jahren, ganz heimlich am ›stillen Örtchen‹, die Neuigkeit zusteckte, daß mir gerade – gegen zwei Mitbewerber und beileibe nicht als Höchstbietender – mit weit über 90 % Stimmen und Fläche, das 780-Hektar-Revier zugesprochen wurde. Den Jakl deckt genauso der grüne Rasen wie meine Reviernachbarn Willy und Martin oder den ›Hasenbock‹-Max. Er verdankte diesen Ehrentitel seiner hartnäckigen Behauptung anläßlich einer kleinen Trophäenschau beim Dorfwirt, meinen dort gezeigten, präparierten Hasenkopf mit den zur Gaudi aufgesetzten Spießen – ein echter ›Hasenbock‹ –, in der Frühe mehrmals persönlich beim Kleemähen hinter seinem Anger gesehen zu haben. Wann immer er später gegen eine Runde Obstler die Geschichte zum Besten gab, grinste er hintersinnig in sich hinein und blieb solange bei seiner Wahrheit, bis sich am Schluß keiner mehr sicher war, ob der Max nicht doch diese Laune der Natur ›herangefüttert‹ hatte.
An solch kleinem Jux hatte man damals noch Spaß. Man war überhaupt weniger neumodisch und vom Fernsehen aufgeklärt, und gerade bei Jägern waren ›ökologische und ökonomische Zwänge‹ längst noch nicht ›in‹. Inzwischen hat sich weltweit auch die Auslandsjagd versachlicht. Sogar in der Dritten Welt bedrängen Bürokratie, manchmal überzogene, leider oft ignorierte Artenschutz-, Bejagungs-, Zoll- und Devisenbestimmungen die einheimischen Jagdveranstalter. Selbst Auslandsjagd ist längst nicht mehr Jagd ›... grad wie es dir gefällt‹!
»Drei Jahrzehnte gut miteinander auskommen ist keine Selbstverständlichkeit«, bekannte der Revierinhaber zu Beginn eines kurzen Rückblicks. Dabei blieb im Hinblick auf die vielfältigen Veränderungen der Blick zurück nicht ganz frei von Wehmut an die jagdlich ›schöneren‹, zumindest einfacheren Zeiten.
Seinerzeit war das Revier noch nicht durch Baulandausweisung und ständig neue Infrastrukturmaßnahmen um ein Siebtel gestutzt und mindestens durch ein Drittel weniger Straßen belastet. Die gerade in Mode gekommene, beileibe nicht umwelt- und wildfreundliche Flurbereinigung traf das Revier erst einige Jahre später. Dreimal mehr Wiese und Weideland – bei überall selbstverständlichem Anbau von Winter-Getreide und Hackfrucht – boten dem Wild noch genügend Deckung und Äsung. Trotzdem begann bereits seinerzeit die Lebensraumvernichtung! Ein Unglück, das heute weltweit, insbesondere in Asien und Afrika, den Kontinenten mit der größten Bevölkerungsexplosion, zu beklagen ist. Tendenz steigend!
Der elektrische Weidezaun ersetzte in den 60er Jahren erst allmählich den oft lästigen, bei Treibjagden besonders von älteren Semestern gefürchteten Stacheldraht. Die meisten Gräben und Bäche waren nicht ausgeputzt, verrohrt und reguliert, der Maisanbau steckte erst in den Kinderschuhen. Die Jäger trugen ihren Rehbock noch kilometerweit im Rucksack zum Auto. Mit dem PKW fast unter die Leiter zu fahren war ebenso unüblich wie Jogging, Langskilauf oder Modellfliegerei. Im Revier gab's noch keine Reiterhöfe – heute sind es vier! – nicht jeder 16-jährige hatte ein Mofa und mit 18 Jahren nicht gleich ein Auto. Gelegentlich streunte mal ein Bauernköter, was nach einem Gespräch mit dem Besitzer meist schnell abgestellt war. Selbstverständliches Freilaufenlassen von Haushunden – oft erst recht wenn der Jäger auftaucht! – galt noch nicht als wesentlicher Teil verfassungsmäßig garantierter Bürgerrechte. Das Gesamtverständnis für Wild und Natur war ausgeprägter – weniger intellektuell, dafür kompromißbereiter! –, die Freizeitwelle und der Erholungsdruck aus den Ballungsgebieten weniger. Ausgelöst durch eine sehr enorme Bevölkerungsexplosion, durch wachsende Armut und ständigen

Hunger, belasten diese Erscheinungen heute, zeitversetzt um gut zehn Jahre, nahezu die gesamte Welt, alle Wildtiere und deren Lebensraum. Der einzige Unterschied liegt darin, daß man in den Drittländern inzwischen den ›Marktwert‹ der natürlichen Ressource ›Wildtier‹ erkennt und mit Nachdruck versucht, insbesondere auch durch behutsame, selektive, jagdtouristische Vermarktung dieser Naturschätze, Devisen ins Land zu holen, um damit auch den Schutz der freilebenden Tier- und Pflanzenwelt zu finanzieren. Das gleiche bewirkt die Jagd hierzulande. Freiwillig zwar und in anderer Form, sicherlich auch aus unterschiedlicher Motivation. Die Veränderungen sind unaufhaltbar.

Vor dreißig Jahren äste das Wild noch zur Dämmerung und nicht erst bei Dunkelheit, nicht jedes vierte Reh und jeder dritte Hase fielen der Straße zum Opfer. Die Greifvögel genossen nicht – wie inzwischen in der ganzen Welt – totale Vollschonung. Der Jäger konnte sie damals, zum Schutz des Niederwildes und der Singvögel, noch etwas unter Kontrolle halten; gefährdet oder gar ausgerottet wurden sie von ihm bekanntlich nie! Es gab ein Drittel mehr heimische Vogelarten und das Rebhuhn schmückte überall unsere Flur. Außerdem war die ›Rote Liste‹ wesentlich kürzer, wenngleich sie offiziell noch gar nicht existierte. Eisvogel und Pirol, Großer Brachvogel, Kiebitz, Wiedehopf und Feldsperling gehörten ebenso zum Revier wie Wanderfalke, Eichhörnchen und Meister Lampe. Heute sind sie und viele andere oft verschwunden oder aufs höchste bedroht. Mit den ›bösen Jägern‹ hat ihr Verschwinden nicht das Geringste zu tun!

Heruntergewirtschaftet

Nachdem schon vieles durcheinandergeraten war, entwickelte sich ab 1965 allmählich privates und politisches Umweltbewußtsein. In Afrika und Asien setzte die Bewußtseinsänderung erst fünfzehn Jahre später ein, Anfang der 80er Jahre. Langsam begannen überall auf der Erde ein neues Umweltdenken und strenge Naturschutzgesetze zu greifen. Inzwischen geschieht nirgendwo Positives in der Natur, ohne daß der Mensch Einfluß auf die kompliziert verflochtenen und oft bereits empfindlich gestörten Regelkreise und Lebensgemeinschaften nehmen muß. In Mitteleuropa, vor

Windwurfflächen. Jetzt ist Vernunft gefragt. Bei der Wiederaufforstung geht es um die Zukunft des Waldes u n d des Wildes.

Die Brunft ist vorbei, das Getreide geerntet. Endlose Maisfelder erschweren nun die Jagd.

An der Hubertuskapelle: Den alten Bräuchen verpflichtet, trotzdem modern! Wer die Tradition vergißt, entzieht dem Waidwerk den Boden.

allem bei uns in Deutschland, sind, wegen des steigenden Wettbewerbs und wirtschaftlichen Drucks, die der Europapolitik ausgelieferten Bauern – unsere wichtigsten Verbündeten – teilweise zu Produktionsmitteln und Bewirtschaftungsmethoden gezwungen, denen Pflanze und Kreatur, Boden und Wasser kaum mehr gewachsen sind. Kreiselmäher und Jungkitztod, Pestizide und Herbizide, 00-Raps und Bodenerosion spielten zu Beginn meiner Jagdpacht noch keine Rolle.

Jagen heißt inzwischen – das gilt zunehmend für die ganze Welt – hegen und nochmals hegen, immer mehr Geld und Freizeit für das Wild und dessen Lebensraum aufwenden und den Finger mehr und mehr gerade lassen. Vor einem Vierteljahrhundert litt es bei mir spielend drei gute Treibjagden im Jahr, wobei die Hälfte der Fläche liegenblieb. Man fand Zeit und Muße, um beim Wirt gemütlich zusammenzuhocken, schließlich wurde mit den Promille erst später so richtig ernst gemacht. Wir erregten uns nicht über Fuchsbandwurm und Zecken, wobei es die natürlich auch schon gab. Wildverbiß und endlose Kulturzäunungen führten erst viel später zu einem Glaubenskrieg, obwohl der Rehwildbestand kaum geringer war. Der Wald war offiziell und praktisch noch nicht bedroht, der Saure Regen nicht als Missetäter entlarvt. Rauchgasentschwefelung und Katalysator wurden später erst erfunden und Schwammerlsuchen und Mountainbiking waren noch keine massenhafte Freizeitbeschäftigung.

Die letzten 30 Jahre haben nicht nur unseren Planeten, das Leben ganzer Völker, die Wissenschaft, die Mitwelt, unsere Natur und den Menschen, sondern auch die Jagd einem tiefgreifenden Wandel unterzogen. Die Jäger wissen und erklären heute, insbesondere den Erholungsuchenden und Nichtjägern, mehr als früher, treiben weniger Nabelschau und schließen leichter Kompromisse. Draußen in der weiten Welt – außer in Nordamerika, wo die Jagdbedingungen bereits etwas den unsrigen ähneln – verkörpert der zur Jagd legitimierte Grünrock und Jagdveranstalter noch immer den Typ des souveränen ›Herrenjägers‹. Das wird sich ändern!

Anfang der 70er Jahre, gut zehn Jahre nachdem die amerikanische Journalistin Rachel Carson 1962 mit ihrem aufsehenerregenden Buch ›Der stumme Frühling‹ zum ersten Mal die amerikanische Öffentlichkeit mit einer drohenden Umweltkatastrophe schockte, und offenkundig wurde, daß wir den ›Blauen Planeten‹ bereits ordentlich heruntergewirtschaftet haben, gerieten Jagd, Wild und Jäger zu allererst in Deutschland (!) ins Gerede. Bald darauf wurden von den zum Handeln genötigten Politikern

Hirsch, Gams und Reh als Haupttäter des Waldsterbens verteufelt. Ein dreijähriger Rehabschußplan auf der Grundlage forstlicher Vegetationsgutachten ist der jüngste, inzwischen amtlich verordnete und preisgünstige Versuch, auf Kosten des Wildes und der Jagd das Ruder herumzureißen. Damit weicht die Politik elegant dem Konflikt mit den Hauptverursachern Industrie und Auto, Hausbrand sowie jahrzehntelang verfehlter Forstwirtschaft aus.

Die Jäger stellen sich

Mitte der 60er Jahre wurde auch bei uns – das muß ehrlicherweise zugegeben werden – Umwelt noch klein und Wachstum groß geschrieben. Es gab allerdings auch keine Unterscheidung zwischen ›echten‹ und ›selbsternannten‹ Grünen, die heute überall in der Welt, selbst in der augenblicklich von Zerfall und sozialer Not gebeutelten GUS, aus Prinzip gegen die Jagd wettern. Die Jagd-, Forst- und Naturschutzverbände zogen auch bei uns noch weitgehend am gleichen Strang. Heute blockieren verbandspolitische Profilierungssucht und ideologische Verkrampfung viele solide Lösungsansätze zum Schutz all dessen ›was da kreucht und fleucht‹.
Offiziell gab es, vor allem auf dem flachen Lande, kaum giftigen Sondermüll oder kadmiumhaltigen Klärschlamm, die Abfallbeseitigung war bis Mitte der 70er Jahre allerdings noch weitgehend unorganisiert; Wald und Flur, Tümpel und Bäche verkamen nur zu oft zur Müllkippe. Hier wurden bei uns echte Fortschritte erzielt, während in der übrigen Welt oftmals noch verheerende Entsorgungsmängel herrschen. Das allgemeine Umweltbewußtsein hat sich in den Industriestaaten sowohl beim Einzelnen wie in der Gesellschaft inzwischen erfreulich gebessert. Neue Gesetze wurden geschaffen und teure Umwelttechniken entwickelt. Auf Kreisebene versuchen sogar Naturschutzwachten ihr Bestes. Die Jäger, von militanten Besserwissern gerne als elitäre Kapitalisten verunglimpft, stellten sich den neuen Herausforderungen in vorderster Front. Sie lernten schnell und mit sichtbarem Erfolg, obwohl das nicht immer leicht war. Inzwischen wurde das Raubzeug zum Raubwild – die Rabenvögel allerdings noch nicht zu Singvögeln! –, und Tellereisen, Schwanenhals – bald vielleicht alle Schlagfallen –, Krähenfang und die Fuchsvergasung gehören, Gott sei Dank, der Vergangenheit an. Selbst

Treibjagd. Die illustre Gesellschaft genießt den ›Auslauf‹, trotz der inzwischen viel bescheideneren Ernte.

streunende Hunde und Katzen haben heutzutage, oft des lieben Friedens willen, ganzjährig Schonzeit; häufig zum Schaden der freilebenden Tiere.
Die Jagd verändert sich schnell, und mit ihr die grüne Gilde. Sie zahlt inzwischen eine Jagdabgabe, kleidet sich einen Schuß modischer, auch praktischer. Der Jäger bekämpft Wild-Parasiten mit Thibenzole, schlägt sich seit Tschernobyl mit Becquerel im Wildbret herum und läßt zur Verbesserung der inneren Sicherheit sogar seine Waffen registrieren. Die deutsche Jägerschaft – das ist international einmalig – unterhält und pflegt seit Jahrzehnten, auf eigene Kosten 0,8% der jagdbaren Fläche als Deckungs- und Äsungsraum für die freilebende Kreatur. In meinem Landkreis mit 105 Revieren sind das 1993 immerhin 780 freiwillig angelegte Biotope. Sie finanziert optisch-akustische Wildscheuchen gegen den Mähtod und Abertausende von Wildreflektoren, um den steigenden Blutzoll auf der Straße einzudämmen. Ohne Murren birgt sie zu jeder Tages- und Nachtzeit zermatschtes, oft nicht mehr verwertbares Wild, bedankt sich artig für jede Unfallmeldung und stellt Versicherungsbestätigungen aus. Das alles kostet Zeit, Nerven und Geld. Und trotzdem bleiben die Jäger bei der Stange. Sie stellen sich den Veränderungen und begeistern sich nach wie vor an den kleinen Freuden der inzwischen von vielen Seiten bedrängten Jagd. Die dabei ständig gesammelten Erfahrungen, schlagen auch bei der Auslandsjagd positiv zu Buche. Das hohe Ansehen

deutscher Gastjäger im Ausland hat sicherlich hierin seine Begründung!

Aufregende, heimische Pirscherlebnisse, wie das nachfolgend geschilderte, werden zwangsläufig auch in fernen Revieren zum gediegenen Rüstzeug.

Der ›Moos-Büffel‹

Immer wieder, längst vor der Schußzeit, lag mir Hans in den Ohren: »Der Bock von der ›Rohrwies‹ hat heuer auf wie ein Ungarnbock!« Das Stehenlassen, das Zittern um sein Überleben im Vorjahr, wo er so abgekommen und krank war, daß wir ihn um ein Haar schon von allem Leid erlösen wollten, hatte sich also gelohnt. Heuer war Erntezeit – sofern wir Jäger uns mit dem ›Ungar‹ keinen Schnitzer leisteten. Wie immer, wenn sich wegen eines braven Rehbocks ein kleiner, sportlichem Ehrgeiz und jagdlicher Besessenheit entspringender, scheinbar unvermeidbarer Grenzkrieg anbahnt, geriet der betreffende Revierteil schnell zum Krisengebiet: Die ›Bewachung‹ wurde verstärkt, Leitern und Kanzeln aufgemöbelt, Patrouillen gefahren! Hektik und leises Mißtrauen zogen durchs Land!

So sehr ich mich auch zwang ›cool‹ zu bleiben, die plötzliche ›Aufrüstung‹ jenseits der Grenze verhieß nichts Gutes. Natürlich hatten die Nachbarn den ›Moosbüffel‹, wie wir den Kapital-Sechser, in Anlehnung an die früher so bezeichneten, kraftstrotzenden Moosbewohner bald nannten, ebenfalls längst entdeckt und sich in Strategiespielen die Köpfe heißgeredet. Sollen sie! Der Bock steht bombensicher bei uns. Sein Einstand ist einer der ruhigsten des ganzen Reviers, und an süßer Begleitung mangelt es auch bei uns nicht! Damit beruhigte ich mich solange, bis mir Hans bald darauf voll Aufregung berichtete, daß die prächtige Wiese neben dem riesigen Rapsfeld, dem Einstand des Klotzbocks, gemäht sei und sich der ›Wachel‹ jetzt plötzlich in einem Gerstenfeld, gute zweihundert Meter von der Grenze und einer ›gegnerischen‹ Leiter entfernt, herumtreibe.

Jetzt war Feuer am Dach! Bereits am nächsten Morgen glaste ich von einer seit Jahr und Tag dort stehenden Kanzel aus – gespannt wie ein Pennäler vorm ersten Rendezvous – die Grenzregion ab. Ein für die Jahreszeit noch arg frisches Lüfterl bewegte

Jetzt heißt es buckeln! Drüben am Bach liegen Dutzende von Enten auf! Hoffentlich halten sie uns aus!

das hellgrüne, heranreifende Getreide. Plötzlich, inmitten des sanften Gewoges, entdeckte ich im ersten Sonnenlicht einen schwarzen Fleck und wußte sofort, ohne das Glas zu benützen: Dort steht der ›Ungar‹! Gut zweihundert Schritt von der unheilvollen Grenze entfernt!

Ich weiß nicht, was meinen Puls mehr in Wallung brachte: Die gefährliche Grenznähe oder die begehrlich im Morgenlicht, handbreit über Luser aufragende, geperlte Sechser-Krone! Hatte der Bursche Rosen – massig, wie die Hirschhornknöpfe auf meinem Feiertagsjanker! Später bestätigte das Bandmaß, neben 24 Zentimeter Stangenlänge, volle 17 Zentimeter Umfang für jede der beiden Rosenscheiben. Die Perlung war so batzig, daß bis

155

zur Gabel hinauf kein Gegenlicht durchschien. So ein Bock war in den letzten 30 Jahren in der Gegend nicht hochgekommen! Ein echter Erntebock! In meinem Revier hochgebracht!

Als die ersten Lerchen mit schnellem Flügelschlag, hoch über dem Land, den Morgen begrüßten und sich der neue Tag mit dem Motorengebrumm der zur Arbeit fahrenden Pendlerautos füllte, verließ ich – zugegeben etwas beunruhigt – meinen Ausguck. Alles was sich sonst um mich abspielte, selbst die sich geschäftig aufplusternden, prächtigen Fasanhähnen entlang des ›Schwarzen Grabens‹, ließ mich in diesem Augenblick kalt. Die einzige Frage war: Wie kommt man in diesem deckungslosen Gelände an einen alten Gauner heran, der sich wohlweislich nur in der Mitte des riesigen Getreideschlags verlustiert und ständig voll Argwohn seine Umgebung mustert? Was mußte jetzt vermieden werden, um den Racker nicht zu verschnupfen oder ihn gar aus seinem Revier zu vergrämen? Selbst auf dem Heimweg hatte ich noch kein schlüssiges Rezept.

Mit verinnerlichtem Zorn

Dann kam der Abend. Am Horizont hing ein schwüles Juni-Gewitter, in knapp zwei Stunden konnte es aus Kübeln gießen. Gedankenverloren hockte ich auf meinem Hochsitz – froh, daß die Nachbarleiter nicht besetzt war – und stierte auf den gut 300 Meter entfernten, bretteben vor mir ausgebreiteten Getreideschlag. Abgelenkt und mißgelaunt durch die seit Mai die ganze Gegend belästigenden Flugzeuge des neuen Groß-Flughafens verbrachte ich schicksalsergeben die Zeit.

Plötzlich riß mich ein auffällig dunkler Fleck inmitten der Gerste aus den Tagträumen: Ein Schmalreh, Körper und Haupt bis zum Lauscheransatz im Getreide verborgen, trat auf den Plan. Jetzt müßte eigentlich der große Poker beginnen! Auf meine fast resignierende Frage, wie ich bei diesem offenen Gelände an den Bock herankommen sollte – das Ansprechen konnte man sich gottlob schenken! – wußte ich noch immer keine Antwort. Zu allem Unglück tauchte zwischen meiner Kanzel und dem Einstand der Rehe, auf der anderen Seite des Getreideschlags, auch noch ein knallroter Pkw auf. Ihm entstieg eine Bäuerin, die aus zwei Kanistern seelenruhig ihren Gemüsegarten am Rande des Ackers goß. Hatte die Frau Zeit! Was störte es da, daß jetzt auch noch die junge Reiterin vom nahegelegenen Pferdehof gemütlich durch die Gegend trabte? Wenigstens hatte mein Appell der vergangenen Woche gefruchtet, wo ich sie wegen der ständigen Beunruhigung der letzten Feldraine des Reviers bat, nicht mit zwei freilaufenden Hunden auszureiten: Die Vierbeiner waren zumindest diesmal nicht mit von der Partie! Ein kleiner Erfolg, der zeigte, daß mit Aufklärung mehr zu erreichen

Das nennt sich zu Recht ›Bunte Strecke‹.

Der ›Moosbüffel‹, von meiner ›Vesta‹ bewacht. Sieben Jahre alt, der beste Bock des Reviers der Nachkriegszeit.

156

war als mit Ellbogenargumenten – auch wenn einem Jäger so ein erzwungener ›Bittgang‹ bekanntlich nicht immer ganz leicht fällt!

Inzwischen zählte ich im weiteren Umkreis neun Rehe, darunter einen braven dreijährigen Sechser, zwei Geißen mit Kitzen und einen Jährlings-Bastspießer, dem ich wegen seines starken Wildbrets eine Chance fürs nächste Jahr gab. Vermutlich trug er, was seine Statur schon andeutete, die Zukunft des ›Moos-Büffels‹ im Blut!

Die Zeit tröpfelte dahin. Allmählich näherte sich das Gewitter und schob eine eigenartig bleierne Stille vor sich her. Ruhe vor dem Sturm, dachte ich, da tut sich heute sowieso nichts mehr. Noch zehn Minuten, dann baume ich ab!

Welch ein Glück, daß ich mir diese zehn Minuten noch verordnet hatte! Denn kurz darauf stand der ›Prügel‹-Bock im Getreide. Nahezu auf der gleichen Stelle, wo ich ihn am Morgen studiert hatte. Er vertrat sich gelangweilt die Läufe, sicherte ständig und voll von Mißtrauen nach allen Seiten und zupfte wählerisch an ein paar Halmen und Gräsern herum. Ein Prachtkerl!

Mit dem Mut der Verzweiflung und ohne selbst an eine echte Chance zu glauben, entledigte ich mich meiner Jacke und verließ höchst behutsam die Leiter. Jetzt oder nie, schwor ich mich voll Skepsis und verinnerlichtem Zorn auf den Schwerenöter ein und beschloß, in der knappen halben Stunde bis zum Dunkelwerden, alles auf eine Karte zu setzen. Querfeldein durch den Klee, auf allen Vieren – das Gewehr wie ein Rekrut auf den Rücken gebuckelt – robbe ich Richtung Getreidefeld. Trotz des beinhart trockenen Ackerbodens, komme ich schneller voran als zunächst gedacht. Da ich bei wiederholtem, vorsichtigen Spähmanöver nichts von einem Reh im Getreide entdecke, bin ich sicher, daß mich der Bock ebenfalls noch nicht spitzgekriegt hat. Der Wind paßt! Allerdings, sage ich mir bei jeder Verschnaufpause, mein waghalsiger Plan geht in die Hose, wenn jetzt irgendein Reh auf den Klee austritt. Im übrigen ist mir längst klar, daß hier nur mit einem totalen Überrumpelungscoup etwas zu holen ist! Wenigstens brauche ich nicht mehr anzusprechen, beruhige ich mich und stelle – am Getreide angekommen – besorgt fest, daß es wesentlich höher im Halm steht als angenommen. Den Drilling in der Armbeuge, schiebe ich mich in der etwas tieferen Furche zwischen Kleefeld und Getreideschlag auf allen Vieren dem Bereich zu, wo ich den Bock zuletzt sah. Alle sechs bis acht Meter passiere ich die am Rande der Saat gut erkennbare Spur eines Traktors, der erst kürzlich das Getreide gegen Unkraut und Schädlinge gespritzt hatte. Dabei fällt mir mein alter Herr ein: »Einen Bock im hohen Getreide bekommst du nur, wenn du an einer Windwurffläche oder vor einer Fuhrwerkfurche hockst, da kommt er irgendwann durch!«

Verdammt, wie schießen?

Ein Blick zurück zur Kanzel bestätigt, daß ich jetzt auf Höhe des Rehbocks sein müßte. In Millimeterarbeit schiebe ich mich bis zur nächsten Reifenspur vor und wage im Sitzen, das Gewehr im Anschlag, erneut einen Blick auf die wogende Arena. Mensch! Fünfzig Meter halbrechts vor mir, in der nächsten Bulldog-Furche, ragt die schwarzknuffige Trophäe des Sechsers aus der Gerste. Zum Greifen nahe! Beeile dich, es ist gleich Nacht!, feuere ich mich an, krieche zur nächsten, halblichten Traktorspur und – ›Old dad‹ behielt recht – habe den ›Ungarn‹ direkt vor mir. Keine fünfzig Meter entfernt! Verdammt! Wie hier zu Schuß kommen? Aufs Hinterhaupt schießen scheidet aus, und der übrige Körper ist völlig durch dichtes Getreide verdeckt. Alles für die Katz'! ›Hier kann ich höchstens Mist bauen‹, sage ich mir entmutigt. Dann denke ich jedoch an diese einmalige Chance und an die herrliche Sechserkrone. Das steigert die Courage! Ich gehe in die Hocke und drehe wegen des schon schwindenden Büchsenlichts das Zielfernrohr voll auf. Und Hubertus ist gnädig! Ein kleiner Vorschuß auf die für den Spätherbst versprochene, neue Landkreis-Hubertuskapelle?

Als ich, schon fast aufrechtstehend, den Stachel auf dem Stich, eine handbreit unterhalb des Äsers zur Ruhe bringe und freihändig, mit fliegendem Puls Maß nehme, durchfährt es mich: Verdammt! Der in der Furche stehende Bock äugt ja von mir weg, sichert in die entgegengesetzte Richtung! Haarscharf in der Mitte des zwischen den dichten Ähren nur zu vermutenden Trägers bringe ich das Absehen für eine halbe Sekunde zur Ruhe. Gleichzeitig hole ich Luft, und der kalte Blitz aus meiner braven 6,5 x 57 R macht den ›Ungarn‹ zur besten Rehbocktrophäe meines Lebens! Bleibt nachzutragen, daß mich selten eine, auch noch so edle und ›wertvolle‹ Trophäe aus fernen Revieren derart gepackt und begeistert hat wie die des ›Ungarn‹.

kann ermessen, daß in diesem Fall alles Gerede um Trophäenkult zur kleinkarierten Neidhammelei verblaßt. Selbst der Jagdvorsteher und der Wirt – von meinen Jagdfreunden nicht zu reden – freuten sich! »Bescheiden sind nur die Lumpe«, erkannte schon der große Menschenkenner Goethe.

Kein Rückzug

Das anschließende kleine ›Tottrinken‹ war sicherlich im Sinne des großzügigen Hubertus, dessen früher übliche, jährliche Feier in Jagdvereinen, bei Kerzenlicht und schwerem Pathos – vermutlich ganz im Sinne des Jägerheiligen! – inzwischen übrigens weitgehend unterblieben. Viel erfreulicher ist, daß heutzutag, im Gegensatz zu den 70er Jahren, der brauchbare Hund und das Jagdhornblasen wesentlich höher im Kurs stehen. Echte Traditionspflege und behutsame Heranführung des Jägernachwuchses an sie, finden – leider! – noch immer erst eher zufällig statt. Der ›revierlose Jäger‹ ist längst als Erfindung verbandspolitischer Konkurrenz entlarvt, die damit Mißgunst säen und Aufmerksamkeit erwecken wollte. Wer als Jäger ›Freud und Leid‹ teilt, findet überall ein großzügiges Mitgehrecht in einem heimischen Revier. Für ihn ist allerdings auch wichtig, daß er die jagdliche Gegenwart aus ihrer Vergangenheit heraus versteht und diese Erkenntnisse unter Gleichgesinnten durch praktische Mithilfe im Revier in die Tat umsetzt.

Schließlich hat sich nahezu alles verändert: selbst die Jagdgenossenschaft, der Hegering und die Jägerprüfung. Geblieben ist, daß die meisten Jäger gegenüber Öffentlichkeit und Politik meist genauso uninteressiert sind wie früher, die Jagdverbände deshalb so gut oder schlecht wie eh und je. Und das, obwohl die Gegner der Jagd wesentlich besser organisiert und unverkennbar dreister sind. Sie werden – wohl gerade deshalb! – von den Medien besser verstanden und sogar gehätschelt, während die Leistung der Jäger für Natur und Umwelt eher ignoriert und die Jagd an den Pranger gestellt wird. Tauchte der Jäger vor 30 Jahren im Revier auf, war er von jedermann geschätzt. Selbst mit der Flinte auf dem Rücken konnte man ungeniert in den 60er Jahren durch die Kreisstadt ins Revier radeln ohne angepöbelt zu werden. Wer würde das heute noch wagen? Deshalb: Bitte mehr Selbstbewußtsein! Unsere Leistung für die Mitwelt kann sich sehen lassen!

Erfolg harter Hege. Der freiwillige Einsatz zur Schaffung zusätzlicher Deckung und Äsung hat sich gelohnt, die kleine Freude ist redlich verdient.

Noch dazu nach so einer Pirsch! Natürlich freute mich auch der glückliche Schuß, den ich übrigens postwendend allen meinen Mitjägern verbot. Risikoreicher kann man wohl kein Wild strecken! Aber, und damit entschuldigte ich dieses kleine ›Pächterprivileg‹: ›The boss may not always be right, but he is always the boss! Der Boß mag nicht immer im Recht sein, aber er ist immer der Boß!‹. Angesichts des einzigartigen Erlebnisses war mir derartiger Nachtarock auch ziemlich egal. Schließlich steht einem nach dreißig Jahren auch mal eine solche, noch dazu selbst herangehegte, Beute zu! Gerade dann, wenn sie – was uns später alle fast vom Hocker kippte – abgekocht und luftgetrocknet, sage und schreibe um die 400 Gramm auf die Waage bringt! Wer von unserer heimischen Jagd mit ihren viel zu kleinen Revieren etwas versteht und nicht heuchelt,

Bei dieser Stimmung geht die Phantasie des Jägers schnell auf Reisen!

Trotz allem!

Natürlich machen wir weiter. Wir hängen, trotz ständig neuer Vorschriften und permanenter Störung, mit ›Leib und Seele‹ am Waidwerk und kämpfen, selbst mit unseren begrenzten Mitteln, vor allem gegen die unaufhaltsame Lebensraumvernichtung. Nebenbei freuen wir uns aufs nächste Frühjahr und die erste Fegestelle, auf die Rückkehr des Kibitz und – seit Neuestem – auf einige spannende Reh-Riegler im Winter. Wir haben Spaß an der Doublette auf Enten, springen den gurrenden Tauber an und passen bei Mondlicht auf den Fuchs. Geselligkeit ist nach wie vor gefragt, auch wenn es nicht mehr ganz so laut und lustig zugeht wie ehedem.

Jägersein bedeutet zu Hause – ebenso wie draußen in der Welt – vor allem auch etwas für die heimische Tier- und Pflanzenwelt tun zu können! Das Privileg, mit Freunden ein Revier zu durchstreifen und gelegentlich den Finger krumm zu machen, bereitet uns – trotz allem – weit mehr Vergnügen als aller Ärger und weit weniger Enttäuschung als Freude. Ganz im Sinne des aufrichtigen Ludwig Thoma: »Ich hab' sonst nix, drum hab' ich's gern, ein schönes Jagderl, meine Herrn!«

Dabei ist es völlig egal, ob diese Freud im heimatlichen Revier oder jenseits der Grenzen stattfindet!

Na Kamchatku!

Die Antwort gibt der Braune selbst. Durch das ständige Geknackse ärgerlich geworden, schnellt er urplötzlich in die Höhe. Mit vorgestrecktem Haupt richtet er sich auf. Bedrohlich! Riesig! Keine dreißig Meter mehr entfernt. Und Juri nickt.

Die Kamera in der linken, die noch entsicherte Büchse in der rechten Hand, atme ich erst mal tief durch. Der Dreihundert-Kilo-Bär war völlig ahnungslos bis knapp Steinwurfweite auf uns zugeschlendert. Mir schlägt das Herz noch bis zum Hals: Wäre der Bursche plötzlich neugierig oder zufällig schlechtgelaunt und rauflustig gewesen, hätte ich mehr als nur eine gute Nahaufnahme schießen können! »Respekt«, grinste der hartgesottene Juri, während ich erneut meinen Hut vor jenen Tierfotografen zog, die oft scheinbar ganz harmlose Bilder wehrhaften Wildes frei Lehnstuhl liefern. Schade, daß dieser herrliche, zobelfarben in der Morgensonne schimmernde Pelzträger, bei näherem Hinsehen, nur knapp die Statur des von mir bereits gestern gestreckten Bären erreichte.

Erster seit der Zarenzeit

Kamtschatka, das Bärenland der Erde, wurde jedenfalls seinem Ruf gerecht. Das war die dritte Chance innerhalb von 48 Stunden gewesen! »Bei zehn Fuß, ich nix mehr nur fotografieren!«, unkte ich auf dem Heimweg. Dabei stapften wir entlang der mit Zwergerlen und Heidekraut, teils noch von meterhohem Schnee bedeckten Küste. Breitbeinig, buchstäblich wie alte Bären, hielten wir uns an die jahrhundertealte, entlang des Küstensaums verlaufende, von tiefen Tatzeneingriffen der Bärensippe markierte Uferpromenade. Die eiskalte, süßlich nach Jod und Seetang duftende Brise der Beringsee, auf der bei Ebbe unzählige Geschwader Enten und Gänse in der Brandung schaukelten und sich ein Frühstück angelten, erinnerte, daß trotz des herrlichen Sonnentags, bis plus 25 Grad, nachts schnell wieder die Null-Grad-Grenze erreicht sein wird. Ich dachte noch lange an den verdammt nahe herangekommenen Braunen und mußte schmunzeln, als mir das 150 Jahre alte Rezept des Jägers und Dichters Kobell einfiel: »Alle, welche die Bärenjagd kennen, stimmen darin überein, daß man womöglich dem Bären nicht entgegenschießen, sondern ihn vorbeilassen und nachschießen soll, denn während er im ersten Fall den Schützen meistens annimmt, tut er das nicht beim Nachschießen. Wenn er sich beim Annehmen erhebt und die breite Brust darbietet, ist er durch einen Schuß wohl niederzustrecken, wenn er aber auf allen Vieren ankommt, dann ist die Lage des Schützen gefährlich«.

Kamtschatka, das war ein vergessenes Land, mit dem man unwillkürlich das Gefühl von Kälte, Weltferne und Abenteuer verbindet. Dorthin ins Unbekannte, ging die Reise.

Neben einer anderen Gruppe Jäger, die gleichzeitig an der Küste des Ochotskischen Meeres jagte, war mir im Mai 1990 als erstem ausländischen Jagdgast seit der Zarenzeit offiziell erlaubt worden, an der Küste Kamtschatkas zur Beringsee zu jagen. Es war trotzdem kein Zufall, daß ich mich auf diesem unbekannten Landstrich der Erde irgendwie sofort heimisch fühlte.

Nachdem aktuelle Reiseinformation über die geographisch und politisch an den Rand unseres Planeten gedrängte Halbinsel, dem Vorposten des russischen Weltreichs auf der Pazifikseite, gegenüber Alaska gelegen und begrenzt vom Ochotskischen Meer im Westen sowie der Beringsee im Osten, fehlen, stieß ich bei meinen Reisevorbereitungen auf die schon leicht angestaubte Reisebeschreibung des Paul Niedieck. 1907 unter dem Titel ›Kreuzfahrten im Beringmeer‹ erschienen, berichtet der besessene Jäger und Schriftsteller über viele aufregende Kamtschatkaerlebnisse. Seine für die damalige Zeit aufsehenerregende Schilderung des Landes, dessen Menschen und der Wildbahn, alles eingebunden in seine Jagdabenteuer, wurden für mich zur topaktuellen Einstimmung. Niediecks kritisches Vorwort: »Das Beringmeer und die angrenzenden Länder sind besonders stiefmütterlich von den Forschern behandelt worden...«, gilt noch heute. Wie bei meiner 1987er Erstexpedition auf Marco Polo-Schaf im Pamir erhöhte das Unbekannte und Unerforschte natürlich auch diesmal den Reiz und die Herausforderung dieser Frühjahrsexpedition.

›Alaska‹ der Jahrhundertwende

Kamtschatka, das sich im Süden, über die Inselkette der Kurilen, allmählich Richtung Japan im Meer verliert, mit 472000 qkm um die Hälfte größer als Italien und mit knapp einem Einwohner/qkm – wobei über 80 % der 450000 Bewohner Kamtschatkas in Städten und Großsiedlungen leben –, ähnelt in seiner subpolaren Vegetation, mit seinen Gebirgsketten, den unzähligen Seen und Sümpfen, seinen Naturparks und den noch tätigen Vulkanen sowie der weit ausgedehnten Tundrenlandschaft, stark an Alaska, das vor 50000 Jahren noch über die Beringstraße mit Asien verbunden war. Das Kamtschatka von heute ist allerdings immer noch erst mit dem Alaska der Jahrhundertwende vergleichbar.

Die riesige Halbinsel im ›fernsten‹ Osten Rußlands, nahe an der Welt-Datumsgrenze gelegen und 11 Zeitzonen von Deutschland entfernt, öffnete sich also für Auslandsjäger. Ebenso die 250000 Einwohner zählende Hauptstadt Petropawlowsk-Kamtschatskij, der einzigartige Kronotski-Nationalpark und das unvergleichliche Tal der Geysire. Kamtschatka ist für Touristen, insbesondere auch für Jäger, nach wie vor ein legendärer ›weißer‹ Flecken auf dem Globus. Kein Wunder, daß in letzter Zeit phantastische Nachrichten über seine Jagdgründe die Welt erstaunten. Die Sensationsmeldungen über Riesenbraunbären, die bis zu zwei Tonnen Gewicht und eine Widerristhöhe bis zu zwei Metern aufweisen sollen, sind mit Sicherheit, wie mir erfahrene Jäger und Fachleute bestätigten, starker Tobak. Bereits Niedieck, der 1906 monatelang die 1200 km lange Ostküste auf Bär und Wildschaf bejagte und insgesamt 15, teils kapitalste Braunbären streckte, berichtet, daß sein stärkster Bär höchstens 350 Kilo wog und knapp 2,3 Meter maß. Natürlich spekulieren auch wir auf Überraschungen!

Wem geht nicht die Phantasie durch, wenn er in ein besonders hochgejubeltes, »bisher völlig unbejagtes« Neuland fährt? Dabei übersieht man oft, daß auch dort Jäger den Unterschied zwischen großer und kleiner Trophäe längst selbst kennen!

Nicht alleine Bären

Persönlich war ich frei von dieser Windmacherei. Alexandr, der 72000 qkm Jagdwirtschaft im Nordosten Kamtschatkas mit 800 km Küste zur Beringsee verwaltet, brachte alle Daten und Fakten ins Lot. Er begrüßte uns persönlich auf dem Festland in Magadan, das wir nach gut 7 Stunden Non-Stop-Flug von Moskau aus erreicht hatten und bald darauf in einem schnittigen Yak-40 Clipper, Richtung Osten, quer über das Ochotskische Meer und über ganz Kamtschatka hinweg, wieder verließen.

»Na Kamchatku! Auf nach Kamtschatka!«, lachte Alexandr voll Tatendrang und Begeisterung über seinen ersten ausländischen Jagdgast, als der Turbojet abhob. Ziel und Ausgangspunkt der Jagdexpedition war die 2000 Einwohner zählende Siedlung Korf, die am frühen Abend erreicht wurde. Damit blieb keine Zeit, Magadan oder die aus Alexander Solschenizyns ›Archipel Gulag‹ berühmt-berüchtigte Industrie- und Bergbauregion zu besuchen. Mit Magadan verbinden sich schlimme Erinnerungen an die bereits 1932 von der Organisation ›Dal'stroj‹ durchgesetzte Zwangsarbeitswirtschaft, die ungeheure Massen an Arbeitskräften heranschaffte und sie unter unvorstellbaren Leiden zum Aufbau des Landes ausbeutete und vernichtete: »Von Magadan aus wurden Knüppeldämme, später Straßen, ins Hinterland gelegt; ihnen entlang ergossen sich Ströme von Arbeitskräften. Sie versickerten in den mit mittelalterlichem Werkzeug betriebenen kleinen Bergbauzentren«, steht in einem Reiseführer.

Alexandr, Chef der Aljutorski-Jagdwirtschaft erklärt, daß Kamtschatka in zwölf staatliche Jagdwirtschaften aufgeteilt ist, die insgesamt 37 Berufsjäger beschäftigen, welche von über 80 örtlichen Jagdclubs unterstützt werden.

Vorrangig interessiert war ich natürlich an den Zahlen über die Wildbestände Kamtschatkas. Insbesondere an Einzelheiten zum Vorkommen der schätzungsweise 6-8000 Braunbären, von denen vielleicht ein Zehntel – wie bei jedem Wild auf der Erde! – als reif und kapital gelten und an ihre gewaltigen Vettern in Alaska herankommen.

Beim halbstündigen Helicopterflug entlang der Küste ins Camp zählte ich 36, teilweise hell- bis dunkelbraune, ›silvertip‹-farbene oder verführerisch braunschwarz in der Sonne aufleuchtende Bären. Einige ganz kapital. Außerdem beobachtete ich in den steilen Felsküsten gut 80 Wildschafe.

Wenn irgendwo Erfolg auf reife Braunbären prophezeit werden kann, dann augenblicklich auf Kamtschatka. Außer dem Vorkommen an Walroß, Seehund, Walfisch, Vielfraß, Polarwolf, Luchs und insbesondere Wildren, interessieren natürlich die 1500 bis 2000 Wildschafe (Sibirisches Bighornschaf, *Ovis nivicola*), sowie die Bestände des ostsibirischen Elchs, die auf über 10000 geschätzt werden. Der in Plovdiv bei der Weltausstellung 1981 gezeigte, weltbeste Kapitalschaufler stammt übrigens aus den weiten Tundren und Flußlandschaften Nordkamtschatkas.

Nach offiziellen Angaben werden jährlich 5 bis 8 % Bären und Elche zur Populationsreduktion und zur Fleischversorgung entnommen. Das Wildschaf ist streng lizenziert, sein Wildbret allerdings auch privat hoch geschätzt! Wie überall, wo gewildert wird, erwischt es meist das weibliche und junge Wild - die Zukunft jeder Art!

Vom Trapper zum Turbojet

Die üppigen Zeiten Niediecks sind jedenfalls dahin. »Wer daran gewöhnt ist ... von den Rocky Mountains ... und Alaska her, das wilde Bergschaf als ein äußerst seltenes Tier zu betrachten, der lebt hier wie in einem Paradies«, schwärmte er schon damals, »denn man sieht hierzulande, an der Küste entlang fahrend, beständig Schafe in Herden bis zu mehreren hundert Stück«. Die Pelztierjagd, vor allem auf Zobel, stellt nach wie vor das Juwel und das finanzielle Rückgrat der Jäger und Trapper dar. Daß sie heutzutage mit der vom Staat gewährten Balgprämie völlig unzufrieden sind und mehr wollen, hat Tradition. »Meine Absicht, in Petropawlowsk Felle zu kaufen, besonders Zobel, sah ich durch die enormen Preise vereitelt; die Händler verlangten dieselben Preise wie die Pelzhändler daheim«, klagte schon Niedieck. Meine ersten Beobachtungen während des Fluges bestätigten den deutschen Forschungsreisenden G.W. Steller – nach ihm ist übrigens die längst ausgestorbene ›Steller'sche Seekuh‹ benannt –, der schon um 1774 in seiner ›Beschreibung von dem Lande Kamtschatka‹ betonte, daß die Halbinsel zwar bewohnbar sei, »aber seine Gebirge, Thäler, Seen, Flüsse, Moräste ... vielleicht den meisten Teil von Kamtschatka ausmachen, und folglich wenig Plätze für Äcker und Wiesen übrig bleiben«.

Genau diese Naturgegebenheiten erweisen sich heute als Segen für Wild und Jagd!, denke ich, als unser kleiner Jet in Korf – das den Namen des deutschen Baron Korf trägt, der im Dienste des Zaren stand – vor dem blaugetünchten, bretterverschlagenen Flughafengebäude ausrollt. Vorbei an haushohen Räumschneebergen und durch knöcheltiefe Pfützen in den Nebenstraßen, erreichen wir auf der einförmigen Hauptstraße, wo fünf Monate lang, von Oktober bis März, alles unter einer Zwei-Meter-Schneedecke

Ohne die ›Überrumpelung‹ des Jagdführers, hätte ich in der ersten Stunde von acht Jagdtagen auf diesen Rekordbären vermutlich nicht krumm gemacht.

Zwölf riesige, zum Teil eisbedeckte Vulkane beherrschen die Mitte des Landes. Im Tal der Geysire schießen Wasser- und Schlammfontänen himmelwärts, höher als in Island.

versinkt, das kleine Haus des ›Gospodin‹ Direktor. Während es draußen gegen elf Uhr nachts noch taghell ist, bereiten wir uns bereits auf den morgigen Abmarsch vor. Es soll, sofern das Treibeis an der Pazifikküste uns keinen Streich spielt, mit dem Motorboot 7 bis 10 Stunden lang, über den Golf von Korf hinweg ins Jagdgebiet Aljutorski an der Beringsee gehen. Das Boot hat nur einen Außenbordmotor, aber ein zweites Boot wird uns folgen! Nun, ›Am Mute hängt der Erfolg‹, wappne ich mich und übertrage den Zuspruch eines Fernreisenden des vorigen Jahrhunderts, »Wer in die Wildnis reist, braucht Begleiter, die das Paradies nicht ängstigt«, auf mein Vorhaben und dieses rauhe Land.

Als uns gegen Mittag der Hubschrauber absetzt und sich gleich darauf mit lautem Geknatter wieder vom weichen Tundraboden löst, um hinter den teilweise mit tiefem Schnee bedeckten, an den Südhängen und auf den Hochalmen schon aperen, ansonsten völlig kahlen Gebirgszügen des Onjotorske Chrebet zu entschwinden, ist der letzte Faden zur Zivilisation gerissen; ausgenommen eine Radiofunkverbindung über drei Ecken! Da wegen der auf weite Strecken durch Treibeis blockierten Küste das Jagdgebiet nur mit dem Hubschrauber zu erreichen war, bleiben wir auf Gedeih und Verderb an die von Bergen umringte, etwa zehn Quadratkilometer große Bucht Balina und deren Sumpf- und Hügeltundra gefesselt. Kein Boot! Ein echtes Handicap. Hoffentlich finden auch einige Bärenfamilien Geschmack an dieser einsamen, ungemein reizvollen Bucht!

Streng geschützte Walroß-Kolonie an der Beringsee / Nordkamtschatka.

Medvedji! Choroscho!

Während Alexandr mit seinen beiden Jägern, Juri und Genadin – er, ein 50jähriger Naturbursche, der hier zur Welt kam, als außer seinen russischen Eltern nur die eingeborenen Kariaken und Tschuktschen, die Eveny und Lamuty das Land durchstreiften – gerade Berge an Gepäck und Ausrüstung sortierten, sprang Juri, ein echter Eisenfresser, plötzlich hoch: »Medvedji! Choroscho! Großer Bär!«. Trotz seiner wilden Gestik konnte ich im Buschwerk des ansteigenden Berghangs nichts entdecken. Auch der Dolmetscher wurde nicht fündig. Wäre Juri nicht fuchsteufelswild geworden, hätte ich keinen Finger gerührt und damit die beste Chance dieser Kamtschatkajagd verbummelt!

Wer möchte schon in der ersten halben Stunde, Waffe und Munition noch fest verpackt, – noch mehr Tourist als Jäger! – sofort loslegen und, wie es der Teufel will, anschließend tagelang Däumchen drehen? Einerseits! Andererseits habe ich aus bitteren Erfahrungen meine Lehren gezogen: Glück und Zufall sind wetterwendisch! Pack' die beste Gelegenheit beim Schopf, selbst wenn es die erste ist!, sage ich mir inzwischen.

Juri läßt nicht locker. Zehn Minuten später brechen wir auf. Nachdem niemand sonst im Gewirr des Kiefern- und Erlenfilzes einen dösenden Bären ausmachen konnte, schon gar nicht einen »Choroscho!«, folge ich dem Russen mit Skepsis. Der Bursche will sich nur vom Zeltbau drücken, grimmle ich vor mich hin. Außerdem: Beim Geknalle der Hubschrauberrotore wäre selbst ein tauber Bär auf und davongerannt!

Bald fesselt die traumhafte Landschaft des Hohen Nordens alle Sinne, und der kurze Anflug von Mißmut und Galle ist dahin. Langsam, bei bestem Wind, pirschen wir im ausgetretenen Bärensteig die Küste entlang.

Draußen auf dem Meer treiben, wie ein riesiger Geleitzug schneeweißer Schiffe, bizarre, in der zaghaften Frühlingssonne hell gleißende Eisberge Richtung Süden. Einige tonnenschwere Ausreißer strandeten zwischen den glattgehobelten Basaltfelsen unserer Lagune und geben mit klobigen, von den fernen Küsten Amerikas angeschwemmten Baumriesen Zeugnis von Kraft und Zusammenwirken einer gewaltigen, ungebändigten Natur. Die schlimme Tatsache, daß die Heringsströme inzwischen völlig übernutzt sind, 13 Fischbetriebe deshalb schließen mußten, beweist aber auch, wie schnell sich selbst die unerschöpflichste Natur rächt. Immer wieder begegnen wir frischen, teils schon leicht angetauten Bärenspuren, welche die Anziehungskraft der Küste für die behäbigen Paßgänger augenfällig machen. Tellergroße Losung der Bären verrät, daß die Vegetarier augenblicklich tatsächlich oft nur meterlangen, knorpeligen Seetang und alle auffindbaren Krustentiere sowie Fallwild und angestrandete Fische futtern. 5 bis 8 Zentner Lebendgewicht wollen ernährt sein! Kein Wunder, daß die Braunbären jetzt den ganzen Tag ziellos die Gegend durchstöbern. Das hinterläßt eine Menge verräterischer Spuren!

»Choroscho!«, lacht mir Juri immer wieder zu und klopft bei jeder Rast respektvoll auf meine 9.3x 74R. Sie ist die richtige Medizin für einen dickschädeligen Kamtschatka-Bären, frohlocke ich insgeheim. Jetzt trennen uns höchstens noch einhundert Meter vom unvermeidlichen Zusammenprall!

Lieber Übergepäck

Vor lauter Bärenfieber bedurfte es einer kleinen schwarzen Hummel, um die zierlich gelbknospenden Rhododendren und die flachkriechenden Weiden, mit ihren erst vor Stunden aufgeplatzten Kätzchen zu entdecken. Frühling – ich spüre ihn auch in meinen Bergstiefeln! Sie hielten dem patschnassen Tauschnee kaum stand. Juri trägt seine auf Kniehöhe umgestülpten Hüftstiefel. Meine liegen, wenig hilfreich, im Camp! Sie sind bei dieser Küsten- und Tundrajagd, zu Fuß oder per Boot, ebenso wichtig wie Mücken- und Sonnenschutz, Schlafsack, Taschenlampe und eine Bekleidung, wie man sie bei der Frühjahrsjagd in den Bergen braucht. Ich war heilfroh, Koffer und Armee-Seesack mit zwei großen, querliegenden, immer gut zugänglichen Packtaschen vertauscht zu haben. Dort fand ich schnell was ich suchte und konnte außerdem notwendige Zusatzverpflegung, Wurst und Käse, Müsli und Trockenmilch, Neskaffee, Schokolade, Geschenke sowie persönliche Utensilien, Munition und Reiseapotheke, den Walkman mit Lieblingskassetten, Geld und Dokumente, und – seit einigen Pleiten! – zwei Fotoapparate, einfach und sicher verschließen.

Nebenbei gesagt: Die Verpflegung war russisch deftig, das Überangebot an Kartoffeln kam meiner Taille zugute. Obwohl Obst und Gemüse fehlten, brachten wir uns mit ausreichend Marmelade, mit Büchsenfleisch und Fischkonserven, sowie Kisten reinsten Mineralwassers – das Niedieck sich seinerzeit schon aus Japan besorgte! –, mit frischer Butter und gelegentlich ein paar selbst geschossenen Enten für die Suppe, bestens über die Runden.

Den Wert der von meiner Frau ins Gepäck geschmuggelten Gummiwärmflasche erkannte ich erst Tage später: Bei einer mehrstündigen Küstenpirsch über die während der Ebbe freigekommenen, glitschigen Felsen nahm ich in der plus 4 Grad

Unser Camp, Anfang der 90er Jahre. Als erster europäischer Jagdgast an der Pazifikküste Kamtschatkas in moderner Zeit.

Morgengymnastik meiner Begleiter Juri, Alexandr und Genadin. So hält sich ein echter Kamtschatkdale fit.

frischen Beringsee ein unfreiwilliges, bis über den Bauch reichendes Bad. Während ich die Kamera noch blitzschnell über Wasser halten konnte, erwischte ich den Gewehrriemen erst, als sich die Büchse schon zwischen Brandungsgischt und Tangfetzen verabschieden wollte. Trotz sofortiger Reinigung und Ölung im Camp war sie übrigens am nächsten Tag erneut von dickem Rost überzogen! Eine Minute nach meinem unfreiwilligen Bad im Eismeer war ich wieder an Land, eine halbe Stunde später erreichten wir im Dauerlauf das Camp. Dort genoß ich die Segnungen meiner heißen Gummiwärmflasche! Genadin, der sich täglich ›nach Kariaken-Art‹, nackt im Schnee wälzte, wußte aus Erfahrung, daß ein Mensch bei dieser Wassertemperatur höchstens vier Minuten überleben kann. Er erzählte, daß vor einigen Jahren, etwa zur selben Jahreszeit, beim Kentern einer kleinen Fähre in der Nähe von Korf, dreiundsiebzig Menschen – keine dreihundert Meter vom Ufer entfernt! – durch den Kälteschock im Meer umkamen.

Keine dreißig Meter

Während wir uns dem »Choroscho«-Bären, den ich immer noch nicht klar ansprechen kann, vorsichtig auf Kugelschußentfernung nähern, fällt mir erneut Niedieck ein: »Der nächste Tag war mit einer Strecke von drei guten Bären ein angenehmer Jagdtag«.

Um so einen Tag will ich mich – sollte es sich bei dem Siebenschläfer um einen reifen Recken handeln – natürlich auch nicht bringen lassen!, dachte ich. Und schon wird es ernst! Mit größter Anstrengung kämpfen wir uns durchs kniehohe, wirre Latschendickicht, wobei ständig dürres Zeug laut knacksend zu Bruch geht. Da unser Gegenüber, wie alle Bären, im Gegensatz zu seinem schwachen Sehvermögen, ausgezeichnet wittert und hört und uns sicherlich längst weghat, erwarte ich jede Sekunde seinen Ausfall. Neben der bangen Frage nach Größe und Alter des Sohlenträgers, spiele ich seine jetzt möglichen Reaktionen durch: Wird er sich verdrücken? Kommt er aus Neugier oder wütend über die Störung voll auf uns zu? Richtet er sich sofort in ganzer Größe auf, um – wie der Elefant mit erhobenem Rüssel bei vermuteter Gefahr – uns zu beeindrucken und besseren Wind zu bekommen?

Die Antwort gibt der Braune im nächsten Augenblick selbst. Durch das ständige Geknackse ärgerlich geworden, schnellt er urplötzlich in die Höhe. Mit hochgerecktem Haupt richtet er sich ganz auf. Bedrohlich! Riesig! Keine dreißig Meter mehr entfernt! Die Büchse im Anschlag und überrascht von der Nähe und der Erscheinung des Raubwildes, blicke ich zu Juri hinüber, dessen Waffe ebenfalls in der Schulter sitzt. Er nickt. Der Bursche ist »Choroscho«! Während ich noch – vielleicht etwas pingelig – maßnehme, pendelt der Bär unsicher mit dem Schädel, klappert erregt mit den Zähnen. Plötzlich läßt er sich in die Erlendeckung zurückfallen, wendet sich nochmals kurz uns zu und versucht sich zu verdrücken. Nun, lieber Freund, so haben wir nicht gewettet! Als sich der Abstand schon verdoppelt hat, wobei er aus dem Erlengestrüpp Richtung Berghang hetzt, holt ihn halbschräg von hinten die Teilmantel ein und zwingt ihn zu Boden. Im Sturz dreht er sich, der Träger wird frei und ›Michail Iwanowitsch‹, wie die Russen das herrliche Raubwild nennen, ist frei von allen irdischen Sorgen! Minuten später befühle ich die dichte, nußbraune Decke, streiche über die grauweißen Grannenhaare auf dem gewaltigen Widerrist, bestaune die mit langen bernsteinfarbenen Krallen bewehrten Pranken und die gelbmattierten Fänge. Ein Prachtexemplar! Und eine rundum saubere, wenngleich arg kurze Jagd! Bis die anderen Begleiter eintreffen, bleibt Zeit für einige Erinnerungsfotos und jenes befreiende innere Selbstgespräch, ohne das die Jagd schnell oberflächlich und die Beute höchstens eine rohe Trophäe wäre.

Traditionelle, aus Fellverkleidung und auf Stelzen gebaute Hütten der eingeborenen Kariaken. Diese Volksgruppe ist Teil der weltweit n o c h 5000 Gruppen von Ureinwohnern und Stammesleuten, deren Anteil an der Weltbevölkerung, nach UNO Angaben (1993), insgesamt nur noch 4,8% beträgt.

Der gewichtige Brocken nimmt die Luftbeobachtung übel und bricht verärgert durch die Tundra davon.

Eine Lektion Jagd-ABC

Die Jäger teilen meine Begeisterung. Ihre Einladung zum Bärenfilet lehne ich dankend ab, obwohl sie beredt beweisen, daß ihre Untersuchungsmethode auf Trichinen mit der Vergrößerung aus dem umgedrehten Fernglas (!) absolut zuverlässig sei. In diesem Fall bleibe ich doch lieber bei den ›Kartoschki‹!

Abends vor dem Zelt, wo meine Begleiter nicht nur mit der Tradition des ›Waidmannsheil‹ und des ›Tottrinkens‹ vertraut gemacht wurden, kam selbstverständlich auch das ABC der Trophäenbehandlung, der Camp- und Jagdorganisation nach dem Verständnis der europäischen Jäger zur Sprache. Im Mittelpunkt stand jedoch unsere Blitzpirsch und die auf dem Schnee, zwischen den Zelten ausgebreitete Bärendecke, die noch Tage später süßlich nach Tang und Pazifik duftete.

Als wir uns nach Mitternacht in die Schlafsäcke verkriechen, unterhält uns ein kleiner, namenloser Zwitscherer bis in den frühen Morgen hinein mit seiner monotonen Balzarie. Der kalte Wind des Beringmeers pfeift ums Zelt und vermischt sich mit dem Klatschen und Grollen der nahen Brandung. Beifall zu dieser Jagd? Eine Einladung, wiederzukommen oder nur Musik zum Abschied? Wer kann das wissen!

Mister Bluffs Blackbear Camp

Zunächst herrschte eitel Freude. Wir hatten eine ganze Woche Wildnisjagd vor uns. Die abwechslungsreiche Moor-, Wald-, und Seenlandschaft versprach erlebnisvolle Tage. Doch es kam ganz anders.

»Schau dir doch diesen Typ an!«, entfuhr es begeistert meinem Filius, als er beim Landeanflug den Jagdführer auf dem in den See hinausgebauten Landungssteg erblickte. Man mußte ihm Recht geben! Da unten stand ein Bilderbuch-Trapper: Speckige Jeans und Cowboystiefel! Auf dem von einem struppigen Vollbart und langer Mähne verzierten Haupt einen verbeulten, riesigen Texashut! Mister B. – von uns wenig später Mr. Bluff genannt – erwartete uns!

Zunächst herrschte eitel Freude. Auf beiden Seiten. Wir hatten eine ganze Woche Wildnisjagd auf Schwarzbär vor uns, und die abwechslungsreiche, während der letzten halben Stunde überflogene Moor-, Wald- und Seenlandschaft versprach erlebnisvolle Tage. Vorsichtshalber hatte ich vor Buchung der Jagd noch alles genauestens abgefragt: Wie weit sind der nächste Highway und der nächste Ort vom Revier entfernt? Bei den genannten 30 und 10 Meilen war ein von der Zivilisation abgelegenes Revier ebenso garantiert wie unser Jagderfolg: Abschuß auf Bär und Elch im Vorjahr zu 100 % erfüllt! Unterbringung in Ein- und Zweibett-Cabins. Wahrhaft ideale Bedingungen für einen Kurzurlaub in der ›Wilderness‹! Nach kurzer Begrüßung durch den ›Traum‹-Guide, dessen Wespentaille ein silberner Beltbuckle schmückte, nahmen wir im geräumigen Pickup Platz. Gepäck, Gewehrkoffer und Mr. B.'s pfiffiger Pinscher-Bastard landeten auf der offenen Ladepritsche seines Pickup.

400 Meilen Ochsentour

Wir waren ausgesprochen ›happy‹. Schließlich hatten wir gerade eine beileibe nicht von Turbulenzen freie Anreise überstanden. Den ersten Reinfall erlebten wir auf der Jagdmesse in Toronto. Das Angebot an Reisen beschränkte sich fast ausschließlich auf Ontario, insbesondere auf die nicht gerade kapitalen Elche, Karibu, Schwarzbär und auf Fischen. Nach drei Stunden war die ›Convention‹ abgegrast. Da erwarteten uns bei Mr. B. sicherlich ganz andere Abenteuer! Der Weiterflug ins 400 Meilen entfernte Sudbury am nächsten Tag war rechtzeitig gebucht und bestätigt, das Einchecken am frühen Morgen kein Problem. In Sudbury stand ein vom großen ›B.‹ für uns organisiertes Taxi bereit, welches uns an einen der umliegenden Seen zum dort bereits gecharterten Wasserflugzeug bringen würde. Wenn alles klappte, konnten wir den Lunch schon bei Mr. B. nehmen!

Aus purer Übervorsicht entfernte ich mich, eine gute halbe Stunde vor Abflug unserer Linienmaschine, mit meinem Sohn Alex kurz nochmals von unserem Flugsteig, um erneut die Buchung der Weiterflüge der nächsten Woche zu checken. Da die Damen der Canadian Airline gerade Schichtwechsel hatten, ließen sie uns höflich, aber – trotz meines Tippens auf die Uhr – brühwarm warten: »No problem, ihr Flug nach Sudbury wird aufgerufen!«

Plötzlich öffnete sich der Wald. Wir standen in einem Schrottplatz statt in der unberührten ›Wilderness‹ Ontarios.

170

Dem war aber nicht so! Weder der Flug noch drei überfällige ›Passengers from Germany‹, wurden ausgerufen! Als wir zehn Minuten vorm Start zurück am Abflugschalter waren, stand dort nur noch meine völlig aufgelöste Frau. Die Maschine war mit unserem voll eingecheckten Gepäck, einschließlich Gewehrkoffer (!), bereits auf dem Rollfeld! Und – das war der eigentliche Hammer – in 45 Minuten erwartete uns im 400 Meilen entfernten Sudbury ein mir namentlich völlig unbekannter Taxifahrer, der uns zu einem mir nicht minder unbekannten kleinen See bringen sollte, wo uns ein gleichermaßen unbekannter Pilot zu Mr. B. fliegen wollte. Von dem war mir sinnigerweise nur eine P.O.Box-Anschrift, aber weder Telefon noch die Nummer für eine Radio-Kommunikation bekannt. So eine verdammte Pleite, wenn ich wenigstens alleine wäre!, fluchte ich insgeheim und entschied mich – nachdem ein Charterflug etwa 2500,00 CAN$ gekostet hätte und die nächste Linienmaschine erst am Abend ging – für die Ochsentour ›Taxi‹. Mein Gepäck sah ich schon stundenlang herrenlos auf dem Förderband kreisen, den Taxifahrer unverrichteter Dinge abziehen, den Piloten seinen Flieger ›abtakeln‹ und den bereits brieflich tief beeindruckenden Mr. B. enttäuscht wieder in der Wildnis verschwinden – immerhin mit meinen, lange im voraus überwiesenen und nun durch Dusseligkeit verwirkten Jagdkosten.

Es blieb nur eine einzige, hauchdünne Möglichkeit, und die ging ich an. Der diensthabende, äußerst hilfsbereite Canadian-Airline Manager brachte mir seinen Kollegen in Sudbury ans Telefon. Dem erklärte ich, daß ich per Taxi in fünf bis sechs Stunden bei ihm am Flughafen Sudbury aufkreuzen würde. Ich beschwor ihn, mein Gepäck sicherzustellen, den ominösen Taxifahrer mit ›Who expects hunters from Germany?‹ auszurufen, dessen Telefonnummer zu besorgen und ihn zu bitten, doch den Piloten zu kontaktieren, um die ganze Operation für fünf Stunden zu verschieben. Die zusätzlichen Kosten waren mir inzwischen völlig egal. Es ging darum, die ganze Reise zu retten. Mr. Peters, der Diensthabende in Sudbury schwor tausend Eide, alles wie besprochen zu organisieren.

Wir drückten beide Daumen, und verließen im Sauseschritt den Flugplatz: Taxi! Zunächst ließen wir ein halbes Dutzend, von turbangeschmückten Fahrern gesteuerte Taxis durchfahren. Wer will schon mit einem vermutlich ›gerade noch zum Stadtverkehr fähigen‹ Sikh – außerdem sind diese Burschen als Raser bekannt! – mit der ganzen Familie über Hunderte von Kilometern weit durch halb Ontario kutschieren? Endlich tauchte ein ›europäischer, ein erfahrener, turbanloser‹ Taxifahrer auf. Wir vereinbarten einen Pauschalpreis, und ab ging die Post! Der Bursche fuhr ausgesprochen diszipliniert, war unterhaltsam und gab fortwährend interessante Informationen über Land und Leute. Während eines Snacks in einem Coffee-Shop unterhalten wir uns über Kanada, über sein eigenes Fortkommen und seine Familie. Nachdem er, wie ich zunächst annahm, kein Jugoslawe ist, läßt er uns, sichtlich amüsiert, raten: Grieche? Nein! Türke? Nein! Als wir mit Iran und Pakistan bereits im fernen Asien landeten und erneut daneben lagen, platzte meine Frau mit schallendem Lachen heraus: »Sind sie aus Indien? Etwa ein Sikh?!« »Allerdings!«, grinste der ›Turbanlose‹.

Mit dieser lehrreichen Lektion in Sachen Vorurteil und nach sechs Stunden zügiger und sehr angenehmer Über-Land-Fahrt, erreichten wir den Airport Sudbury. Der Manager übergab uns das komplette Gepäck, rief den Taxifahrer herbei, und eine Stunde später saßen wir im kleinen Flieger.

Ontario, keep it beautiful!

Wir hatten also guten Grund, in Mr. B.'s Pickup ›happy‹ zu sein. Während der Filius vom malerischen Hillbilly kein Auge ließ – er entsprach tatsächlich dem Idealbild aller ›Big Shots‹ –, beschäftigte ich mich während der holprigen Fahrt mit der teils dicht bebuschten, ›wilden‹ Umgebung. Da gibt es sicherlich starke Bären!, dachte ich und richtete, eher aus Gründen der Konversation, an den Vollbart die naive Frage, ob er sein Gewehr für den Fall einer unerwarteten Begegnung schußbereit hätte? »Gewehr?«, antwortet der scheinbar verblüffte ›Professional‹, »ich habe kein Gewehr! Ich bin Bogenschütze!«.

Noch Tage später amüsierte sich die Begleitung über meine minutenlange Sprachlosigkeit. Kein Wunder! Der Bursche hatte als Veranstalter von Jagdreisen für Auslandsgäste nicht einmal ein Gewehr! Gibt es so etwas überhaupt? Schließlich konnte ich ihn in meinem Vorabkatalog nicht fragen, ob er eine Waffe habe! Bei einer solchen Frage erklärt einen doch jeder Veranstalter für übergeschnappt!, beruhigte ich mein Gewissen.

Bärenstark! Stattlicher ›Schwarzer‹, im prächtigem Frühlingsfell.

Lagerromantik in der Einsamkeit von B.C.; Jagdtage, die man nie mehr vergißt.

Ich hatte mich kaum von diesem Schock und den sich daraus unweigerlich ergebenden Konsequenzen erholt, als mir erneut die Spucke wegblieb: Links und rechts des durch Buschwerk geführten, übel zugerichteten Weges, tauchten – zunächst vereinzelt, dann gehäuft, dann gehäuft gestapelt! – uralte Autowracks in allen Farben und Größen auf. Sorgsam im Busch versteckt, Schrotthalden! Die Blechkisten meist noch mit Zulassungsschild, welches in dieser Provinz – so wie dies alle Staaten Kanadas und der USA tun – einen sinnigen Spruch trägt: »Ontario, keep it beautiful«. Mr. B. hatte kaum erklärt, daß dies ausrangierte Autos von Leuten aus Sudbury seien, die sich damit am Wochenende bei Buschfahrten ein klein wenig Spaß gönnen, als sich der übel zugerichtete Wald öffnete und wir Mr. B.'s Lodge, »total in der Wildnis, 30 Meilen vom nächsten Highway entfernt«, erreichten. Leicht angefressen und voll innerer Spannung stiegen wir aus. Wir wollten gerade tief Luft holen und unserer zwar schon leicht gedämpften, aber immer noch von Optimismus getragenen Stimmung mit ein paar Worten gegenseitiger Ermutigung Ausdruck verleihen, als die Erde unter unseren Füßen erbebte. Und wie! Noch ehe wir die barackenähnliche ›Lodge‹ betraten, näherte sich uns mit dröhnendem Pfeifen ein unvorstellbarer Höllenlärm, der sich als nicht endenwollender Güterzug entpuppte. Er donnerte mit mehreren Hundert Waggons auf der kanadischen Nord-Süd-Hauptverkehrsachse direkt neben unserer ›Lodge‹ vorbei, die, mitsamt ihren wackeligen Nebengebäuden, während des Gleisbaus den Arbeitern als Unterkunft gedient hatte.
Jetzt riß mir die Hutschnur! Ich hatte den ›Bluffer‹ zwar nach dem nächsten Highway, nicht aber nach der nächsten Eisenbahn gefragt – wer denkt schon an so etwas? – und bin nun mit meiner Jagd buchstäblich unter die Räder gekommen. Übrigens wäre Sudbury von hier aus bequem in einer halben Stunde mit dem Vorortszug für sieben Dollar pro

Während die genügsamen Pferde kurz verschnaufen, werden die Gegenhänge abgeglast.

172

Person zu erreichen gewesen. Der großspurig, auf meine Kosten arrangierte Rundflug über die Seenlandschaft war glatte Irreführung!

Ja, Dough Nuts!

Mr. Bluff, immer noch nicht um Ausreden verlegen, versuchte zu beschwichtigen: Das eigentliche Wildnisrevier liege natürlich fernab der Buschfahrer- und Eisenbahnerzone! Allmählich ging die Geschichte an die Selbstachtung! Was meine beiden Begleiter zum Teil ausgesprochen erheiterte, trieb mir die Galle hoch: So eine Sauerei! Gnade Gott dem Hillbilly, wenn die Jagd ähnlich grotesk verläuft!

Nach einer schlechten Nacht in der von B. zur ›Cabin‹ umgetauften Bruchbude – auf den Matratzen hatten sicherlich drei Generationen Bautrupps genächtigt, das primitive ›Örtchen‹ war nur durch lebensgefährliche Überquerung des Schienenstrangs zu erreichen! – begab ich mich mit dem inzwischen ebenfalls desillusionierten Alex und unserer mit Revolver bewaffneten ›Guide-Imitation‹ zur Schwarzbärpirsch. Auf einer gut befahrenen Schotterstraße, entlang den Gleisen, der Verbindung des ›Outpost‹ mit Sudbury, marschierten wir durch einen schmalen Erlen- und Kieferngürtel und standen in der ersten Dämmerung an einer fußballfeldgroßen, ringsum bewaldeten Wiese. Ein kühler Wind blies uns vom See herauf ins Gesicht, das Wetter war so trist wie meine Stimmung. Auf die lustlose Frage, wie es jetzt denn weitergehe, antwortet der Bursche eiskalt: »Wir warten! Vom Waldrand dort drüben führt ein Bärenpfad direkt in die Mitte der Wiese, zu meinem Köderplatz!«. Auf meine skeptische Frage: »Köder?«, bekomme ich die schier unglaubliche Antwort: »Ja! Dough Nuts! Alte, süße Dough Nuts, die ich sackweise in Sudbury kaufe, um die Bären anzulocken!«. Entweder der Kerl ist verrückt, oder er verkauft mich für blöd!, denke ich, endgültig zur Weißglut gebracht. Ich packe ihn am Arm, zerre ihn auf die Wiese und lasse mir den Kirrplatz zeigen. Da hebt es mich erneut: In einem Meter-mal-Meter-Loch liegt knöcheltief aufgeschüttetes, altes Gebäck, völlig unberührt. Der irrwitzige ›Luderplatz‹ ist, vermutlich um Krähen und Häher fernzuhalten, mit einem auf Felge montierten LKW-Reifen abgedeckt. Ansonsten kein Zeichen von Wild und Losung, weder Eingriffe noch zertrampeltes Gras. »Und wo ist der

Ontario: Grandiose Seen- und Sumpflandschaft aus der Vogelperspektive. Ein echtes Jagdparadies.

Bison in B.C. Um 1900 kurz vor dem Aussterben, sind sie heute wieder die »Zierde der Prärie«. Ihr Überleben ist gesichert.

Bärenpaß?«, fauche ich den bärtigen Blindgänger an, der sich frech erdreistet, auf einen durchs Gras zum Wald führenden, dünnen Pfad hinzuweisen. Ein dämlicher Schwindel: Der Trampelpfad endet am Waldrand, wurde vom Meister selbst gespurt!

Perfekt geleimt

Da platzt mir endgültig der Kragen! Während der vergangenen zwanzig Jahre Auslandsjagd in der ganzen Welt ist mir ja einiges begegnet. Aber das war der Gipfel! Ich verlange, daß wir sofort zur Baracke zurückkehren! Dort erfahre ich so nebenbei, daß sich der 100% Abschuß des Vorjahres auf die jeweils einzige Schwarzbär- und Elchlizenz bezog, die Mr. Bluff mit Pfeil und Bogen, in Gestalt des an der Wand prangenden Blackbear-Teenagers und einer Elchkuh, persönlich vollstreckt hatte. Soviel übrigens zur Aussagekraft von Erfolgsquoten!

Ich brach die Jagd ab, fühlte mich total geleimt, orderte das Wasserflugzeug und verlangte mein Geld zurück, was Mr. Bluff zunächst entrüstet ablehnte. Nebenbei schwor ich, beim Fish & Game Department etwas für Mr. B.'s Zulassung als Outfitter und für seine jagdliche Zukunft zu tun, und brauste zwei Stunden später samt Begleitung wieder Richtung Sudbury ab. Von dort rief ich einen befreundeten Outfitter in Kelowna an, buchte für den nächsten Tag einen Flug nach Britisch Kolumbien, nicht ohne vorher kurz bei der für Jagdtourismus zuständigen Behörde in Sudbury meine Aufwartung gemacht zu haben. Das hatte vor allem zur Folge, daß zehn Tage später meine geleistete Zahlung wieder auf meinem Konto war, und Kanada – wie ich später erfuhr – einen Tellerwäscher mehr hatte. Der mißglückte Ausflug machte uns zumindest um eine Erfahrung reicher: Ein Vollbart, ein Texashut und zwei Cowboystiefel machen längst keinen Jäger, ebensowenig wie faule Ausreden und hundsfreche Chuzpe!

Nachzutragen bleibt, daß wir einige Tage später in B.C., nach mehrstündiger Pirsch durch einen von Blitzschlag entzündeten und zusammengebrochenen, offenen Bergwald, einen ordentlichen Schwarzbären beim Mittagsschmaus überraschen und in die ewigen Jagdgründe befördern konnten. Dieses Erlebnis bleibt ebenso in Erinnerung wie die Begegnung mit Mr. Bluff und seinem gockelhaften Aufzug, der uns – leider! – weniger mißtrauisch gemacht hatte als die traditionelle Kopfbedeckung der tüchtigen Sikhs, die sich im Dschungel harter Konkurrenz tagtäglich mit Anstand ihr Brot verdienen. »Was ist Reisen? Ein Ortswechsel? Keineswegs!«, so der Essayist und Nobelpreisträger Anatole France, »beim Reisen wechselt man seine Meinungen und Vorurteile«. Beispielsweise in bezug auf Äußerlichkeiten wie Turban oder Cowboyhut! Man lernt auch die Menschen kennen!

Überraschende Begegnung mit einer Elchkuh und ihrem Kalb. Vertrautes Wild ist auch ein Kennzeichen unberührter, wenig überjagter Reviere.

Mr. Bluff ist überall

Bei Wildnisjagden kommt es meist schnell zur Nagelprobe – sowohl beim Jagdgast wie beim Jagdführer. »Den Mann lernt man kennen bei der Jagd und bei der Buhlschaft«, wußte schon Luther. Mr. Bluff ist überall – auf beiden Seiten! Er zeigt sich als Draufgänger oder Angsthase, als Überorganisator, Besserwisser, als Angeber oder Routinier. Hinter ihm verbirgt sich der Schlamper und Faulenzer, der Zauderer und Wurstige ebenso wie der Überempfindliche und Klotzhauer: »Wer zahlt, schafft an!«

Da es keine Garantie für Freundschaft, gutes Wetter und starke Trophäen bei der Jagd geben kann, muß man kämpfen, Kompromisse schließen, notfalls auf den Tisch – nicht auf den ›Putz‹ – hauen und selbst bei Mißerfolg und Enttäuschung ehrlich fragen: Was habe ich, was hat der andere versiebt? »Der Anfang der Genesung ist«, so Epikur, »Einsicht in die eigene Unzulänglichkeit«. Leider ist der Eingang zu dieser Weisheit, wie mein trauriges Erlebnis in Mr. Bluff's Blackbear Camp zeigt, oftmals mit dicken Brettern vernagelt. Doch das gilt nicht nur für die Jägerei!

Heikel ist nur der letzte Meter

Aus unserer Sicht konnte die erste Pamir-Jagdexpedition in moderner Zeit beginnen. Wir waren für diese Premiere gut gerüstet. Auch für die vielen, teils kritischen Überraschungen.

Seltene Aufnahme der im Pamir lebenden Marco Polo-Schafe. Der linke, kapitale Widder wurde nach stundenlanger Verfolgung mein.

Jagd wird von der Erde aus, meist auf leisen Sohlen, durch Wald und Feld, über Berg und Tal betrieben! Notfalls mit dem Boot oder vom Rücken eines Pferdes. Der Schuß aus dem bequemen Fond eines Autos ist, ebenso wie die tödliche Hatz mittels Kleinflieger und Hubschrauber, unter ehrlichen Jägers- leuten verpönt – und außerdem weltweit verboten. Hierzu erübrigt sich jedes Wort!

Wochen bemessenen Urlaub schon für die Anreise zu opfern, braucht technische Unterstützung. Sie anzuwenden ist, solange damit nicht Wild gehetzt oder gedrückt wird, nicht gegen die Waidgerechtigkeit. Wenn man nicht gerade zufällig durch Beduinen von der Existenz Nubischer Steinböcke in den ägyptischen Wüstengebirgen hörte oder den augen-

Zu Stein gewordene Vergangenheit in Zentralasien. Das berühmte Hissar-Tor im Norden von Dushanbe.

›Fair chase‹ trotz Technik

Unabhängig davon sind bei Auslandsjagden, die heutzutage oftmals in die letzten und unerschlossensten Wildnis- und Bergregionen unseres Planeten führen, Allrad und Flugzeug häufig unersetzlich. Wer darauf verzichten möchte, schreibt von vorneherein manch großes Naturerlebnis, oft sogar langgehegte Jägerträume ab. Ohne riesige Strecken und endlose Gebiete unter die Räder oder Schwingen zu nehmen, ist es vielfach auch gar nicht mehr möglich, die durch unzählige Zivilisationsstörungen sich immer tiefer zurückziehenden Wildvorkommen aufzuspüren. Wer über ausgedehnte Fluß- und Sumpflandschaften in Kanada und Sibirien oder wildbizarre Gebirgsmassive in Zentralasien hinwegkommen will, ohne seinen auf wenige

178

Markhor-Widder. Die noch im Süden Tadschikistans beheimatete Schraubenhornziege ist heute weltweit bedroht und streng geschützt.

blicklichen Einstand, der durch gnadenlose Wilddieberei äußerst scheuen Sable-Antilopen, durch Dörfler verraten bekam, verzichtet man anderenfalls schon von Anfang an auf Erfolg.

Nachdem strenge Gesetze nicht nur in den USA und Kanada, sondern in vielen anderen Ländern auch, jede Bejagung des aus der Luft bestätigten Wildes generell unter Strafe stellen, ist grober Mißbrauch relativ selten. Ungeachtet dessen bleibt diese Umgehung der Jägermoral und des ungeschriebenen, weltweit von den Jägern hochgehaltenen Ehrenkodex, in bezug auf ›Fair chase‹, in jedem Fall eine Kastration des Jagderlebnisses. Wer seine kostbare Zeit, sein Geld und die letzten

Der völlig überraschende Schnee- und Kälteeinfall erwischte uns auf 4300 m Höhe in simplen Militär-Sommerzelten.

geheimen Träume einer simplen ›Luft‹-Jagd opfert – das gleiche gilt für die Auto-Jagd –, betrügt sich selbst. Auch dann, wenn es scheinbar keine Zeugen gibt. Waidgerechtigkeit ist nach Meinung des Schweizer Zeitkritikers Eugen Whyler eben immer nur das, was der Jäger tut, wenn er alleine ist und sich unbeobachtet fühlt!

Man wird in entrückten Jagdregionen auf moderne Transportmittel nicht verzichten können, vor allem nicht zum Jagdschutz, zur Wildbeobachtung und Wildereibekämpfung. Doch damit ist die moralisch tolerierbare Grenze bereits beschrieben. Darüber hinausgehender Einsatz hat kaum etwas mit Jagd nach heutiger Philosophie zu tun!

Daß – nebenbei bemerkt – der oft unvermeidbare, von Profis wie Anfängern in Anspruch genommene, ›Lufttaxi‹-Service nicht ganz ungefährlich ist, zeigt die folgende Begebenheit.

*Jagd vorbei!
Mein Freund Juri, der eisenharte Russe, kannte den Pamir wie sonst keiner.*

Eine echte Premiere

Der russische Pamir, 1987 nach siebzig Jahren erstmals wieder für ausländische Jagdgäste geöffnet, ist ein imposantes Wüstengebirge zwischen Afghanistan, China und Pakistan. Seine gewaltigen Massive erstrecken sich bis in Höhen von über 7400 Metern. Auf seinen fast vegetationslosen Hochplateaus – ›kalte Steppenweide‹ nannten die alten Turkvölker diese Region – leben in 4000 bis 5200 Metern Höhe ansehnliche Steinbockrudel und die begehrtesten Wildschafe der Erde, die einzigartigen Marco-Polo. Sie tragen den Namen des großen Venezianers, der vor über 600 Jahren erstmals Kunde von diesem wuchtigen Bergwild und dem Pamir nach Europa brachte.

Dorthin hatte es uns als erste Gastjäger seit Ende der 20er Jahre verschlagen. War das ein Privileg! Bereits Wochen vorher bereiteten wir uns auf diese körperlich wie jägerisch gleich große Herausforderung umfassend vor. Unser Training galt insbesondere der Vorbeugung der Höhenkrankheit, die ab etwa 3200 Metern Höhe gefährlich werden kann. Wichtig war mir neben der zweckmäßigsten Ausrüstung – leichte, warme Kleidung und stabile Bergschuhe, Zusatzverpflegung vom Eukalyptus bis zur Trockennahrung, Bergstock und Spektiv, Trillerpfeife bis Trockenspiritus – vor allem ein leichtes Sauerstoffgerät für den Ernstfall. Von Medikamenten gegen das Risiko der Höhenkrankheit wurde damals von Fachleuten abgeraten. Heute wird zur Vorbeugung des gefürchteten Lungenödems das inzwischen vielfach – auch von mir persönlich – erprobte Medikament Nifidipin empfohlen.

Die letzten, aufschlußreichen Jagd- und Reiseberichte über das Vorkommen und Verhalten der schlauen *Ovis ammon poli* stammten von den Amerikanern Roosevelt, Clark und Morden und sind über 70 Jahre alt. Sie strotzten nicht gerade vor Aktualität, waren aber trotzdem aufschlußreich und ließen keinen Zweifel über die zu erwartenden Strapazen.

Vom Deutschen Wetterdienst erhielten wir eine von der im Südpamir gelegenen Wetterwarte Murgab gelieferte Statistik über das im letzten Jahrzehnt dort registrierte Oktoberwetter. Bei höchstens einer Stunde Bewölkung pro Tag und nur einem Zentimeter Niederschlag im Oktober, stellten wir uns auf ein Traumwetter ein. Wer ahnte, daß die große Ausnahme von der Regel in unsere Jagdexpedition fallen würde und der Pamir – wie alle übrigen zentralasiatischen Bergmassive, bis hinein nach Tibet – unter meterhohem Schnee begraben wird. Aus unserer Sicht konnte jedenfalls die erste Pamir-Jagdexpedition in moderner Zeit beginnen! Wir waren für diese Premiere gerüstet. Auch jene von uns, die ihr erstes halbes Jahrhundert schon auf dem Buckel hatten.

Mit täglich zweimal fünfzig Kniebeugen, Radfahren und einigen Kilo weniger, war ich fit.

Besser läßt sich der Unterschied zwischen Halbstarken und den wahren »Königen des Pamir« nicht dokumentieren.

180

Der Pamir ist kein Zwerg

Erstmals nervös wurden wir, als sich unser Abflug aus Dushanbe, der Hauptstadt Tadschikistans, wegen schlechten Wetters um volle vier Tage verzögerte. Damit wurde wertvollste Jagdzeit vertrödelt. Als wir gerade überlegten, die ganze Jagdreise zu verschieben, klarte plötzlich der Himmel auf. Noch am gleichen Tag brachte uns, mit mehrstündigem Flug, ein schwerer Mi-8 Turbohubschrauber in das auf 3200 Metern liegende Akklimatisationscamp Altyn Mazar. Da sich bei uns keinerlei Anpassungsschwierigkeiten zeigten, überwanden wir die weiteren gut 1000 Meter Höhe – sie wären zu Fuß oder auf einem störrischen Yak nur in vier bis sechs Tagen zu schaffen! – mit einem gut einstündigen Helikopterflug noch am gleichen Tag. Vom Hauptlager Balandkik aus jagten wir zwei volle Wochen, jeweils ein Jäger zwei Jagdführer, in verschiedene Himmelsrichtungen, oft bis in Höhen von knapp 5000 Metern. Ein aufregendes und zugleich anstrengendes Jagdabenteuer! Dabei gerieten wir, für diese Jahreszeit völlig überraschend, in üble Schneestürme. Nachts wurden wir in unseren ›sommerlichen‹ Zelten mehrmals von den in unmittelbarer Nachbarschaft pfeifend zu Tal gehenden Lawinen bedroht. An die Probleme mit der ›hauch‹-dünnen Luft, den tückisch vereisten Gebirgsflüssen, mit schwierigsten Pirsch-Manövern und notwendigen Sehr-weit-Schüssen in dieser deckungslosen Gebirgswüste, sei nur ordnungshalber erinnert. Echt kritisch wurde es, als ich beim zweiten Anlauf, drei Tage nach der ersten für mich nicht sonderlich erfolgreichen Expedition, mit drei Tadschiken erneut in den Pamir zurückkehrte und wir, fast eine Woche lang von der Außenwelt und jedem Funkverkehr abgeschnitten, metertief eingeschneit wurden. Natürlich wußte ich, daß hier heroben jagdlicher Erfolg am seidenen Faden hängt: Allgemeine Erfolgsrate um die 30%! Planung, auch Zufall, vor allem die persönliche Kondition spielten die entscheidende Rolle! Auch der Einsatz des kurz darauf verstorbenen Tadschiken Berdy und des Russen Juri. Zwei unvergeßliche, kameradschaftliche Begleitjäger!
Weit weniger Glück hatte ein halbes Jahr später in der gleichen Gegend eine Gruppe von 43 Bergsteigern, unter ihnen zwei Schweizer, die nach Mitteilung des Pressedienstes von Radio Moskau »... im Pamirgebirge von einer Lawine getötet wurden. Der Erdrutsch verschüttete das Basislager der Bergsteiger auf einer Höhe von 5300 Metern.« Erwähnt werden sollte auch, daß jeder Dritte der uns nachfolgenden Gastjäger, wegen lebensbedrohlicher Symptome der Höhenkrankheit, vorzeitig ausgeflogen werden mußte. Ein russischer Begleitjäger kam durch das fahrlässig gesicherte Gewehr eines Amerikaners, einige Wochen nach meinem Trip, bei einem Jagdunfall sogar ums Leben.
Nein, eine Pamirjagd ist kein Spaziergang, der Pamir kein Zwerg! Hinzu kam, daß wir bei dieser weltweit beachteten Erstexpedition der gesamten internationalen Konkurrenz, die uns schon auf den Fersen war, ein Schnippchen geschlagen hatten! Wir waren jedenfalls die Ersten gewesen!
Als ich mit meinen beiden Trophäen nach tagelangem Eingeschneitsein den Pamir verließ, saßen die Amerikaner noch im Basislager Altyn Mazar! War das nach sechs langen Tagen eine Erleichterung, als der Himmel aufriß und uns, nach ewigem Warten und Fluchen, endlich ein Hubschrauber, samt der zwei, über 100 Kilo schweren Marco Polos, abholte. Da floß keine Abschiedsträne: Wir wollten nur weg! Bald, nachdem der Helikopter mit acht Mann, dem Wildbret und den Trophäen, mit dreimal 200 Litern Flugbenzin in Fässern und jeder Menge Ausrüstung, Werkzeug sowie Baumaterial beladen war, begannen die Rotore zu sausen. Ich lehnte mich erleichtert zurück, schaute aus dem Fenster und atmete befreit durch. Jetzt ging es nach Dushanbe. Übermorgen würde ich – wenn alles fahrplanmäßig lief – zu Hause sein! »Raphael, sag' dem Piloten, er soll ja anständig fliegen«, unkte ich beim Abflug und überhörte absichtlich die scherzhaft gemeinte Antwort des Russen: »Ach was! Heikel ist nur der letzte Meter!«

Handbreit zur Katastrophe

Der Hubschrauber erhob sich mit tosendem Gerumple. Er drehte zum Test auf volle Touren, zog zunächst gute zehn Meter senkrecht nach oben und schwebte dann mit flottem Schwung seitlich davon. Lebe wohl, du schöner ›Pamirski‹, frohlockte ich innerlich beim letzten Blick auf das verlassene Camp, als der Hubschrauber, noch kaum in der Luft, plötzlich absackte. Der Turbomotor stotterte mehrmals, verlor sofort an Kraft, und schoß trotzdem mit mindestens 100 Stundenkilometern knapp über der Erde dahin. Verdammt! Das geht ins Auge!,

Zwischenlandung am Balandkik, auf 4000m Höhe. Jenseits der Bergmassive zogen die kaum bekannten Marco Polo-Schafe des Pamir ihre Bahn.

durchfuhr es mich siedendheiß, jetzt kracht es, wenn kein Wunder geschieht!

Da es in solchen paar Sekunden unbestimmter Ahnungen und erzwungener Disziplin keine klaren Gedanken gibt, höchstens lähmendes, entsetztes Verharren, erwartete ich – hilflos wie ein gerupftes Huhn im Käfig – jeden Moment den Absturz. Kurz darauf spürte ich jedoch, daß die Rotore harmonischer liefen und offensichtlich ausreichend Luft unter die Propeller kam. Gerade als erste Erleichterung aufkeimte, ging jedoch ein solcher Schlag durch den Hubschrauber, daß es uns aus den Seitenbänken in die Ladung warf. Bewegungslos und unfähig zu einer Reaktion, erwartete ich den großen Knall, und war eigentlich überrascht, daß nichts dergleichen geschah. Es lief wie einige Jahre vorher bei meinem Flugzeugabsturz in Zaire: Ich war völlig hilflos und ausgeliefert! Das Schicksal mischte die Karten! Und dann, nach langen Sekunden augenfälligem Trudeln und wackeligem Eierflug, fing sich der Mi 8-Hubschrauber plötzlich und gewann langsam an Höhe. Bald darauf ratterten wir, immer gut 500 Meter hoch über dem Balandkik-Tal, nach Norden, überflogen den gewaltigen, mehr als 70 km langen Fedschenkow-Gletscher und landeten kurzfristig in Altyn Mazr zwischen. Obwohl wir noch leicht bibberten, sprach keiner davon, Manschetten gehabt zu haben. Eine sofortige Untersuchung der schwer lädierten Radaufhängung und einiger Gestänge durch die Piloten und den Bordingenieur zeigte, daß wir beileibe in kein ›Luftloch‹ geraten waren. Der Hubschrauber konnte aus mir bis heute nicht erklärlichen Gründen – vermutlich war er nur heillos überladen! – keine Höhe gewinnen und hatte, im vollen Startschub zu tief über der Erde klebend, mit dem Fahrwerk einen in die Flugbahn ragenden Felsquader gestreift. Nur zwei Handbreit tiefer und der Bug des Hubschraubers hätte voll den Felsen gerammt! Alleine wegen der Menge hochexplosiven Flugbenzins an Bord wäre vermutlich nicht nur für meine erbeuteten Marco Polo-Widder endgültig ›Jagd vorbei‹ gewesen! Die zwei Handbreit waren mir in diesem Augenblick übrigens weit mehr wert, als die sonst so begehrten über 60 Inch Schneckenlänge meiner beiden Marco Polo-Trophäen. So schnell verändern sich die Maßstäbe!

Jagdländer-Steckbriefe

Aktuelle Kurzinformationen, Daten, Fakten und Wildvorkommen der 40 beliebtesten Jagdländer der Erde von A - Z

Der Erfolg einer Jagdreise hängt maßgeblich von Planung und Information sowie etwas Grundwissen über das Gastland, dessen Menschen und Wildvorkommen ab. Dem dient dieser Anhang »Jagdländer-Steckbriefe«. Weitergehende Informationen können insbesondere in bezug auf nationale und internationale Bejagungs-, Zoll- und Artenschutzbestimmungen notwendig sein. Im übrigen enthalten die Jagdberichte dieses Buches viele wichtige Anregungen, »um Fehler zu vermeiden, Risiken zu mindern und Erfolg zu haben«.

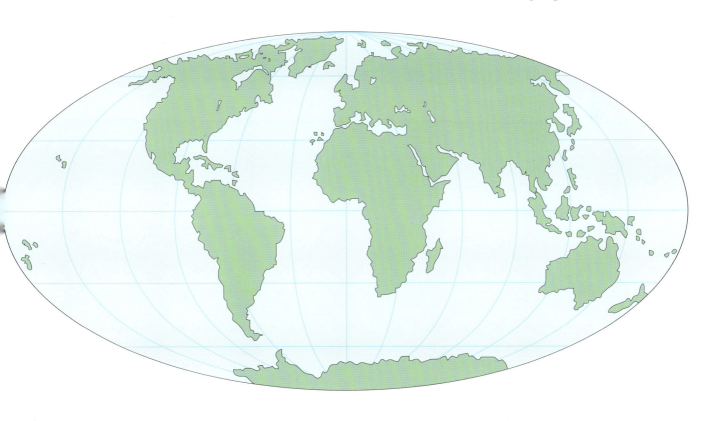

Äthiopien
Hebretesebawit Ityopyia (VR Äthiopien)

Hauptstadt	Addis Abeba - 1,5 Mio. Einw.
Großstädte	Gondar - ca. 70000 Einw., Dire Dawa - ca. 100000 Einw.
Bevölkerung	ca. 49 Mio. Einw.
Fläche	1,2 Mio. km²
Höchster Berg	Ras Dashen Terara - 4620 m
Längster Fluß	Schebele - 1100 km
Sprache	Handelssprache englisch, teilweise italienisch, regionale Sprachen, Amhara
Religion	55% Christen, 40% Muslime
Währung	1 Äthiop. Birr = 100 Cents
Allgemeines	Entfernung von Frankfurt: 5300 km; MEZ + 2

Wildtiere
(Schutzbestimmungen beachten)

Affe, Afrik. Wildesel, Bergnyala, Bleichböckchen (Oribi), Buschbock, Buschschwein, Dik-Dik, Ducker, Elefant, Elenantilope, Erdwolf, Flußpferd, Gepard, Gerenuk, Giraffe, Grantgazelle, Grasantilope (Kob), Grasbüffel, Grevyzebra, Großer Kudu, Hyäne, Hyänenhund, Kaffernbüffel, Kleiner Kudu, Krokodil, Kuhantilope, Leierantilope (Topi), Leopard, Löwe, Nilpferd, Nubischer Steinbock, Oryx, Pferdeantilope (Roan), Riedbock, Rotbüffel, Schabrackenschakal, Serval, Sitatunga, Spitzmaulnashorn, Steppenzebra, Streifenschakal, Thomsongazelle, Warzenschwein, Wasserbock, Weißnacken-Moorantilope (Lechwe), Wüstenluchs (Karakal)

Alaska
Alaska (Vereinigte Staaten von Amerika)

Hauptstadt	Juneau - 20000 Einw.
Großstädte	Anchorage - 175000 Einw.
Bevölkerung	545000 Einw.
Fläche	1,5 Mio. km²
Höchster Berg	Mount McKinley - 6198 m
Längster Fluß	Yukon - 2400 km (Landesanteil: ca. 2000 km)
Sprache	englisch
Währung	1 US$ = 100 Cent
Allgemeines	Entfernung von Frankfurt: 7600 km; MEZ -9 bis -11

Wildtiere
(Schutzbestimmungen beachten)

Bison, Dallschaf, Eisbär, Elch, Grizzly, Karibu, Kodiakbär, Luchs, Maultierhirsch, Moschusochse, Polarfuchs, Puma, Rotfuchs, Schneeziege, Schwarzbär, Vielfraß, Walroß, Wapiti, Wolf

Argentinien
República Argentina (Republik Argentinien)

Hauptstadt	Buenos Aires - 3 Mio. Einw.	
Großstädte	Cordoba - 1 Mio. Einw.,	
	Rosario - 900000 Einw.	
Bevölkerung	33 Mio. Einw.	
Fläche	2,77 Mio. km²	
Höchster Berg	Aconcagua - 6958 m	
Längster Fluß	Paraná - 2920 km	
Sprache	Castellano (südamerikanisches Spanisch)	
Religion	90% Katholiken	
Währung	1 Argentinischer Peso (arg$) = 100 Centavos	
Allgemeines	Entfernung von Frankfurt: 11500 km; MEZ - 4	

Wildtiere
(Schutzbestimmungen beachten)

Alpensteinbock, Ameisenbär, Andenhirsch, Andenwolf, Argentinischer Graufuchs, Axishirsch, Azara-Fuchs, Bergziege, Brauner Mazama, Buschhund, Damhirsch, Flachlandtapir, Guanako, Gürteltier, Hirschziegenantilope (Blackbuck), Huemul, Jaguar, Mähnenwolf, Nandu, Nasenbär, Niederwild, Pampashirsch, Pekari, Puma, Ozelot, Rehwild, Roter Mazama, Rotwild (europäisch), Schwarzwild, Tapir, Wasserbüffel, Wasserschwein, Wasserwild, Wildtauben

Australien
Commonwealth of Australia (Australischer Bund)

Hauptstadt	Canberra - 280000 Einw.
Großstädte	Sydney - 3,3 Mio. Einw.,
	Melbourne - 3 Mio. Einw.,
	Brisbane - 1,1 Mio. Einw.
Bevölkerung	17 Mio. Einw.
Fläche	7,68 Mio. km²
Höchster Berg	Mount Kosciusko - 2227 m
Längster Fluß	Darling - 2720 km
Sprache	englisch, Eingeborenensprachen
Religion	61% protestantisch, 27% katholisch
Währung	1 Australischer $ = 100 Cents
Allgemeines	Entfernung von Frankfurt: 16400 km; MEZ + 7 bis + 9; Linksverkehr

Wildtiere
(Schutzbestimmungen beachten)

Axishirsch, Banteng, Beuteltiere, Damwild, Dingo, Emu, Hirschziegenantilope (Blackbuck), Kängugruh, Koala, Krokodil (Süß- u. Salzwasser- K.), Kusar, Niederwild, Rotfuchs, Rotwild (europäisch), Rusahirsch, Sambarhirsch, Schwarzwild, Wallaby, Wasserbüffel, Wasserwild, Wildesel, Wildziege

Botswana
Republic of Botsuana (Republik Botswana)

Hauptstadt	Gaborone - 120000 Einw.
Großstädte	Mahalapyle - 100000 Einw., Serowe - 90000 Einw.
Bevölkerung	1,2 Mio. Einw.
Fläche	600000 km²
Höchster Berg	Oosti - 1489 m
Längster Fluß	Limpopo - 1650 km (Landesanteil: ca. 500 km)
Sprache	englisch, Setswana und andere Bantusprachen
Religion	15% Christen, Stammesreligionen
Währung	1 Pula = 100 Thebe
Allgemeines	Entfernung von Frankfurt: 8500 km; MEZ + 1; Linksverkehr

Wildtiere
(Schutzbestimmungen beachten)

Bleichböckchen (Oribi), Buschbock, Buschschwein, Ducker, Elefant, Elenantilope, Gepard, Giraffe, Großer Kudu, Hyänen, Hyänenhund, Impala, Kaffernbüffel, Kapfuchs, Krokodil, Kuhantilope, Leopard, Löwe, Moorantilope (Lechwe), Nilpferd, Oryx, Pavian, Pferdeantilope (Roan), Rappenantilope (Sable), Riedbock, Sassaby, Serval, Sitatunga, Springbock, Steinböckchen, Steppenzebra, Strauß, Streifengnu, Warzenschwein, Wasserbock, Wüstenluchs (Karakal), Zibetkatze

Britisch Kolumbien (Kanada)
British Columbia (Canada)

Hauptstadt	Victoria - 23000 Einw.
Großstädte	Vancouver - 1,2 Mio. Einw.,
Bevölkerung	2,9 Mio. Einw.
Fläche	947000 km²
Höchster Berg	Mount Fairweather - 4663 m
Längster Fluß	Fraser - 1370 km
Sprache	englisch, inuit (Eskimosprache)
Religion	47% katholisch, 41% protestantisch
Währung	1 Kanadischer $ = 100 Cents
Allgemeines	Entfernung von Frankfurt: 8000 km; MEZ - 9

Wildtiere
(Schutzbestimmungen beachten)

Biber, Bison, Dachs, Dallschaf, Dickhornschaf (Bighorn), Elch, Fanninschaf, Fuchs, Grizzly, Karibu, Kojote, Luchs, Maultierhirsch, Puma, Rotluchs, Schneeziege, Schwarzbär, Schwarzwedelhirsch, Stone's Sheep, Vielfraß, Wapiti, Waschbär, Weißwedelhirsch, Wolf, Zimtbär

Bulgarien
Republika Bălgarija (Republik Bulgarien)

Hauptstadt	Sofia - 1,08 Mio. Einw.
Großstädte	Plovdiv - 380000 Einw., Varna - 300000 Einw.
Bevölkerung	9 Mio. Einw.
Fläche	111000 km²
Höchster Berg	Musala - 2925 m
Längster Fluß	Donau - 2840 km (Landesanteil: 600 km)
Sprache	bulgarisch
Religion	27% Christen, 13% Muslime
Währung	1 Lew (LW) = 100 Stótinki
Allgemeines	Entfernung von Frankfurt: 1400 km; MEZ + 1

Wildtiere
(Schutzbestimmungen beachten)

Alpensteinbock, Auerwild, Braunbär, Dachs, Damwild, Fuchs, Gamswild, Luchs, Muffelwild, Niederwild, Rehwild, Rotwild, Schwarzwild, Wildkatze, Wisent, Wolf

China
Zhonghua Renmin Gongheguo (Volksrepublik China)

Hauptstadt	Peking (Beijing) - 10 Mio. Einw.
Großstädte	Shanghai - 13 Mio. Einw., Wuhan - 3,5 Mio. Einw.
Bevölkerung	1,2 Mrd. Einw.
Fläche	9,5 Mio. km²
Höchster Berg	Mount Everest - 8848 m
Längster Fluß	Jangtse - 5500 km
Sprache	chinesisch (verschiedene Dialekte), tibetisch, vigus
Religion	offiziell Atheisten, kunfuzianisch, buddhistisch, taoistisch
Währung	1 Renminbi-Yuan = 10 Jiao = 100 Fen
Allgemeines	Entfernung von Frankfurt: 7800 km; MEZ + 9

Wildtiere
(Schutzbestimmungen beachten)

Argali, Blauschaf, Braunbär, Chinesischer Serau, Dachs, Elch, Elefant, Goldaffe, Goral, Großer Pandabär, Himalaya Tahr, Kleiner Pandabär, Kragenbär, Kropfgazelle, Leopard, Luchs, Marco Polo-Schaf, Marderhund, Mongolische Gazelle, Mongolisches Urwildpferd, Moschustier, Muntjak, Murmeltier, Niederwild, Rehwild, Rotfuchs, Rothund, Rotwild, Schneehuhn, Schopfhirsch, Schraubenziege (Markhor), Schwarzwild, Sibirischer Steinbock, Sikawild, Takin, Tibetantilope, Tibetgazelle, Tiger, Urial Wildschaf, Wapiti, Wasserreh, Weißlippenhirsch, Wildesel, Wildkamel, Wildkatze, Wildren, Wild-Yak, Wolf

Deutschland
Bundesrepublik Deutschland (Bundesrepublik Deutschland)

Hauptstadt	Berlin - 3,4 Mio. Einw.
Großstädte	Bonn (z. Zt. Regierungssitz) - 290000 Einw., Hamburg - 1,6 Mio. Einw., München - 1.3 Mio. Einw.
Bevölkerung	79 Mio. Einw.
Fläche	357000 km²
Höchster Berg	Zugspitze - 2966 m
Längster Fluß	Rhein - 1320 km (Landesanteil: 867 km)
Sprache	deutsch, im nördlichen Schleswig-Holstein auch dänisch, in der Lausitz und im Spreewald auch sorbisch
Religion	40,1% evangelisch-lutherisch, 42,7% römisch-katholisch, 3% moslemisch
Währung	1 Deutsche Mark (DM) = 100 Pfennige
Allgemeines	kaum Jagdtourismus; MEZ

Wildtiere
(Schutzbestimmungen beachten)

Alpensteinbock, Auerwild, Birkwild, Dachs, Damwild, Fasan, Fuchs, Gamswild, Hase, Haselwild, Iltis, Marder, Marderhund, Muffelwild, Murmeltier, Rebhuhn, Rehwild, Rotwild, Schwarzwild, Seehund, Sikawild, Waldschnepfe, Waschbär, Wildenten, Wildgänse, Wildkaninchen, Wildtauben

Estland
Eesti (Republik Estland)

Hauptstadt	Reval (Tallin) - 480000 Einw.
Großstädte	Dorpat (Tartu) - 11400 Einw., Narva - 81000 Einw.
Bevölkerung	1,6 Mio. Einw.
Fläche	45200 km²
Höchster Berg	Suur-Munamägi - 317 m
Längster Fluß	Vohandu Jogi - 162 km
Sprache	estnisch, russisch, deutsch wird vielfach verstanden
Religion	70% evangelisch-lutherisch, 25% russisch-orthodox
Währung	1 Estnische Krone = 100 Cents
Allgemeines	Entfernung von Frankfurt: 1450 km; MEZ + 1

Wildtiere
(Schutzbestimmungen beachten)

Auerwild, Biber, Birkwild, Braunbär, Dachs, Haselwild, Elch, Fuchs, Luchs, Marderhund, Niederwild, Rehwild, Rotwild, Schwarzwild, Vielfraß, Wolf

Finnland
Suomen Tasavalta (Republik Finnland)

Hauptstadt	Helsinki - 490000 Einw.
Großstädte	Tampere - 170000 Einw., Turku - 165000 Einw.
Bevölkerung	4,8 Mio. Einw.
Fläche	337000 km²
Höchster Berg	Haltiatunturi - 1328 m
Längster Fluß	Kokemäenjoki - 480 km
Sprache	finnisch, lappisch, schwedisch
Religion	91,5% evangelisch-lutherisch
Währung	1 Finnmark = 100 Penniä
Allgemeines	Entfernung von Frankfurt: 1500 km; MEZ + 1

Wildtiere
(Schutzbestimmungen beachten)

Auerwild, Birkwild, Braunbär, Damwild, Elch, Hase, Haselwild, Luchs, Marderhund, Polarfuchs, Rehwild, Rotfuchs, Schneehuhn, Schwarzwild, Vielfraß (Gulo), Wasserwild, Weißwedelhirsch, Wildren, Wolf

Großbritannien
United Kingdom of Great Britain and Northern Ireland (Vereinigtes Königreich von Großbritannien und Nordirland)

Hauptstadt	London - 6,8 Mio. Einw.
Großstädte	Birmingham - 1 Mio. Einw., Leeds - 710000 Einw.
Bevölkerung	57 Mio. Einw.
Fläche	243000 km²
Höchster Berg	Ben Nevis - 1343 m (Schottland), Snowdon - 1085 m (Wales)
Längster Fluß	Severn - 354 km, Themse - 346 km
Sprache	englisch, walisisch, Manx (Isle of Man), Cornish (Cornwall)
Religion	57% Anglikaner, 13% römisch-katholisch, 1,3% moslemisch
Währung	1 Pfund Sterling = 100 New Pence
Allgemeines	Entfernung von Frankfurt: 680 km; MEZ - 1; Linksverkehr; (siehe auch Schottland)

Wildtiere
(Schutzbestimmungen beachten)

Auerwild, Bekassine, Birkwild, Dachs, Damwild, Fasan, Fuchs, Hase, Kaninchen, Moorschneehuhn (Grouse), Muntjak, Rehwild, Rothuhn, Rotwild, Schneehase, Schneehuhn, Schnepfe, Sikawild, Tauben, Wildkatze, Wildren, Wildziege

Kanada
Canadian Dominion (Canada)

Hauptstadt	Ottawa - 820000 Einw. (mit Vororten)
Großstädte	Toronto - 3,4 Mio. Einw., Montreal - 2,9 Mio. Einw.
Bevölkerung	26 Mio. Einw.
Fläche	9,9 Mio. km²
Höchster Berg	Mount Logan - 5951 m
Längster Fluß	St. Lawrenz Srom - 1170 km
Sprache	französisch, englisch, inuit
Religion	47% katholisch, 41% protestantisch
Währung	1 Kanadischer Dollar = 100 Cents
Allgemeines	Entfernung von Frankfurt: 6000 km; MEZ - 4,5 bis -9; (siehe auch Britisch Kolumbien)

Wildtiere
(Schutzbestimmungen beachten)

Bison, Dallschaf, Dickhornschaf (Bighorn), Eisbär, Elch, Flugwild, Graufuchs, Grizzly, Karibu, Kitfuchs, Luchs, Maultierhirsch, Moschusochse, Polarfuchs, Polarwolf, Pronghorn, Puma, Rotfuchs, Rotluchs, Schneeziege, Schwarzbär, Stachelschwein, Stone's Schaf, Vielfraß, Walroß, Wapiti, Waschbär, Weißwedelhirsch, Wildren, Wolf

Kasachstan
Qazaqstan Respublikasy (Republik Kasachstan)

Hauptstadt	Alma Ata - 1,1 Mio. Einw.
Großstädte	Karaganda - 615000 Einw., Tschimkent - 400000 Einw.
Bevölkerung	16,7 Mio. Einw.
Fläche	2,71 Mio. km²
Höchster Berg	Chan Tengri - 6995 m
Längster Fluß	Syr Darja - 2860 km
Sprache	kasachisch, russisch
Religion	Moslems (Sunniten)
Währung	1 Rubel = 100 Kopeken
Allgemeines	Entfernung von Frankfurt: 5000 km; MEZ + 5; Mitglied der GUS

Wildtiere
(Schutzbestimmungen beachten)

Argali, Auerwild, Birkwild, Braunbär, Dachs, Enten, Fasan, Fuchs, Gänse, Korsak, Kropfgazelle, Leopard, Luchs, Manulkatze, Maral, Murmeltier, Rehwild, Rohrkatze, Rotwild, Saigaantilope, Schneeleopard, Schwarzwild, Sibirischer Steinbock, Urial Wildschaf, Wildkamel, Wolf

Lettland
Latavija (Republik Lettland)

Hauptstadt	Riga - 915000 Einw.
Bevölkerung	2,7 Mio. Einw.
Fläche	64500 km²
Höchster Berg	Gaizina Kalnz - 311 m
Längster Fluß	Daugava (Düna) -1020 km (Landesanteil: 357km)
Sprache	lettisch, russisch, deutsch
Religion	überwiegend protestantisch
Währung	1 Lats = 1 lettischer Rubel
Allgemeines	Entfernung von Frankfurt: 1300 km; MEZ + 1

Wildtiere
(Schutzbestimmungen beachten)

Auerwild, Biber, Birkwild, Braunbär, Dachs, Damwild, Elch, Fuchs, Gänse, Hase, Haselwild, Luchs, Marder, Marderhund, Moorschneehuhn, Nerz, Nutria, Rehwild, Rotwild, Schneehase, Schwarzwild, Waschbär, Wasserwild, Wisent, Wolf

Litauen
Lietuva (Republik Litauen)

Hauptstadt	Wilna (Vilnius) - 600000 Einw.
Großstädte	Kaunas - 200000 Einw., Memel (Klaipeda) - 200000 Einw.
Bevölkerung	3,7 Mio. Einw.
Fläche	65000 km²
Höchster Berg	Metriagalis - 284 m
Längster Fluß	Memel - 780 km
Sprache	litauisch, russisch, deutsch wird z.T. verstanden
Religion	überwiegend römisch-katholisch
Währung	1 Litas = 100 Zentas
Allgemeines	Entfernung von Frankfurt: 1200 km; MEZ + 1

Wildtiere
(Schutzbestimmungen beachten)

Auerwild, Biber, Birkwild, Bisam, Damwild, Elch, Fuchs, Hase, Luchs, Muffelwild, Nerz, Niederwild, Rehwild, Rotwild, Schwarzwild, Wasserwild, Wisent, Wolf

Namibia
Namibia (Republik Namibia)

Hauptstadt	Windhuk - 130000 Einw.
Großstädte	Tsueb - 17000 Einw., Swakopmund - 15000 Einw.
Bevölkerung	ca. 1,7 Mio. Einw.
Fläche	823000 km²
Höchster Berg	Brandberg - 2574 m
Längster Fluß	Swakop - 400 km (nur während der Regenzeit)
Sprache	Afrikaans, deutsch, englisch, zahlreiche Dialekte
Religion	82% Christen, 17% Naturreligionen
Währung	1 Südafrikanischer Rand = 100 Cent
Allgemeines	Entfernung von Frankfurt: 8200 km; MEZ + 1; Linksverkehr

Wildtiere
(Schutzbestimmungen beachten)

Bergzebra, Bleichböckchen (Oribi), Bleßbock, Braune Hyäne, Buschbock, Buschschwein, Ducker, Elefant, Elenantilope, Erdferkel, Erdwolf, Fleckenhyäne, Gelbfuß-Moorantilope (Puku), Gepard, Giraffe, Großriedbock, Impala, Honigdachs, Hyänenhund, Kaffernbüffel, Kapfuchs, Klippspringer, Kudu, Kuhantilope, Leierantilope (Topi), Leopard, Löwe, Niederwild, Nilpferd, Oryx, Pavian, Pferdeantilope (Roan), Rotluchs, Schabrackenschakal, Schwarzfußkatze, Serval, Sitatunga, Spitzmaulnashorn, Springbock, Stachelschwein, Steinböckchen, Steppenzebra, Streifengnu, Streifenschakal, Tüpfelhyäne, Warzenschwein, Wasserbock, Weißnacken-Moorantilope (Lechwe), Wüstenluchs (Karakal), Zibetkatze

Nepal
Sri Nepala Sarkar (Königreich Nepal)

Hauptstadt	Kathmandu - 450000 Einw.
Großstädte	Patan - 80000 Einw.
Bevölkerung	18 Mio. Einw.
Fläche	147000 km²
Höchster Berg	Mount Everest - 8848 m
Längster Fluß	Kosi - 730 km (Landesanteil: 340 km)
Sprache	Nepali, indische Sprachen
Religion	90% Hindus, 7% Buddhisten
Währung	1 nepalesische Rupie = 2 Mohur = 100 Paisa
Allgemeines	Entfernung von Frankfurt: 6800 km; MEZ + 4,5; Linksverkehr

Wildtiere
(Schutzbestimmungen beachten)

Blaubock, Blauschaf, Braunbär, Elefant, Fischkatze, Gaur, Goral, Himalaya Tahr, Honigdachs, Kleiner Panda, Kragenbär, Leopard, Lippenbär, Marmorkatze, Moschustier, Muntjak, Nashorn, Rohrkatze, Rotfuchs, Schneeleopard, Schweinshirsch, Serau, Streifenhyäne, Sumpfhirsch, Tiger, Zibetkatze, Zwergwildschwein

Neuseeland
New Zealand (Neuseeland)

Hauptstadt	Wellington - 340000 Einw.
Großstädte	Auckland - 870000 Einw.,
	Christchurch - 320000 Einw.,
	Hamilton - 130000 Einw.
Bevölkerung	3,3 Mio. Einw.
Fläche	269000 km²
Höchster Berg	Mount Cook - 3764 m
Sprache	englisch, Maori
Religion	70% Protestanten, 17% Katholiken
Währung	1 Neuseeland Dollar = 100 Cents
Allgemeines	Entfernung von Frankfurt: 9800 km;
	MEZ + 11;
	Linksverkehr

Wildtiere
(Schutzbestimmungen beachten)

Damwild, Gamswild, Kaninchen, Niederwild, Opossum, Rotwild, Rusahirsch, Sambarhirsch, Schwarzwild, Sikawild, Tahr, Wapiti, Wasserwild, Weißwedelhirsch, Wildziegen

Österreich
Österreich (Republik Österreich)

Hauptstadt	Wien - 1,53 Mio. Einw.
Großstädte	Graz - 245000 Einw.,
	Salzburg - 140000 Einw.
Bevölkerung	7,6 Mio. Einw.
Fläche	84000 km²
Höchster Berg	Großglockner - 3797 m
Längster Fluß	Donau - 2840 km (Landesanteil: 300 km)
Sprache	deutsch
Religion	89% römisch-katholisch,
	6% lutherisch-evangelisch
Währung	1 Österreichischer Schilling = 100 Groschen
Allgemeines	Entfernung von Frankfurt: 580 km;
	MEZ

Wildtiere
(Schutzbestimmungen beachten)

Alpensteinbock, Auerwild, Birkwild, Braunbär, Dachs, Damwild, Fuchs, Gamswild, Muffelwild, Murmeltier, Niederwild, Rehwild, Rotwild, Schwarzwild, Wasserwild, Wildkatze

Polen
Polska Rzeczpospolita (Republik Polen)

Hauptstadt	Warschau - 1,6 Mio. Einw.
Großstädte	Lodz - 850000 Einw.,
	Danzig - 450000 Einw.
Bevölkerung	38 Mio. Einw.
Fläche	313000 km²
Höchster Berg	Meeraugspitze (Rysy) - 2499 m
Längster Fluß	Weichsel - 1070 km
Sprache	polnisch
Religion	94% römisch-katholisch
Währung	1 Zloty = 100 Groszy
Allgemeines	Entfernung von Frankfurt: 900 km; MEZ

Wildtiere
(Schutzbestimmungen beachten)

Auerwild, Biber, Birkwild, Braunbär, Dachs, Damwild, Elch, Fasan, Fuchs, Gamswild, Hase, Haselwild, Kaninchen, Luchs, Marder, Marderhund, Muffelwild, Rebhuhn, Rehwild, Rotwild, Schwarzwild, Sikawild, Waschbär, Wasserwild, Wildkatze, Wildpferd, Wisent, Wolf

Ruanda
Republika y' u Rwanda (Republik Ruanda)

Hauptstadt	Kigali - 170000 Einw.
Großstädte	Butare - 35000 Einw.
Bevölkerung	7 Mio. Einw.
Fläche	26000 km²
Höchster Berg	Volcan Karisimbi - 4507 m
Längster Fluß	Kagera - 690 km (Landesanteil: ca. 500 km)
Sprache	französisch, kinyarwanda
Religion	7% Protestanten, 40% Katholiken, Naturreligionen
Währung	1 Ruanda Franc = 100 Centimes
Allgemeines	Entfernung von Frankfurt: 6200 km; MEZ + 1

Wildtiere
(Schutzbestimmungen beachten)

Berggorilla, Bleichböckchen (Oribi), Buschbock, Buschschwein, Ducker, Elefant, Elenantilope, Grantzebra, Impala, Kaffernbüffel, Krokodil, Leierantilope (Topi), Leopard, Lichtensteins Kuhantilope, Löwe, Nashorn, Nilpferd, Pferdeantilope (Roan), Riedbock, Riesenwaldschwein, Warzenschwein, Wasserbock

Rumänien
Republica Romania (Republik Rumänien)

Hauptstadt	Bukarest - 2,4 Mio. Einw.
Großstädte	Kronstadt - 330000 Einw.,
	Costanza - 300000 Einw.
Bevölkerung	22,6 Mio. Einw.
Fläche	237000 km²
Höchster Berg	Moldoveanu - 2543 m
Längster Fluß	Donau - 2840 km (Landesanteil: 1075km)
Sprache	rumänisch
Religion	88% rumänisch-orthodox,
	6% römisch-katholisch, 5% Protestanten
Währung	1 Leu = 100 Bani
Allgemeines	Entfernung von Frankfurt: 1450 km;
	MEZ

Wildtiere
(Schutzbestimmungen beachten)

Auerwild, Birkwild, Braunbär, Damwild, Fasan, Fuchs, Gams, Hase, Luchs, Marderhund, Muffelwild, Rebhuhn, Rehwild, Rotwild, Schwarzwild, Wachtel, Waldschnepfe, Wasserwild, Wildkatze, Wolf

Rußland
Rossijskaja Federacija (Russische Föderation)

Hauptstadt	Moskau - 9 Mio. Einw.
Großstädte	St. Petersburg - 4,5 Mio. Einw.,
	Nowosibirsk - 1,4 Mio. Einw.
Bevölkerung	148 Mio. Einw.
Fläche	17 Mio. km²
Höchster Berg	Kasbek - 5037 m
Längster Fluß	Wolga - 3530 km
Sprache	russisch
Religion	russisch-orthodox
Währung	1 Rubel = 100 Kopeken
Allgemeines	Entfernung von Frankfurt: 2000 km;
	MEZ + 2 bis +9;
	Mitglied der GUS;
	über 100 Nationalitäten

Wildtiere
(Schutzbestimmungen beachten)

Argali, Auerwild, Birkwild, Braunbär, Dachs, Eisbär, Elch, Goral, Isubrahirsch, Karibu, Korsak, Luchs, Manulkatze, Maral, Marderhund, Moschusochse, Moschustier, Nerz, Niederwild, Polarfuchs, Rehwild, Rotwild, Schneeleopard, Schneeschaf, Schwarzwild, Seehund, Sibirischer Steinbock, Sikawild, Silberfuchs, Tiger, Tur, Vielfraß, Walroß, Wasserwild, Wildkamel, Wildkatze, Wisent, Wolf, Zobel

Sambia
Republic of Zamiba (Republik Sambia)

Hauptstadt	Lusaka 900000 Einw.
Großstädte	Kitwe - 320000 Einw., Livingstone - 100000 Einw.
Bevölkerung	8 Mio. Einw.
Fläche	752000 km²
Höchster Berg	Makutu Mountains - 2148 m
Längster Fluß	Sambesi - 2720 km (Landesanteil: 1550 km)
Sprache	englisch, Bantu-Dialekte
Religion	60% Christen, Naturreligionen
Währung	1 Kwachwa = 100 Ngwee
Allgemeines	Entfernung von Frankfurt: 7500 km; MEZ + 1; Linksverkehr

Wildtiere
(Schutzbestimmungen beachten)

Bleichböckchen (Oribi), Braune Hyäne, Breitmaulnashorn, Buschbock, Buschschwein, Ducker, Elefant, Elenantilope, Erdferkel, Erdwolf, Fleckenhyäne, Gelbfuß-Moorantilope (Puku), Gepard, Giraffe, Großriedbock, Honigdachs, Hyänenhund, Impala, Kaffernbüffel, Klippspringer, Kudu, Kuhantilope (Hartebeest), Leopard, Lichtensteins Kuhantilope, Löwe, Moorantilope (Lechwe), Moschusböckchen, Nilpferd, Nyala, Pferdeantilope (Roan), Rappenantilope (Sable), Serval, Sharpes Greisbock, Sitatunga, Spitzmaulnashorn, Steinböckchen, Steppenzebra, Streifengnu, Tsessebe, Warzenschwein, Wasserbock, Wüstenluchs (Karakal), Zibetkatze

Schottland
Scotland (Vereinigtes Königreich von Großbritannien u. Nordirland)

Hauptstadt	Edinburgh - 440000 Einw.
Großstädte	Glasgow - 760000 Einw., Inverness - 40000 Einw.
Bevölkerung	5 Mio. Einw.
Fläche	79000 km²
Höchster Berg	Ben Nevis - 1343 m
Längster Fluß	Spey - 150 km
Sprache	englisch, vereinzelt gälisch
Religion	überwiegend Presbyterianer, 15% römisch-katholisch
Währung	1 Pfund Sterling = 100 New Pence
Allgemeines	Entfernung von Frankfurt: 1050 km; MEZ -1; Linksverkehr; (siehe auch Großbritannien)

Wildtiere
(Schutzbestimmungen beachten)

Auerwild, Bekassine, Birkwild, Dachs, Damwild, Fasan, Fuchs, Hase, Kaninchen, Moorschneehuhn (Grouse), Rehwild, Rothuhn, Rotwild, Schneehase, Schneehuhn, Schnepfe, Sikawild, Tauben, Wildkatze, Wildren, Wildziege

Simbabwe
Republic of Zimbabwe (Republik Simbabwe)

Hauptstadt	Harare - 1 Mio. Einw.
Großstädte	Bulawayo - 500000 Einw., Chitungwiza - 450000 Einw.
Bevölkerung	10 Mio. Einw.
Fläche	30600 km²
Höchster Berg	Inyangany - 2592 m
Längster Fluß	Sambesi - 2736 km
Sprache	englisch, Bantu-Dialekte
Religion	44% Christen, 40% Naturreligionen, Moslems, Hindus
Währung	1 Simbabwe Dollar = 100 Cents
Allgemeines	Entfernung von Frankfurt: 8000 km; MEZ + 1; Linksverkehr; früherer Name »Rhodesien«

Wildtiere
(Schutzbestimmungen beachten)

Bergriedbock, Bleichböckchen (Oribi), Braune Hyäne, Breitmaulnashorn, Buschbock, Buschschwein, Ducker, Elefant, Elenantilope, Erdferkel, Erdwolf, Fleckenhyäne, Gepard, Giraffe, Großriedbock, Honigdachs, Hyänenhund, Impala, Kaffernbüffel, Klippspringer, Krokodil, Kudu, Kuhantilope (Hartebeest), Leierantilope (Topi), Leopard, Lichtensteins Kuhantilope, Löwe, Moorantilope (Lechwe), Nilpferd, Nyala, Oryx, Pavian, Pferdeantilope (Roan), Rappenantilope (Sable), Schabrackenschakal, Serval, Sharpes Greisbock, Sitatunga, Spitzmaulnashorn, Steinböckchen, Steppenzebra, Strauß, Streifengnu, Streifenschakal, Tsessebe, Warzenschwein, Wasserbock, Wüstenluchs (Karakal), Zibetkatze

Slowakei
Slovenska Republika (Slowakische Republik)

Hauptstadt	Bratislava - 435000 Einw.
Großstädte	Kaschau - 200000 Einw.
Bevölkerung	5,3 Mio. Einw.
Fläche	49000 km²
Höchster Berg	Gerlachspitze - 2655 m
Längster Fluß	Donau - 2840 km (Landesanteil: 170 km)
Sprache	slowakisch, ungarisch, ukrainisch
Religion	80% Christen (65% römisch-katholisch),
Währung	1 Slowakische Krone = 100 Haleru
Allgemeines	Entfernung von Frankfurt: 750 km; MEZ

Wildtiere
(Schutzbestimmungen beachten)

Auerwild, Birkwild, Braunbär, Damwild, Gamswild, Großtrappe, Luchs, Muffelwild, Niederwild, Rehwild, Rotwild, Schwarzwild, Wolf

Slowenien
Republika Slovenia (Republik Slowenien)

Hauptstadt	Ljubljana - 300000 Einw.
Großstädte	Maribor (Marburg) - 97000 Einw.
Bevölkerung	1,95 Mio. Einw.
Fläche	20000 km²
Höchster Berg	Jesenice - 2863 m
Längster Fluß	Drau - 749 km (Landesanteil: ca. 100 km)
Sprache	slowenisch
Religion	überwiegend Katholiken
Währung	1 Tolar = 100 Totin
Allgemeines	Entfernung von Frankfurt: 700 km; MEZ

Wildtiere
(Schutzbestimmungen beachten)

Alpensteinbock, Auerwild, Birkwild, Braunbär, Damwild, Gamswild, Muffelwild, Niederwild, Rehwild, Rotwild, Schwarzwild

Spanien
Reino de España (Königreich Spanien)

Hauptstadt	Madrid - 3,1 Mio. Einw.
Großstädte	Barcelona - 1,8 Mio. Einw., Valencia - 740000 Einw.
Bevölkerung	39 Mio. Einw.
Fläche	505000 km²
Höchster Berg	Mulhacén - 3478 m
Längster Fluß	Ebro - 905 km
Sprache	spanisch, katalanisch, baskisch, galizisch
Religion	97% römisch-katholisch
Währung	1 Peseta = 100 Centimos
Allgemeines	Entfernung von Frankfurt: 1500 km; MEZ + 2

Wildtiere
(Schutzbestimmungen beachten)

Braunbär, Dachs, Damwild, Fuchs, Gamswild, Großtrappe, Iberischer Steinbock, Luchs, Mähnenschaf, Muffelwild, Niederwild, Rehwild, Rothuhn, Rotwild, Schwarzwild, Wildkatze, Wolf

Sudan
Jumhuriyat as Sudan at Dimuqratiyah (Demokr. Republik Sudan)

Hauptstadt	Khartoum - 1 Mio. Einw.
Großstädte	Omdurman - 530000 Einw.,
	Port Sudan - 250000 Einw.,
	Wadi Medani - 160000 Einw.,
Bevölkerung	25 Mio. Einw.
Fläche	2,5 Mio. km²
Höchster Berg	Kinyeti - 3187 m
Längster Fluß	Nil 6700 km (Landesanteil: 3800 km)
Sprache	englisch, arabisch, Dialekte
Religion	70% Muslime, Christen, Naturreligionen
Währung	1 Sudanes.Pfund =100 Piastres = 1000 Millimes
Allgemeines	Entfernung von Frankfurt: 4400 km; MEZ + 1

Wildtiere
(Schutzbestimmungen beachten)

Bongo, Buschschwein, Dik-Dik, Dorkasgazelle, Ducker, Dünengazelle, Elefant, Eritreagazelle, Giraffe, Gnu, Grantgazelle, Kaffernbüffel, Klippspringer, Krokodil, Kudu, Kuhantilope, Leierantilope, Löwe, Mähnenschaf, Mendesantilope, Nashorn, Nilpferd, Nubisches Steinwild, Oryx, Pferdeantilope (Roan), Riesenelenantilope, Riesenwaldschwein, Rotbüffel, Rotstirngazelle, Sitatunga, Warzenschwein, Wasserbock, Zebra

Südafrika
Republic of South Africa (Republik Südafrika)

Hauptstadt	Pretoria - 830000 Einw.
Großstädte	Kapstadt - 2 Mio. Einw.,
	Johannesburg - 1,7 Mio. Einw.
Bevölkerung	30,3 Mio. Einw.
Fläche	1,1 Mio. km²
Höchster Berg	eNjesuthi - 3446 m
Längster Fluß	Oranje - 2100 km
Sprache	englisch, africaans
Religion	Protestanten, Katholiken, unabhängige Kirchen
Währung	1 Rand = 100 Cents
Allgemeines	Entfernung von Frankfurt: 8700 km; MEZ + 1; Linksverkehr

Wildtiere
(Schutzbestimmungen beachten)

Bergzebra, Bleichböckchen (Oribi), Bleßbock, Buntbock, Buschbock, Buschschwein, Cap Greisbock, Ducker, Elefant, Elenantilope, Fleckenhyäne, Gepard, Giraffe, Gnu, Impala, Kaffernbüffel, Klippspringer, Kudu, Kuhantilope, Leopard, Löwe, Mähnenschaf, Moorantilope (Lechwe), Moschusböckchen, Nashorn, Nilpferd, Nyala, Oryx, Rappenantilope (Sable), Riedbock, Schakal, Spießbock, Springbock, Steinböckchen, Steppenzebra, Strauß, Waran, Warzenschwein, Wasserbock, Wüstenluchs (Karakal)

Tadschikistan
Todžikiston (Republik Tadschikistan)

Hauptstadt	Duschanbe - 600000 Einw.
Großstädte	Khudzand (Chodschent/Leninabad) - 160000 Einw.
Bevölkerung	5,2 Mio. Einw.
Fläche	143000 km²
Höchster Berg	Pik Kommunisma - 7495 m
Längster Fluß	Amudarja - 2525 km
Sprache	tadschikisch, russisch, Dialekte
Religion	moslemisch
Währung	1 Rubel = 100 Kopeken
Allgemeines	Entfernung von Frankfurt: 4800 km; MEZ + 5; Mitglied der GUS

Wildtiere
(Schutzbestimmungen beachten)

Argali, Auerwild, Birkwild, Braunbär, Bucharahirsch, Dachs, Flugwild, Fuchs, Korsak, Leopard, Luchs, Marco Polo-Schaf, Rohrkatze, Rotwild, Schakal, Schneeleopard, Schraubenziege (Markhor), Schwarzwild, Sibirischer Steinbock, Streifenhyäne, Urial Wildschaf, Wild-Yak, Wolf

Tansania
Jamhuriya Mwungano Tanzania (Vereinigte Rep. Tansania)

Hauptstadt	Dodoma - 160000 Einw.
Großstädte	Daressalam - 800000 Einw. (frühere Hauptstadt), Mwanza - 110000 Einw.
Bevölkerung	25 Mio. Einw.
Fläche	945000 km²
Höchster Berg	Kilimandscharo - 5895 m
Längster Fluß	Great Ruaha - 950 km
Sprache	kisuaheli, englisch
Religion	30% Christen, 30% Muslime, Naturreligionen
Währung	1 Tansania Schilling = 100 Cents
Allgemeines	Entfernung von Frankfurt: 7000 km; MEZ + 2; Linksverkehr

Wildtiere
(Schutzbestimmungen beachten)

Bergriedbock, Bleichböckchen (Oribi), Braune Hyäne, Buschbock, Buschschwein, Ducker, Elefant, Elenantilope, Erdferkel, Erdwolf, Fleckenhyäne, Gelbfuß-Moorantilope (Puku), Gepard, Giraffe, Giraffengazelle (Gerenuk), Grantgazelle, Großriedbock, Honigdachs, Hyänenhund, Impala, Kaffernbüffel, Kirk-Dik-Dik, Klippspringer, Kudu, Kuhantilope, Leopard, Lichtensteins Kuhantilope, Löwe, Moschusböckchen, Nilpferd, Nyala, Oryx, Pferdeantilope (Roan), Rappenantilope (Sable), Schabrackenschakal, Serval, Sharpes Greisbock, Sitatunga, Spitzmaulnashorn, Steinböckchen, Streifengnu, Streifenschakal, Thomsongazelle, Warzenschwein, Wasserbock, Wüstenluchs (Karakal), Zebra, Zibetkatze,

Tschechei
Zeska Republika (Tschechische Republik)

Hauptstadt	Prag - 1,25 Mio. Einw.
Großstädte	Brünn - 400000 Einw., Ostrau - 325000 Einw.
Bevölkerung	10 Mio. Einw.
Fläche	79000 km²
Höchster Berg	Schneekoppe - 1306 m
Längster Fluß	Moldau - 433 km
Sprache	tschechisch
Religion	80% Christen (65% römisch-katholisch)
Währung	1 Tschechische Krone = 100 Haleru
Allgemeines	Entfernung von Frankfurt: 400 km; MEZ

Wildtiere
(Schutzbestimmungen beachten)

Auerwild, Birkwild, Braunbär, Damwild, Elch, Fuchs, Gamswild, Luchs, Muffelwild, Niederwild, Rehwild, Rotwild, Schwarzwild, Sikawild, Weißwedelhirsch

Türkei
Turkiye Cumhuriyeti (Republik Türkei)

Hauptstadt	Ankara - 3,4 Mio. Einw.
Großstädte	Istanbul - 5,8 Mio. Einw., Izmir - 2,2 Mio. Einw.
Bevölkerung	51 Mio. Einw.
Fläche	780000 km²
Höchster Berg	Ararat - 5122 m
Längster Fluß	Kizilirmak - 1100 km
Sprache	türkisch, kurdisch, arabisch, Geschäftssprache englisch
Religion	Moslems
Währung	1 Türkische Lira = 100 Kurus
Allgemeines	Entfernung von Frankfurt: 2200 km; MEZ + 1

Wildtiere
(Schutzbestimmungen beachten)

Bezoarziege, Braunbär, Dachs, Damwild, Fuchs, Gamswild, Goldschakal, Luchs, Muffelwild, Niederwild, Rehwild, Rohrkatze, Rotwild/Maral, Schakal, Schwarzwild, Streifenhyäne, Trappe, Wildkatze, Urial Wildschaf, Wolf

Ukraine
Ukraina (Ukraine)

Hauptstadt	Kiew - 2,6 Mio. Einw.
Großstädte	Charkiw - 1,6 Mio. Einw., Dnjepropetrowsk - 1,2 Mio. Einw., Odessa - 1,1 Mio. Einw.
Bevölkerung	53 Mio. Einw.
Fläche	603000 km²
Höchster Berg	Gora Goverla (Karpaten) - 2061 m
Längster Fluß	Dnjepr - 2270 km (Landesanteil: 1700 km)
Sprache	ukrainisch, russisch
Religion	russisch-orthodox, ukrainisch-orthodox, griechisch-orthodox
Währung	1 Rubel = 100 Kopeken
Allgemeines	Entfernung von Frankfurt: 1600 km; MEZ + 2; Mitglied der GUS

Wildtiere
(Schutzbestimmungen beachten)

Auerwild, Birkwild, Braunbär, Dachs, Damwild, Elch, Fuchs, Luchs, Maral, Niederwild, Rehwild, Rotwild, Schwarzwild, Sika, Streifenhyäne, Wasserwild, Wildkatze, Wisent, Wolf

Ungarn
Magyar Koztársaság (Republik Ungarn)

Hauptstadt	Budapest - ca. 2,1 Mio. Einw.
Großstädte	Debrecen - 220000 Einw., Miskolc - 210000 Einw.
Bevölkerung	10,7 Mio. Einw.
Fläche	93000 km²
Höchster Berg	Kékes - 1015 m
Längster Fluß	Donau - 2840 km (Landesanteil: 400 km)
Sprache	ungarisch, Geschäftssprachen deutsch, englisch, russisch
Religion	65% römisch-katholisch, 25% Protestanten
Währung	1 Forint = 100 Fillér
Allgemeines	Entfernung von Frankfurt: 800 km; MEZ

Wildtiere
(Schutzbestimmungen beachten)

Birkwild, Dachs, Damwild, Fasan, Fuchs, Großtrappe, Marder, Muffelwild, Niederwild, Rehwild, Rotwild, Schnepfe, Schwarzwild, Wildkatze

USA
United States of America (Vereinigte Staaten von Amerika)

Hauptstadt	Washington D.C. - 640.000 Einw.
Großstädte	New York - 7,5 Mio. Mio. Einw.,
	Los Angeles - 3,5 Mio. Einw.,
	San Francisco - 740000 Einw.
Bevölkerung	250 Mio. Einw. (75% Weiße)
Fläche	9,3 Mio. km²
Höchster Berg	Mount Kinley (Alaska) - 6194 m,
	Mount Whitney (Kalifornien) - 4418 m
Längster Fluß	Mississippi - Missouri - 6019 km
Sprache	englisch, z.T. spanisch
Religion	23% Katholiken, 33% Protestanten, 3% Juden
Währung	1 US$ = 100 Cents
Allgemeines	Entfernung von Frankfurt: 6600 km; MEZ - 6 bis - 12

Wildtiere
(Schutzbestimmungen beachten)

Bison, Dachs, Dallschaf, Damwild, Dickhornschaf (Bighorn), Eisbär, Elch, Gabelbock (Pronghorn), Graufuchs, Grizzly, Jaguar, Karibu, Kitfuchs, Kodiakbär, Kojote, Maultierhirsch, Moschusochse, Niederwild, Polarfuchs, Puma, Rotfuchs, Rotluchs, Rotwolf, Schneeziege, Schwarzbär, Stachelschwein, Stone's Schaf, Vielfraß, Walroß, Wapiti, Waschbär, Weißwedelhirsch, Wolf,

Außerdem viele eingebürgerte Arten aus der ganzen Welt (»Exotics«)

Zentralafrika
République Centrafricaine (Zentralafrikanische Republik)

Hauptstadt	Bangui - 390000 Einw.
Großstädte	Bouar - 30000 Einw.,
	Berbérati - 25000 Einw.
Bevölkerung	2,8 Mio. Einw.
Fläche	622000 km²
Höchster Berg	Mount Ngaoui - 1410 m
Längster Fluß	Ubangi - 2300 km (Landesanteil: 1400 km)
Sprache	französisch, Bantu- und Sudansprachen
Religion	60% Naturreligionen, 20% Katholiken, 15% Protestanten
Währung	1 CFA Franc = 100 Centimes
Allgemeines	Entfernung von Frankfurt: 5200 km; MEZ

Wildtiere
(Schutzbestimmungen beachten)

Bleichböckchen (Oribi), Bongo, Buschbock, Ducker, Elefant, Gepard, Giraffe, Gorilla, Hyäne, Krokodil, Kudu, Kuhantilope, Leopard, Löwe, Moorantilope, Nilbüffel, Nilpferd, Pavian, Riesenelenantilope, Riesenwaldschwein, Rotbüffel, Sitatunga, Warzenschwein, Wasserbock

Register

Aboriginal 16
Akagera 83
Akklimatisation 182
Alaska 78,162,186
Alpensteinbock 27ff,76,187,189, 190,195,200
Anchorage 186
Andenhirsch 76
Argali 62,63,189,192,197,202
Argentinien 73ff,77,187
Artenschutz 6
Äthiopien 47,109ff,110,186
Auerhahn 101ff,104
Auerwild 104,189,190,193,196, 197
Ausfuhr 6
Auslandsjagd 150,178
Ausrüstung 180
Australien 8,77,187
Axishirsch 187

Bär 62,106,125
Baltikum 133ff
Banteng 187
Bayern 149ff
Bekassine 76
Berggorilla 85,196
Bergjagd 148
Bergnyala 186
Bergriedbock 202
Beringmeer 161ff
Berufsjäger 113
Bezoarziege 203
Bharal 125
Big Five 41,44
Bighorn 192,205
Birkwild 107,190,193,196,197
Bison 186,188,205
Blackbuck 187
Blauschaf 117ff,118,189,194
Bongo 201,205
Botswana 188
Braunbär 161ff,163,189,197
Breitmaulnashorn 198,199
Britisch Kolumbien 175,188
Bucharahirsch 202
Büffel 186
Buenos Aires 74
Bulgarien 189
Buntbock 201
Buschbock 85,188,198,201,205
Buschschwein 201

China 62,68,117ff,118,189
CITES 6,46

Dallschaf 142,186,188,192,205
Damwild 14,74
Deutschland 190
Dickhäuter 81ff
Dickhornschaf (Bighorn) 188
Dingo 187
Donau 189

Einfuhr 6
Eisbär 186,192,197
Eland 84
Elchwild 133ff,170,186,188,190, 192,193,197,205
Elefant 42,85,109ff,110,186,188, 194,198,199,202,205
Elenantilope 194,196
Elk 60
Estland 134,190
Europa 63
Exotics 205

Fair chase 179
Fanninschaf 188
Fasan 190,198,204
Finnland 191
Fischadler 94
Flußpferd 82,113
Frankoline 52
Franz-Josef-Gletscher 19
Fuchs 78,149ff

Gamswild 7ff,13,21,189,190, 195,199,200
Gaucho 74
Gaur 194
Gepäck 62
Gepard 188,198,201,205
Gerenuk 186,202
Giraffe 45
Gobi 70,118
Goral 194
Gorilla 45
Grantgazelle 202
Grizzly 186,188,192,205
Großbritannien 191
Großtrappe 199
Großwildkaliber 88
Grouse 191,198
Guide 170
Gulo 191
GUS 197,202

Hai 7ff,10
Hammerhai 12
Hase 190
Haselwild 191,193
Hirschziegenantilope 73ff,75
Höhenkrankheit 125,180
Huemúl 76
Hyäne 49,50,194

Iberischer Steinbock 200
Impala 40,77,86,194,196
Irkutsk 102
Isubra 103
Isubrahirsch 197

Jagdgast 65
Jaguar 187,205
Jakutien 141ff,143
Jaribu 94
Jurte 60

Kaffernbüffel 43,87,188,194, 196,198,199,201,202
Kamera 167
Kamtschatka 162
Kanada 179,192
Karakal 194,198
Karibu 170,192
Karnickel 15
Kasachstan 192
Kea 18
Keiler 7ff,25
Kigali 83
Kilimandscharo 202
Kodiakbär 186,205
Kolkrabe 142
Korf 163
Krokodil 85,205
Kronenkranich 84
Kudu 40,201,205

Lechwe 194,198,199
Leopard 39ff,44,85,186,188,194, 196,198,205
Lettland 135,193
Liberia 92
Limpopo 188
Litauen 136,193
Löwe 43,50,85,113,186,188,194, 196
Lowveldt 58
Luchs 125,163,192

Magadan 163
Mähnenschaf 200,201
Mähnenspringer 125
Maori 13,16
Maral 59ff,60,62,67,192,197,204
Marco Polo-Widder 177ff,189, 202
Markhor 189
Maultierhirsch 188,192
Memel 193
Mississippi 205

Moa 15
Mongolei 59ff,61,70
Mongolen 102
Moorschneehuhn 191,198
Moschusochse 186,192
Mount Everest 189,194
Mozambique 45
Muffelwild 195,197,199,200, 203, 204
Muntjak 194
Murmeltier 195
Mutara-Ground 83

Namibia 75,194
Nandú 74,78,187
Nashorn 85,194,201
Naturschutz 152
Nepal 13,124,194
Nerz 193
Neuseeland 7ff,8,195
Niederwild 76,203,204
Nil 86
Nilpferd 90,201
Nubischer Steinbock 178,186, 201
Nyala 198,201,202

Österreich 195
Ontario 169ff,170
Opossum 15
Oribi 194
Oryx 90,194,199
Ostsibirien 101ff
Outdoor-life 18
Ozelot 187

Pakistan 78
Pamir 177ff,180
Pampashirsch 76
Pandabär 189
Pavian 45,51,53
Pferdeantilope 186,188,198,201
Polarwolf 163
Polen 196
Pronghorn 192,205
Puku 198,202
Puma 78,186,187,188,192,205
Python 45

Raubwild 154
Rehwild 77,133ff,149ff,158,190, 191,193,195,196,197,198,199, 200,203,204
Reiher 76
Reiseapotheke 166
Rhein 190
Rhino 41
Riedbock 194
Riesenheron 94
Roan 84,194
Rotbüffel 205

Rothuhn 200
Rotwild 14,22,76,125,187,189,
 190,193,195,196,197,198,
 199,200,203,204
Ruanda 81ff,82,196
Rumänien 197
Rusahirsch 187,195
Rußland 61,62,197

Sable 188
Saiga 192
Sambarhirsch 195
Sambesi 199
Sambia 198
Schakal 49
Schneeleopard 46,125,192,194,
 197,202
Schneeschaf 143,144,197
Schneeziege 186,188,192
Schnepfe 204
Schottland 198
Schraubenziege (Markhor) 202
Schwan 76
Schwarzbär 169ff,170,186,188
Schwarzschwanz-Gazelle 62
Schwarzwild 76,189,190,193,
 196,197,199,200,203,204
Schweiz 27ff
SCI 21
Serau 189,194
Sibirien 101ff,102,142

Sibirischer Rehbock 59ff,61,62,
 103
Sibirischer Steinbock 189,192,
 197,202
Sibirisches Schneeschaf 141ff
Sikawild 195
Simbabwe 199
Sitatunga 86,186,188,194,198,
 199,202,205
Slowakei 199
Slowenien 200
Spanien 200
Spießhirsch 76
Spitzmaulnashorn 186,194,198
Springbock 77
Stachelschwein 47
Stangenelch 139
Stone's Sheep 188,192
Strauß 48
Sudan 201
Südafrika 201
Sumpfhirsch 76

Tadschikistan 182,202
Tahiti 16
Tahrwild 13,20,125,189,194,195
Taiga 66,102,104
Takin 189
Taklamakan 118
Tannenhäher 142
Tansania 45,202

Tapir 187
Texas 77
Thomsongazelle 202
Tibet-Argali 125
Tibet 126
Tiger 194,197
Topi 86,194,196
Tradition 159
Transvaal 39ff,79
Trichinen 168
Trophäenbehandlung 168
Tschechei 203
Tsessebe 198
Türkei 203
Tundra 142,165
Tur 197

Uganda 46
Ukraine 102,204
Ulan Bator 61
Ungarn 204
Urial 189,192
USA 63,179,205

Vancouver 188
Vereinigte Staaten von Amerika
 s. USA
Verpflegung 166
Vielfraß 163

Waidgerechtigkeit 180

Wallaby 14
Walroß 163,192,197
Wapiti 14,60,64,186,188,189,
 192,195,205
Warzenschwein 40,115,186,188,
 196,199
Wasserbock 188
Wasserbüffel 76,187
Wasserwild 193
Weißlippenhirsch 125
Weißwedelhirsch 192
Wildkamel 192
Wildren 163
Wild-Yak 202
Wildziege 198
Wisent 189,193,196,197
Wolf 66,68,125,197
Wolga 197
Wüste Gobi 70,118
Wüstenluchs 199
Wüste Taklamakan 118
WWF 6

Yak 64,121,182
Yukon 186

Zaire 85
Zambia 47
Zentralafrika 205
Zimbabwe 47
Zwegflußpferd 92

207

Information und Unterhaltung für Jäger

Jagd-Lexikon
Das hervorragende, moderne Standardwerk auf aktuellem Stand: lexikalisch aufbereitetes, komprimiertes Wissen zu Jagdpraxis und Jagdwissenschaft von 16 kompetenten Fachautoren.

Walter Helemann
Das Jahr der Wildbahn
Beeindruckender Bildband mit wunderschönen Tier- und Naturfotos über das Leben in heimischen Revieren im Rhythmus der Jahreszeiten, der tiefes Verständnis für die komplexen Zusammenhänge in der Natur weckt.

Walter Helemann
Ein Pirschgang durchs Jagdjahr
Informativ-unterhaltende Texte sowie kritische und nachdenkliche, ermutigende und zukunftsweisende Beiträge des profilierten Jagdjournalisten, die auch für den Jäger heute Orientierungshilfe bieten.

Albrecht und Jenke von Bayern
Über Rehe in einem steirischen Gebirgsrevier
Einzigartige Dokumentation über Rehwild in faszinierenden Farbfotos, ausgezeichnet mit dem Literaturpreis des Deutschen Jagdschutzverbandes.

Albrecht von Bayern
Weichselboden
Zweiter Teil der Dokumentation »Über Rehe«: weitere Ergebnisse der Versuche, Forschungen und Beobachtungen aus dem Revier »Weichselboden« in der Steiermark.

Reiseziele für die Auslandsjagd

Horst und Wally Hagen
Ostafrika
Überwältigendes Naturerlebnis Ostafrika: Nationalparks mit einer einzigartigen Tierwelt und faszinierenden Landschaftsformen – von weiten Savannen bis zu schneebedeckten Bergen – in Kenia, Tansania und Uganda.

Matthias Schellhorn
Neuseeland
Einmalige Naturattraktionen wie Regenwaldgebiete, schneebedeckte Gletscher, glasklare Seen, Fjordgebiete, Vulkane, Geysire und eine außergewöhnliche Pflanzen- und Tierwelt.

Wolfgang Bittmann/Brigitte Fugger
USA
Die großen Naturlandschaften der USA – von bekannten Attraktionen wie dem Grand Canyon, dem Yellowstone Nationalpark und den Everglades bis zu Wüste, rauhen Küsten und dichten Regenwäldern.

Brigitte Fugger/Wolfgang Bittmann
Australien
Die schönsten und interessantesten Naturregionen; Landschaften und Tiere, geologische Attraktionen, Nationalparks, Touren- und Wandervorschläge, praktische Reisetips.

In unserem Verlagsprogramm finden Sie Bücher zu folgenden Sachgebieten:
Garten und Zimmerpflanzen • Natur • Heimtiere • Angeln • Jagd • Reise • Sport und Fitneß • Wandern, Bergsteigen, Alpinismus • Pferde und Reiten • Auto und Motorrad • Gesundheit, Wohlbefinden, Medizin • Essen und Trinken

Wünschen Sie Informationen, so schreiben Sie bitte an:
BLV Verlagsgesellschaft mbH • Postfach 40 03 20 • 80703 München
Telefon 0 89/1 27 05-0 • Telefax 0 89/1 27 05-547

Weitere »Reiseführer Natur«:

Galapagos • Griechenland – Festland und Küste • Indien • Island • Kanarische Inseln • Malaysia • Spanien • Südliches Skandinavien • Türkei • Brasilien, Venezuela